알리스터 맥그래스가 들려주는
제임스 패커의 삶과 사상

제임스 패커

제임스 패커

지은이	알리스터 맥그래스
옮긴이	윤종석
발행인	김혜정
디자인	홍시 송민기
기획위원	김건주
마케팅	윤여근, 정은희
발행일	1쇄 인쇄 2025년 11월 10일
	1쇄 발행 2025년 11월 25일
발행처	도서출판 CUP
출판신고	제 395-3070000251002001000021호(2001.06.21.)
주소	(10594) 경기도 고양시 덕양구 동축로70, B동 A604호 (현대프리미어캠퍼스 지축역)
전화	02) 745-7231
팩스	02) 6455-3114
이메일	cupmanse@gmail.com
홈페이지	www.cupbooks.com
페이스북	facebook.com/cupbooks
인스타그램	instagram.com/cupmanse/

ISBN   979-11-90564-77-9 03230   Printed in Korea

* 파손된 책은 구입하신 서점에서 교환해 드리며 책값은 뒤표지에 있습니다.

알리스터 맥그래스가 들려주는 제임스 패커의 삶과 사상

제임스 패커

J. I. Packer

성경과 신학을
삶과 연결한
복음주의 신학의 거장

알리스터 맥그래스 | 윤종석 옮김

J. I. Packer

Copyright © Alister McGrath, 2020
Originally published in English as *J. I. Packer: His Life and Thought*
by Hodder & Stoughton Ltd, for and on behalf of John Murray Press of
Carmelite House, 50 Victoria Embankment London EC4Y 0DZ, England, UK

This Korean translation edition © 2025 by CUP, Goyang, Republic of Korea.

This Korean edition is published by arrangement of Hodder & Stoughton Ltd
through rMaeng2, Seoul, Republic of Korea.
All rights reserved.

이 한국어판의 저작권은 알맹2를 통하여 Hodder & Stoughton Ltd와 독점 계약한 도서출판 CUP에 있습니다. 저작권법에 의하여 한국 내에서 보호받는 저작물이므로 무단 전재와 무단 복제를 금합니다.

J. I. Packer

— His Life and Thought —

Alister McGrath

| 추천의 글 |

지난 세기를 대표하는 복음주의 신학자들의 이름을 꼽는다면, 그 목록의 맨 앞에는 단연 제임스 패커(J. I. Packer, 1926~2020)가 있을 것이다. 그의 대표작 《하나님을 아는 지식》(Knowing God)은 수많은 그리스도인에게 신학이 곧 예배가 될 수 있음을 보여준 고전이다. 나 역시 이 책을 통해 패커의 신학적 통찰과 경건의 깊이에 큰 감동을 받았다. 한편 오늘날 복음주의 신학의 새로운 세대를 이끄는 인물로는 알리스터 맥그래스(Alister McGrath, 1953~)를 빼놓을 수 없다. 비록 맥그래스가 패커에게 직접 사사한 제자는 아니지만, 패커의 사상과 생애를 해석하고 오늘의 언어로 풀어내는 중요한 역할을 담당했으며, 그 결실이 바로 이 책, 《제임스 패커》다. 맥그래스는 패커를 "자신의 신학적 스승 가운데 한 사람"으로 고백한다.

알리스터 맥그래스의 이 책은 단순한 전기가 아니다. "하나님을 아는 지식"이 한 신학자의 인격과 사역을 어떻게 빚어냈는가를 깊이 성찰한 신앙 여정의 기록이다. 제임스 패커는 학문을 신앙의 봉사로 승화시킨, 우리 시대의 대표적 복음주의 신학자였다. 그는 교리의 언어로 하나님을 예배했고, 신학의 논리로 그리스도를 증거했다. 그의 삶은 곧 신학이었고, 그의 신학은 곧 예배였다.

맥그래스는 패커의 삶을 단순한 연대기로 다루지 않는다. 그는 패커가 어떻게 청교도의 깊은 영성과 성경 중심의 신학을 결합해 '신학과 삶의 일치'라는 복음주의의 본질을 구현했는지를 탁월하게 보여준다. 그가 서 있던 자리는 옥스퍼드이든, 브리스톨이든, 밴쿠버이든 달랐지만, 그의 신앙의 중심은 언제나 같았다. 바로 하나님을 아는 기쁨이었다.

이 책을 읽으면서 제임스 패커는 신학을 삶의 형태로, 교리를 경건의 표현으로, 신앙을 지적 깊이와 영적 열정이 결합한 신앙 여정으로 살았음을 배웠다. 그의 생애는 "앎과 삶의 일치"라는 신학적 이상을 가장 선명히 보여줄 것이다.

이 책은 신학과 목회, 지성과 경건이 분리되어버린 오늘의 시대에 그 둘을 다시 하나로 회복시키는 깊은 지혜를 전해준다. 하나님의 말씀을 가르치고 전하는 모든 설교자와 교회 지도자, 그리고 신학을 공부하며 소명을 붙드는 신학생들에게 제임스 패커의 여정은 신앙과 사명의 본이 될 것이다. 이 책은 복음주의 신학의 깊이를 다시 일깨우며, 신학의 길을 믿음의 길로 되돌려 놓는 은혜의 증언이다.

류호준 | 백석대학교 신학대학원 은퇴 교수
현 다니엘의 샘 원장

알리스터 맥그래스는 영국 출신의 성공회 사제이자, 조직신학과 역사신학에 정통한 복음주의 신학자, 성공회 내 복음주의 목회자를 양성하는 옥스퍼드 위클리프 홀(Wycliffe Hall, Oxford)에 관여한 정체성과 경력 등으로, 세계적으로 널리 알려져 있다. 그런데 이런 맥그래스가 가진 여러 사상적, 개인적, 신앙적 특징과 정체성을 먼저 구현한 모델이 있었다. 그가 바로 '제임스 이넬 패커'다. 영어권에서는 '제임스 패커'보다는 'J. I. 패커,' 혹은 더 친근하게 '짐 패커'로 알려진 이 인물에 대한 가장 탁월하고 정확한 전기를 쓴 인물도 그래서 맥그래스다. 맥그래스는 이미 1998년에 영어 원서로 340쪽에 이르는 방대한 패커 평전을 출간한 바 있었다. 이 책에서 그는 자신의 역할 모델로서의 패커의 생애와 사상을 추적했는데, 마치 자신의 자서전을 쓰듯, 패커의 내면과 외면을 속속들이 보여주었다.

패커는 2020년 7월 17일에 만 93세를 일기로 소천했다. 이로써 20세기 영어권 복음주의 거인의 시대가 저물었다. 그의 사망 직후 맥그래스는 이전에 썼던 방대한 패커 평전을 192쪽으로 줄인 대중적 전기를 다시 펴낸다. 그가 지극히 사랑하고 존경했던 스승이자 선배, 동료, 친구가 20세기 세계 기독교계에 남긴 유산을 더 널리, 더 쉽게 알리고자 하는 소망 때문이었다. 이렇게 맥그래스는 선배에게 진 큰 빚을 한 번 더 갚았다. 한국에 이미 1998년판 평전의 번역본이 있지만, 이번에 새로 한국어로 번역된 이 2020년판 전기는 이전 평전의 방대함에 눌려 섣불리 책을 들 엄두를 내기 어려웠던 한국인 독자들을 한층 편안한 산책 같은 독서의 자리로 이끌기에 충분하다.

이재근 | 광신대학교 신학과 교회사 교수

알리스터 맥그래스는 짐 패커의 활기찬 신학적 비전을 이해하는 탁월한 안내자이다.

앤드류 애더스톤 | 옥스퍼드 대학교 신학 및 종교학 교수

J. I. 패커의 가장 큰 유산은 그가 평생 기독교 세계의 사건들과 사람들의 삶에 미친 영향이다. … 그는 성경의 권위에 대한 복음주의의 입지를 굳혀 주었다.

릴랜드 라이큰 | 휘튼대학교 영문학 교수

공간과 사람들, 그 가운데 펼쳐지는 신학의 여정 —
이 책은 20세기 복음주의에 가장 큰 기여를 한 신학자, 제임스 패커의 삶과 신앙, 신학과 영성의 발자취를 따라간다. 제임스 패커가 얼마나 중요한 신학자인지, 그의 영향력이 얼마나 대단했는지는 새삼스레 이야기할 필요가 없다. 주목하고 싶은 것은 그런 패커의 생애를 이야기와 신학이라는 씨줄과 날줄로 엮어낸 맥그래스의 구성이고, 그 구성을 통해 깨닫게 되는 패커의 이야기가 우리 모두의 이야기가 될 수 있다는 사실이다.

맥그래스는 패커의 삶의 궤적을 중요한 공간의 이동을 따라 펼쳐내 보인다. 유소년기의 글로스터, 대학 시절을 보낸 곳이자 이후 신학 연구에 집중하며 영향력을 키워간 옥스퍼드, 첫 사역지 버밍엄, 신학 교육자로서 소명이 시작되고 성숙된 브리스톨, 그리고 세계적인 명성 속에 영향력을 본격적으로 발휘하고 생애를 마쳤던 밴쿠버의 리전트 칼리지가 바로 그 공간들이다. 그리고 그 공간은 패커가 하나님의 온 백성을 위한 신학을 탐구하고 토론할 수 있었던 하나님의 자리였다. 그 자리들에서 패커는 전통의 중요성에 대한 지혜로운 탐구, 성경의 권위에 대한 섬세한 설명, "하나님을 아는 지식"이라는 신학과 영성의 조화를 추구하고 이루어냈다. 패커에 대한 맥그래스의 이야기는 신학이 허공에 뜬 지적 유희가 아니라 구체적인 시공간과 관계 속에 발을 붙인 전인적 작업임을 다시금 확인해 준다.

이 책을 읽으며 개인적인 추억에 젖지 않을 수 없었다. 리전트 칼리지를 선택한 많은 사람들처럼, 내가 신학 수업을 리전트에서 하겠다고 결심하게 된 이유는 다름 아닌 "짐 패커"의 존재였다. 이제 그는 하나님 품에 안겼지만, 그의 유산은 그가 추구했던 참된 전통 - 죽은 자의 살아있는 신앙 - 이 되어 여전히 리전트 칼리지에, 그리고 나의 신학 속에 살아 있음에 감사하게 된다. 그러고 보면 우리 삶 속에서도 하나님은 이름을 말할 수 있는 장소에서 얼굴을 가진 사람들을 통해 우리에게 당면한 구체적인 문제를 다루며 일하신다. 우리가 패커처럼 한 시대를 풍미하는 탁월한 신학자는 아니겠지만 그의 시공간과 만남 속에 일하셨던 하나님께서 우리의 시공간과 만남 속에서도 신실하게 일하실 것이라는 벅찬 소망을 이 책을 읽는 모든 독자들이 품을 수 있을 것이다. 패커의 이야기는 하나님의 이야기이고, 하나님의 이야기는 우리의 이야기를 만들어 가기 때문이다.

전성민 | 캐나다 밴쿠버기독교세계관대학원 원장
리전트 칼리지 동문

신앙 성장에는 자양분이 필요하다. 그 자양분을 우리가 어디에서 얻을 것인가? 나는 그 최고의 방법이 믿음의 거인들의 자서전이나 전기, 즉 성경의 진리를 믿고 살았던 이들의 삶의 이야기를 읽는 것이라고 생각한다.

리전트 칼리지는 〈크리스채너티 투데이〉에 제임스 이넬 패커 박사의 부고를 알리며, 그의 신앙과 신학, 삶의 여정과 목표를 함축하는 한 문장을 실었다. "신학은 송영이다"(Theology is Doxology). 그는 교리를 앵무새처럼 반복하여 가르치던 강의 실용 '신학자'(theologian)가 아니라, 성경과 교리를 구체적인 삶에서 살아내며 자기 시대의 사람들과 나누려 했던 '신학하는 사람'(theologizer)이자 '영성가'이며 '목회자'였다.

알리스터 맥그래스는 패커 박사를 가장 정확하고 솜씨 있게 설명해줄 사람이다. 그는 패커 박사의 기독교 저술과 기독교 공동체 내에서의 영향력에 초점을 맞추며, 성경의 권위에 대한 패커 박사의 헌신과 노력의 여정과 결과를 설명한다.

이 책은 지도(map)를 닮았다. 그래서 20세기 가장 영향력 있는 신학자의 글과 활동, 그리고 그의 광범위한 영향을 이해하는 데 큰 도움을 준다. 그뿐만 아니라, 패커 박사가 만났던 기라성 같은 인물들과 그가 참여했던 사역들의 뒷이야기를 짧지만 흥미롭게 알려 준다. 그는 이런 일에 있어 가장 믿을 만한 안내자이다.

이 좋은 책을 한국 성도들이 읽을 수 있게 되어, 무척이나 반갑다. 목회자와 신학생만 아니라, 청년들과 평신도들이 이 책을 꼭 읽었으면 한다. 리전트 칼리지에서 패커 박사의 강의를 들은 이들은 신학자와 신학생만 아니었다. 간호사, 교사, 소방대원, 주일학교 교사 등등 성경을 믿고 그 가르침대로 살려 했던 이들이 제임스 패커의 강의를 들었고 그를 사랑하며 닮고자 했다. 그런 기쁨이 이 책을 읽는 여러분 모두에게 충만하리라 믿는다.

강석제 | 응암교회 담임목사

수많은 목회자의 고백처럼 패커의 작품과 증언은 내게도 한없이 귀중하다. 그는 교리와 신앙의 괴리를 타파하는 데 탁월했다. 그의 책은 내가 대학생들에게 제일 먼저 읽히는 책 중 하나다.

데릭 리쉬마위 | 캘리포니아 대학교 개혁대학선교회

제임스 패커의 삶과 사상을 조명한 이 책은 올바른 기독교 세계관의 견실한 창(窓)과 투명한 거울의 역할이 얼마나 중요한지를 알려준다. 패커의 탁월함은 신학과 영성을 결코 분리하지 않았다는 점에 있다. 그에게 하나님을 아는 지식은 단순한 깨달음을 넘어 삶의 적용과 이후에는 그분에 대한 경배에까지 이르는 궁극의 소망이기도 했다. 그는 청교도들의 깊은 우물에서 길어 올린 영성의 생수들을 현대의 언어로 번역해 냈다. 17세기의 지혜를 21세기에 적용 가능한 실천적 통찰로 전환시킨 그의 작업은, 단순한 학문적 업적을 넘어서는 영적 유산이기도 하다. 패커는 단지 책을 쓰는 학자만이 아니었다. 당대의 뛰어난 지성들과 부딪치고, 성공회 교단 안에서 고민하고 씨름하며, 복음주의 신학의 기초를 다지며, 혼란한 시대에 교회의 방향을 제시한 신실한 가이드였다. 오늘날 우리 교회는 급속한 성장과 가시적 부흥에 집중하여, 황금 거위의 배를 가르듯 조급하게 열매만을 구하고 있다. 패커가 평생 강조한 것이 토양의 중요성이었다. 성경의 권위 위에 세워진 견고한 신학, 역사적 전통과의 살아있는 대화, 그리고 그 모든 것이 실제 삶에서 열매 맺는 경건을 우리는 지향해야 한다. 왜냐하면 견고한 신학의 토대 위에서 성언운반(聖言運搬)의 메시지가 선포될 수 있고, 건강한 목회사역의 열매들을 기대할 수 있기 때문이다. 파편화된 세계관 속에서 진리의 기준을 찾고, 피상적인 신앙에서 복음의 본질을 회복하며 깊은 영성으로 나아가길 원하는 모든 이들에게 이 책은 귀한 나침반이 될 것이다. 10여 년 전 밴쿠버 리젠트 칼리지, 그의 연구실과 자택에서 패커 교수와 대화할 기회가 있었다. 편안하게 삶을 정리하며 글을 쓰고 있다는 깃털처럼 자유롭고, 햇살처럼 따스했던 그의 미소를 지금도 기억한다. 영적 거인의 삶과 사상을 소개해준 출판사의 결단과 최고의 번역을 해주신 분의 귀한 수고에 깊은 감사를 드리며 진리의 길을 걷는 모든 이들에게 이 책을 기꺼이 추천한다.

안광복 | 청주 상당교회 담임목사

패커는 명실상부한 권위자이면서도 길동무처럼 말한다. 그는 하나님 공부가 누구에게나 가장 실제적인 일임을 우리에게 각인시켰다.

〈크리스채너티 투데이〉 "복음주의를 빚어낸 50권의 책"

왜 이 책을 읽어야 할까? 이 책은 단순히 제임스 패커의 삶과 사상을 기록한 전기가 아니다. 그것은 20세기 복음주의 신학의 흐름을 한 인간의 여정 속에서 읽어내도록 한다.

제임스 패커는 조직신학자이자 교회를 사랑한 자로서, 복음주의 신학이 근본주의와 자유주의 사이에서 길을 잃지 않도록 방향을 제시한 인물이었다. 그의 생애는 학문과 경건, 교회와 신앙 공동체를 잇는 다리와 같았다. 따라서 이 책은 한 신학자의 이야기를 넘어, 20세기 신학의 주요 논쟁들 - 성경의 권위, 칼뱅주의 논쟁, 교회와 세상의 관계, 복음주의의 정체성 - 을 한눈에 꿰뚫어 볼 수 있는 지적 지도를 제공한다.

사실 내가 유학할 때, 제임스 패커는 세계적으로 명망 높은 신학자이자, 복음주의 신앙의 수호자로 알려져 있었다. 그러나 놀라운 것은, 그는 학문적 권위보다 '성도의 교사'로 불리기를 더 원했다는 점이었다. 공식적으로 은퇴한 이후에도 그는 매주 평신도들을 위한 신학 강좌를 열어, 누구든 성경과 신학의 깊은 진리를 배울 수 있도록 가르쳤다.

리전트 칼리지가 오늘날과 같은 국제적 명성을 얻게 된 배경에는, 바로 이 겸손한 신학자의 헌신이 자리하고 있다. 그는 학문과 신앙을 분리하지 않았고, 지성을 경건의 적으로 보지 않았다. 오히려 "깊이 아는 만큼 깊이 경외할 수 있다"는 신념으로, 지적 성숙과 영적 경건의 통합을 추구했다. 제임스 패커는 시대의 경계 위에 선 사람이었다. 그는 근본주의의 폐쇄성과 자유주의의 모호함을 동시에 경계했다. 대신 성경의 진리 위에서 지성과 영성이 함께 자라날 수 있는 신학을 제시했다. 그의 글과 강의는 단지 신학적 논문이 아니라, 시대를 향한 예언자적 외침이었다.

이 책은 바로 그런 패커의 내면세계를 열어 준다. 그의 지적 고민, 신앙적 확신, 그리고 제자들과의 대화 속에서 드러나는 따뜻한 인간미를 통해, 우리는 한 신학자의 초상을 넘어 한 시대의 영적 풍경을 보게 된다. 이 책을 읽는 것은 단지 한 사람의 이야기를 아는 것이 아니라, 복음주의 신앙이 어떻게 오늘의 교회를 형성했는지를 이해하는 길이기도 하다. 일독을 권한다.

김영한 | 품는교회 담임목사, 《부활논쟁 요약》 저자

차례

추천의 글　　　　　　　　　　　　　　　　006

프롤로그　　　　　　　　　　　　　　　　020

1　여정의 시작: 글로스터에서 옥스퍼드로　　　029

2　고서와 깊은 지혜: 기독교의 과거의 중요성　　051

3　사역 준비 기간: 옥스퍼드에서 버밍엄으로　　063

4　역사에서 배우다: 청교도 유산을 되찾아　　　083

5　신학 교육자: 브리스톨의 틴데일 홀　　　　　093

6　성경: 권위와 해석과 번역　　　　　　　　　117

7　다시 옥스퍼드로: 라티머 하우스　　　　　　131

8　신학 그리고 교회의 삶　　　　　　　　　　169

9 새 출발? 브리스톨의 트리니티 칼리지	183
10 신학과 영성: 《하나님을 아는 지식》	203
11 캐나다 이주: 밴쿠버의 리젠트 칼리지	225
12 보수주의: "좋은 것을 취하고"	249
13 풍요로운 결실: 밴쿠버 사역	269

에필로그	294
주	300
추천 도서	322
찾아보기	325

prologue

    이 짧은 책은 가까운 지인들에게 "짐"으로 불린 제임스 이넬 패커의 생애를 회고하며 그의 지혜를 바로 알기 위한 것이다. 통상적인 전기가 아니므로, 패커의 복잡하고 세세한 활동 이력을 알고 싶은 이들을 위한 책은 아니다. 일부 변곡점의 배후에 깔린 기관 정치도 다루지 않았다. 나는 1990년대 초에 패커의 본격적인 전기를 처음 쓴 바 있다. 그때 축석해 둔 방대한 자료에 기초하긴 했지만, 이번 책의 주안점은 그의 유산을 탐색하여 그 진가를 아는 데 있다. 그의 인생 이야기와 기독교 신앙관이 어떻게 맞물리는지를 살펴보려는 것이다. 패커와 종종 장시간 대화해 보아서 알지만, 그는 자신의 삶과 신앙이 서로 밀접하게 얽혀 있다고 보았다. 패커를 알고 그의 저작을 읽은 것이 내게 많은 배움이 되었듯이 분명히 그의 유산은 다른 사람들에게도 유익할 것이다.

 내가 패커 이야기의 중요성에 처음 눈뜬 것은 1991년 11월 옥스퍼드에서 케임브리지로 버스를 타고 강연하러 가던 길에서였다. 버스에 올라 보니 패커도 승객이었다. 마침 이틀 전에 런던에서 만났던 터라 우리는 버스가 영국 시골을 천천히 달려 케임브리지까지 먼 길을 가는 동안 옆자리에 앉아 대화를 이어 갔다. 그렇게 세 시간도 넘게 함께 있었다. 패커는 자신이 옥스퍼드에서 회심한 이야기며 평생 해야 할 일을 점차 분별하던 과정을 들려주었다. 이야기가 어찌나 감동적이던지 나는 거기에 이끌려 그의 전기를 기획해서 5년간 집필했고, 다시 그의 생애와 사상을 고찰하는 이 책까지 쓰게 되었다. 이번에는 책의 초점을 패커가 그리스도인이자 신학자로 형성되는 데 없어서는 안 될 부분인, 영국을 무대로 한 그의 태생과 교육과 사역에 맞추었다. 패커의 대다수 독자는 그를 북미 신학자로 생각하며, 그가 영국 복음주의에 미친 영향이라든지 그의 관점을 빚어 낸 영국 정황의 중요성에 대해서는 잘 모른다. 그래서 나는 그의 영향력이 가장 컸던 곳이 북미임을 인정하면서도 이 책에 그가 물려받은 영국의 유산을 담아내려 했다. 패커는 활동 기간 내내 많은 논란에 휩싸였지만, 오늘날 그가 주로 인정받는 부분은 기독교적 사고방식의 함양에 긍정적으로 기여한 점과 기독교 영성을 건설적으로 발전시킨 점이다.

C. S. 루이스가 번번이 강조했듯이 훌륭한 작가는 독자에게 뭔가를 나누어 주려 한다. 자신이 깨달았거나 본 것을 전수하여 다른 사람들도 유익을 누리게 한다. 최고의 작가는 제 잘난 맛에 자기를 봐 달라고 요구하는 나르시시스트가 아니라 우리를 초대하여 자기를 통해 함께 보고 경험하게 해 준다. 그래서 작가는 더 큰 무엇을 향해 나 있는 창이다. 루이스도 작가를 찬탄의 대상이 아니라 우리에게 세상을 더 또렷하고 깊게 보여 주는 "안경"이라 보았다.

루이스의 말이 옳다면 훌륭한 신학자는 당연히 복음을 투명하게 비쳐 주어야 한다. 다시 말해서 거추장스러운 전문 용어와 모호한 표현을 삼간다. 그것이 독자들을 막아 자기가 본 것을 깨닫지 못하게 하기 때문이다. 패커의 매력에서 빼놓을 수 없는 요인은 이해하기 쉽고 흡인력 있는 문체, 성경을 사랑하는 마음과 세심한 해석의 매끄러운 통합, 성경의 모든 주제를 하나로 엮어 내는 신학,

이런 기독교 신앙관을 실천하는 거룩한 삶과 기도와 예배 등이다. 2016년 6월에 패커는 리전트 칼리지의 그해 여름학기 수업에서 자신의 가르침을 통해 이루고 싶은 바가 무엇이냐는 질문을 받았다. 이 물음에 대한 그의 답변을 눈여겨볼 만하다.

> 내가 수강생들에게 해 줄 말은 한마디로 "보라!"는 것입니다. 이거야말로 사상 최대의 것이지요! 그런데 우리 그리스도인은 대부분 아직도 그것이 얼마나 큰지를 잘 모릅니다. 그리스도인이 된 지 오래되었는데도 여태 그것을 다 깨닫지 못한 겁니다.

패커에게 신학이란 이 "사상 최대의 것"을 충실하고 확실하게 풀어내는 작업이다. 그것이 설교와 기도와 선포와 예배의 복음적 핵심이다. 아울러 기도하는 마음으로 기쁘게 수행하는 지성의 제자도—패커는 이를 "신학하기"라 칭한다—의 핵심이기도 하다.

이전의 청교도들처럼 패커도 신학자 본연의 자리는 신앙 공동체 안이라고 보았다. 그 자리는 신앙 공동체 위도 아니고 바깥은 더욱 아니다. 신학자는 신앙 여정의 길동무로서 기독교 공동체를 향해 말하며, 신앙을 더 치열하고 깊게 생각하도록 힘써 격려한다. 이 작은 책의 취지는 독자들을 도와 패커가 아주 생생히 묘사한 "사상 최대의 것"을 탐색하고 숙고하게 하는 데 있다. 패커의 이야기를 재구성한 이 책은 신앙과 삶의 상호 연관성을 살펴보면서, 기독교의 핵심 개념들이 어떻게 삶에 녹아들어 사람을 변화시키는지를 밝혀 준다.

여기서 짚고 넘어가야 할 점이 또 하나 있다. 신학자는 추상적인 신학 개념을 담고 있는 빈 그릇이 아니라 그런 개념과 가치를 자신의 삶으로 보여 주고 구현하는 살아 있는 영혼이다. 패커는 자신이 깨달은 핵심 진리들을 보전하고 소통하려 했을 뿐 아니라 그대로 살아 냄으로써 자신의 신학을 구현했다. 이 책에서 우리의 주요 관심사는 패커의 생애를 상술하는 게 아니라 다음과 같은 더 큰 질문에 있다. 그는 무엇을 보았고, 무엇을 다른 사람들에게 전수하려 했는가? 그래서 내 접근 방식은 그의 활동을 요약한 뒤 그의 사상의 성격과 중요성을 논평하는 게 아니라, 그에게 그토록 중요했고 많은 독자에게 여전히 의미심장한 주제들에 대한 논평을 그의 인생 이야기와 병치하는 것이다. 신학과 삶의 상호 연관성이 생생히 드러나도록 말이다.

청소년 시절에 무신론자였던 나는 1971년 옥스퍼드 대학교 1학년 때 기독교 신앙의 지적인 풍요로움과 깊은 영적인 지혜에 눈떴다. 그런데 기독교의 핵심이 무엇이며 이 새로운 자아관과 세계관을 어떻게 실천할 것인지가 묘연했다. 생각의 갈피를 잡고 평생의 소명을 찾으려면 더 지혜로운 선배 그리스도인들의 도움이 필요했다. 신앙 초기인 그때 만난 작가 중 하나가 C. S. 루이스다. 책을 몇 권 읽어 보니 그는 기독교의 깊은 논리를 터득한 매력 있는 작가였다. 그의 도움으로 나의 인식도 점점 깊어졌다. 지금도 나는 루이스의 책을 즐겨 읽으며 유익을 누린다. 그는 내 신앙 이야기의 일부가 되었다.

 1977년에 알게 된 또 다른 작가는 기독교 신앙에 대한 나의 이해를 더욱 굳혀 주었다. 사실 나는 학부 시절인 1970년대 초에 옥스퍼드의 기독교 집회에서 이미 패커의 강연을 들었는데, 그의 사상에 흥미를 느끼면서도 막상 그의 저작에 빠져들 시간이 좀처럼 나지 않았다. 그러다 마침내 시간을 내서 여러 친구의 권유로 읽은 책이 《하나님을 아는 지식》이었다. 그가 그리스도인의 삶에 대해 설득력 있고 지혜롭게 글을 쓸 수 있는 사람임을 30분만에 알았다. 그는 성경과 신학을 계속 개인의 영성에 접목했다. 그 책도 내 개인 이야기의 일부가 되었고, 지금도 끊임없이 다시 찾는 책 중 하나다. 많은 대화를 통해 알고 있거니와 패커에게서 지혜와 영감을 얻는 사람은 나 말고도 무수히 많다.

이 짧은 책이 패커의 생애나 사상에 대한 충분한 길잡이는 될 수 없겠지만, 아직 그를 모르는 사람이나 그를 어느 정도 알기에 의당 찾아내서 누리고 기릴 게 더 있다고 느끼는 사람에게 하나의 관문은 될 것이다.

옥스퍼드에서

알리스터 맥그래스

1

여정의 시작

**글로스터에서
옥스퍼드로**

제임스 이넬 패커는 대성당이 있는 도시인 영국의 글로스터에서 1926년 7월 22일에 태어났다. 아버지 제임스 퍼시 패커(1972년 작고)는 그레이트 웨스턴 철도 회사의 지역 본부 서기였고, 어머니 도로시 메리 해리스(1965년 작고)는 브리스톨에서 수련한 학교 교사였다. 패커의 여동생 마거릿이 태어난 1929년은 월 스트리트 금융가가 붕괴되던 해였다. 이 재정 위기는 영국에 심각한 여파를 미쳐 1930년 말에는 실업자 수가 1백만에서 2백5십만으로 두 배 이상 뛰었다. 다행히 패커 일가는 내핍의 상황에 그런대로 잘 대처하여 시내 기차역 부근의 셋집에서 검소하게 살았다.

패커는 1933년 9월에 글로스터 런던 가에 있던 내셔널 초등학교에 입학했으나 또래 소년들과 잘 어울리지 못하고 며칠만에 놀이터에서 괴롭힘을 당하는 아이가 되었다. 9월 19일에는 학교 경내에서 런던 가로 쫓겨났는데, 하필 그 길은 글로스터에서 가장 교통량이 많은 도로에 속했다. 빵을 운반하던 밴 운전사가 배달 일정에 정신이 팔려 부주의했을 수도 있지만, 그보다는 불쑥 도로로 뛰어드는 일곱 살 소년에게 그냥 미처 대응할 겨를이 없었을 소지가 높다. 차와 충돌하여 머리에 중상을 입은 패커는 근처 글로스터 왕립 병원으로 이송되어 수술실로 직행했다.

　패커의 상태는 심각했다. 이마 오른쪽의 두개골이 함몰되면서 뇌 전두엽에 부상을 입은 것이다. 병원의 레지던트 외과 의사가 패커의 두개골 안쪽에서 뼛조각 몇 개를 빼내자 그의 오른쪽 이마에 지름 2센티미터 가량의 구멍이 생겨나 평생 눈에 확 띄는 흉터로 남았다. 3주 후에 퇴원한 패커는 부상의 트라우마에서 회복되는 데 6개월이 걸려, 1934년 봄이 돼서야 다시 내셔널 학교로 돌아갈 수 있었다. 다친 부위를 알루미늄 판으로 보호해야 했기 때문에 학교 아이들이 으레 하는 놀이나 스포츠에 낄 수 없었다.

　학교를 쉬던 회복기에 즐기게 된 독서가 평생 패커를 따라 다녔다. 애거사 크리스티의 애독자이던 그의 할머니가 《푸른 열차의 죽음》, 《침니스의 비밀》 등 자신의 소장본을 그에게 빌려 주었다. 독서욕은 훗날 학계에 몸담은 그에게는 큰 자산이 되었지만, 당시에는 자신이 다른 아이들과 잘 어울리지 못하는 "책상물림"이라는 인식을 더해 주었을 것이다. 본인도 스스럼없이 인정했듯이 패커는 "상당한 책벌레"여서 문학을 폭넓게 탐독했으며, 특별한 주제로 쓴 그의 많은 글에 그것이 반영되어 있다.[1]

내셔널 학교로 돌아온 뒤로 패커는 토요일마다 습관처럼 아버지를 따라 나섰다. 아버지는 글로스터 기차역 부근의 노스게이트 맨션즈에 있던 사무실에 다시 나가 한 주간의 서류가 제대로 작성되어 철해져 있는지 확인하곤 했다. 훗날 패커가 내게 쓴 표현으로 그의 아버지는 "밑에 다른 서기 하나와 타자수 둘을 둔 철도 회사 서기"였고, 그래서 사무실에 두 대의 타자기가 있었다. 한 대는 아버지가 서류 작업에 썼으나 토요일 오후에는 출근한 사람이 없다 보니 다른 한 대는 패커가 가지고 놀 수 있었다. 타자기를 무척이나 재미있어 하는 아들을 보고 그의 부모는 열한 번째 생일인 1937년 7월에 그에게 낡은 올리버 타자기를 한 대 선물했다. 그 또래의 모든 소년처럼 패커도 속으로는 자전거를 받고 싶었지만, 자전거를 타다가 넘어지기라도 하면 머리 부상이 악화될 위험이 있었으므로 그것은 불가능한 일이었다. 대신 그는 타자기 사용법을 즐겁게 숙달하여 어느새 타자로 자신의 이야기를 쓰기에 이르렀다.

그해 9월에 패커는 집 근처 내셔널 학교에서 글로스터 그레이프라이어즈 구역의 크립트 중등학교로 옮겼다. 1539년으로 거슬러 올라가는 남다른 오랜 역사를 사랑하는 이 학교는 영국의 위대한 설교자이자 전도자인 조지 윗필드(1714~1770년), 주일학교 운동을 창시한 로버트 레이크스(1736~1811년) 등의 졸업생을 배출하기도 했다. 졸업반인 6학년에 올라갈 때 패커는 고대 그리스와 로마의 언어, 문학, 역사를 공부하는 고전을 전공으로 택했다. 이 분야를 배우려는 사람이 그 학년에 패커뿐이었으므로 교장 데이비드 그윈 윌리엄스가 그를 일대일로 지도해 주었다.

윌리엄스는 패커에게 지적인 역할 모델처럼 되었다는 점에서 우리의 이야기에 상당히 중요하다. 그는 옥스퍼드 대학교 코퍼스 크리스티 칼리지에서 고전을 공부했다. 그가 자상하게 관심을 쏟아 준 덕분에 패커는 크립트 학교를 마친 후의 진로에 대한 꿈이 생겼다. 교장처럼 자신도 옥스퍼드 대학교에 진학하여 코퍼스 크리스티 칼리지에서 고전을 공부하고 싶어진 것이다. 이 목표를 이루는 데 필요한 실력과 자신감을 윌리엄스가 탁월한 개별지도를 통해 길러 주었다. 하지만 옥스퍼드에서 수학하려면 공부만 잘해서는 안 되고, 집안의 경제 사정이 여의치 못한 만큼 장학금도 충분히 받아야 했다.

1943년 3월에 옥스퍼드의 코퍼스 크리스티 칼리지는 다음 학년도의 고전학과에 두 가지 주요 장학금을 수여한다고 발표했다. 9월 7일 옥스퍼드에서 선발 시험을 치러 수혜자를 정할 찰스 올덤 장학금과 휴 올덤 장학금으로, 양쪽 다 당시로서는 큰돈이라 할 수 있는 연 100파운드였다. 패커 집안은 형편상 이 보조금이 아니면 외아들을 옥스퍼드에 보낼 수 없었으므로 패커가 둘 중 하나를 반드시 따내야 했다. 옥스퍼드에 가서 정식으로 시험을 치른 그는 얼마 후 휴 올덤 장학생으로 뽑혔다는 연락을 받았다. 이제 막 열일곱 살이 된 아이로서는 대단한 성과였다.

그러나 옥스퍼드에서 맞이할 패커의 미래는 아직 확실하지 않았다. 18세에서 41세 사이의 신체 건강한 모든 영국인 남성은 이차대전이 계속되는 동안 무조건 병역의 의무를 다해야 했다. 패커도 10월에 옥스퍼드에 입학할 수 있었으나 18세가 되면 소집되어 휴학하고 입대해야 했다. 그런데 의사는 1933년의 머리 부상 때문에 그의 병역 의무가 면제되어야 한다는 소견을 보였다. 그를 입대 부적격자로 만든 부상이 지적인 능력에는 전혀 영향을 미치지 않았다.

결국 패커는 옥스퍼드 입학을 1년 연기하기로 했다. 10월에도 그는 17세에 불과할 텐데 거기서 요구될 학업량은 벅찰 게 뻔했다. 그래서 더 잘 준비될 18세 때까지 기다리는 편이 낫겠다고 결론지은 것이다. 그러려면 크립트 학교에 남아야 했다. 다른 동급생은 다 대학에 가거나 취업했는데 패커는 3년째 6학년으로 지내면서, 그 시간에 학교 도서관의 고전 문학을 읽으며 옥스퍼드 시절을 준비했다.

그때까지만 해도 패커는 기독교에 별로 관심이 없었다. 그가 보기에 기독교는 진리이긴 하겠지만 그다지 중요하지는 않았다. 그런데 C. S. 루이스가 그의 흥미를 불러일으켰다. 훗날 그는 루이스가 자신을 "정통에 가까운 무엇"으로 이끌었다고 술회했다. 루이스의 《침묵의 행성 밖에서》는 우주여행 이야기들을 탐독하던 1939년에 이미 읽었고, 크립트 학교의 마지막 해에는 나중에 하나로 묶여 고전 《순전한 기독교》가 된 세 권의 소책자와 《스크루테이프의 편지》를 읽었다.

젊은 패커에게 기독교는 여전히 어려웠다. 자신이 교리적으로 정통인 것 같긴 한데 지식 위주의 기독교 신앙은 뭔가 미흡한 듯했다. 학교 동창 하나가 그에게 기독교가 무엇인지 설명하려 했다. 크립트 학교에서 패커와 같은 시기에 6학년에 올라갔던 에릭 테일러인데, 그때부터 둘은 친구로 지냈다. 패커가 그 학교에 남아 있던 1944년 여름에 테일러는 1년 먼저 졸업하여 브리스톨 대학교에 진학했다. 1학년 때 브리스톨 기독학생연합의 사역을 통해 기독교로 회심한 그는 패커에게 편지를 여러 통 보내 자신이 살아 있는 신앙을 발견한 경위를 들려주었다.

패커는 편지를 읽고도 알쏭달쏭했다. 테일러에 따르면 기독교 교리에 형식적으로 동의하는 것만으로는 그리스도인이 되기에 부족하다는데, 훗날 패커는 그 이유가 그때는 납득되지 않았다고 회고했다. 더 필요한 게 무엇이란 말인가? 두 친구는 1944년 여름에 만났다. 패커가 옥스퍼드 대학교로 입주하려고 준비하고 있던 때였다. 테일러가 자신의 삶 속에 찾아온 변화를 최선을 다해 설명했으나 패커는 이해할 수 없었다. 결국 테일러는 패커에게 옥스퍼드에 도착하거든 기독학생연합에 연락해 집회에 참석해 볼 것을 권했고, 패커도 그러기로 했다.

옥스퍼드 대학교: 고전을 공부하고 기독교를 발견하다

그해 10월 둘째 주에 패커는 부모를 떠나 코퍼스 크리스티 칼리지에서 학부 생활을 시작했다. 중대한 전환이었다. 처음으로 본가에서 떨어져 살며 친구나 가족이 없는 환경 속에 놓인 것이다. 당시 옥스퍼드는 신체 건강한 학생과 교직원이 대부분 군복무 중이라서 아무래도 부실한 상태였다. 정규 3~4년의 학사 과정을 이수하는 18세 학생은 소수에 그쳤고, 대다수는 징집을 앞두고 6개월의 단축 과정을 밟고 있었다.

이전의 C. S. 루이스처럼 패커도 고전 문학과 역사와 철학을 공부했다. 이 분야에 집중하는 옥스퍼드 학부 과정은

속칭 "예비 시험"과 "최종 시험"이라는 두 단계로 나뉜다. 학교 측의 공식 명칭은 "기초 고전"과 "인문학"이다. 학부는 대부분 3년 과정인데 고전학만은 워낙 학업량이 많아서 4년제였다. 훗날 패커가 복잡한 논증도 쉽고 정확하게 구사할 수 있게 된 것은 두말할 나위 없이 옥스퍼드에서 언어와 철학과 역사 교육을 엄격하게 받은 덕분이다. 다만 교수진이 탁월하긴 했어도 패커는 그들에게 데이비드 그윈 윌리엄스의 능력과 교육자다운 헌신이 부족하다는 느낌을 떨칠 수 없었다. 알고 보니 삶의 형성기에 윌리엄스가 그의 스승이었다는 것은 대단한 행운이었다.

입학한 지 얼마 안 되어 패커는 코퍼스 크리스티 칼리지의 기독학생연합 모임에 참석하라는 권유를 받았다. 그 행사는 사뭇 시시하게 끝났다. 그래도 친구 에릭 테일러에게 했던 약속을 생각해서 그는 이후에 기독학생연합에 나가 설교를 들었다. 때는 1944년 10월 22일 일요일—학기 중의 날짜를 지칭하는 옥스퍼드의 전통 방식으로는 "둘째 주 일요일"—저녁이었고 장소는 캠퍼스 한복판의 세인트 올데이츠 교회였다. 영국 남해안의 웨이머스 출신인 설교자 얼 랭스턴은 청중에게 오래 전 소년 캠프에서 자신이 회심했던 간증을 들려주었다. 거기서 한 선배가 그에게 정말 그리스도인이냐고 물었을 때 그는 뜻밖의 질문 앞에서 아니라고 인정할 수밖에 없었고, 이를 계기로 그리스도께 자신을 드렸다.

설교 전반부는 패커에게 약간 지루했으나 회심 이야기는 그의 상상력에 호소하며 깊이 와 닿았다. 그의 머릿속에 어떤 장면이 그려졌다. 그가 창문으로 들여다보는 방에서 사람들이 파티와 게임을 즐기고 있었고, 지켜보는 사이에 게임 규칙도 파악되었다. 그런데 그들은 **안에** 있고 그는 **바깥에** 있었다. 나중에 회고했듯이 패커는 자신의 상황을 아주 명확히 깨달았다. **자신도 안으로 들어가야 했던 것이다.**

예배를 마칠 때 샬럿 엘리엇의 유명한 찬송가 "큰 죄에 빠진 날 위해"를 불렀는데, 그리스도께 나아오라는 부분—"주께로 거저 갑니다"—이 계속 강조되었다. 패커는 결단했다. 자신도 안으로 들어갈 때가 되었던 것이다. 그리하여 1735년에 위대한 전도자 조지 윗필드가 그리스도께 헌신했던 자리에서 그리 멀지 않은 데서 패커도 헌신했다.

옥스퍼드 첫 학기가 끝날 무렵인 6주 후에 패커는 이후의 저작에 자주 언급한 두 번째 체험을 했다. 그로부터 13년 전에 C. S. 루이스는 친구와 함께 모터사이클을 타고 윕스네이드 동물원에 갔던 일을 기술한 바 있다. 길을 떠날 때는 예수 그리스도가 하나님의 아들이심을 믿지 않았던 그가 동물원에 도착했을 때는 그렇게 믿고 있었다. 어떻게 입장이 완전히 바뀌었는지 루이스 자신도 잘 몰랐다. 마치 일련의 단절된 생각이 갑자기 하나로 녹아들면서 그를 불가항력의 결론으로 이끈 것 같았다. 패커도 자신의 성경관에 아주 비슷한 일이 벌어졌다고 보았다.

> 1944년에 성경 공부에 참석해서 요한계시록의 한 환상(어떤 환상인지는 잊었다)에 대한 설명을 들었다. 시작할 때만 해도 나는 모든 성경(6주 전에 회심한 뒤로 열심히 읽고 있던)이 하나님의 무오한 교훈임을 믿지 않았는데, 끝날 때는 오히려 그런 의심이 불가능해져서 약간 놀랐다. … 칼뱅의 말을 접한 것은 세월이 흐른 뒤였다. 그는 그리스도인이라면 누구나 성경의 신적인 권위를 증언해 주시는 성령을 속으로 체험한다고 했다. 이 주제에 대해 일언반구도 들은 적이 없던 나도 오래 전부터 칼뱅의 말뜻을 정확히 알고 있었다고 생각하니 마음이 흐뭇했다.[2]

이것은 한순간의 짜릿한 체험에 불과했을까? 지식의 알맹이가 빠진 종교적 열정의 표출이었을까? 그렇지 않다. 이 체험을 반추하고 통합해야 할 필요성을 느낀 패커는 조지 윗필드를 역할 모델이자 멘토로 삼았다. 마침 두 사람은 같은 중등학교에 다녔고 같은 도시의 같은 대학교에서 회심했다. 패커는 시립 도서관에 가서 1876년에 나온 두 권짜리 윗필드 전기를 빌려 왔고, 뒤이은 크리스마스 방학을 글로스터에서 가족과 함께 보내면서 그 책을 주로 읽었다. 윗필드 공부는 패커에게 그 자체로도 풍요로웠지만 개혁 신학 전통의 보화로 이어지는 관문의 역할도 했다.

신학의 중요성에 눈뜨다

1940년대에 옥스퍼드 기독학생연합은 소위 "케직의 성결 교훈" 또는 "승리하는 삶"의 영향을 입었다. 이 교훈의 형태는 다양했지만 중심 주제는 그리스도인의 삶 속에 자기 힘으로 승리할 수 없음을 깨닫는 위기의 순간이 닥쳐온다는 것과 그럴 때 그리스도께 순복하고 그분의 능력을 신뢰하면 하나님이 약속대로 죄를 이기게 해 주신다는 것이었다. 케직의 접근 방식은 많은 그리스도인의 소원과 맞아떨어졌다. 바로 죄에서 완전히 해방되어 그리스도와의 관계가 이전의 그 어떤 체험보다도 깊어지는 것이었다. 죄를 정복하고 몰아내는 법에 대한 이런 관점의 배후에는 "내려놓고 하나님께 맡기라"라는 구호가 깔려 있었다.

1945년에 패커는 이 교훈의 문제점을 절감했다. 케직 설교자들이 열변을 토하는 대로 죄를 늘 이기고 싶은 간절한 마음이야 그도 많은 사람과 같았다. 그리스도인이라면 실패하지 않고 한계 밖의 일도 능히 해낼 수 있다니 말이다. 그런데 아무리 "완전한 성별"에 힘써도 자신은 늘 제자리걸음인 것 같았다. "나는 사춘기 아이처럼 괴로운 자의식 속에서 매일 싸워야 하는 미숙하고 혼란스러운 청년이었다. 불만과 좌절 때문에 온갖 충동과 격동이 들끓었다."[3]

케직의 교훈을 따르던 동료 학생들은 패커가 무의식중에 벽을 쌓아 복을 막고 있다며 그 벽이 무엇인지 찾아내라고 다그쳤다. 그리스도의 주권에 온전히 순복하여 자기 내면에 임재하시는 그분의 승리를 누리라는 것이었다. 하지만 패커가 나중에 고찰했듯이 이 방법은 통하지 않았고 통할 수도 없었다. "그 교훈대로라면 모든 것이 완전한 성별에 달려 있으므로 원인은 내 안에 있을 수밖에 없다. 그러니 다시 내 안을 닥닥 긁어 여태 성별되지 않은 채 도사리고 있는 자아의 구더기를 찾아내야만 한다."[4]

이런 비판적 고찰의 과정 내내 패커는 자신이 그리스도인이고 기독교 신앙이 진리임을 의심한 적은 없었다. 그거라면 이미 머릿속에서 해결되어 있었다. 문제는 그리스도인의 삶을 보는 이 (영향력 있는) 특정한 관점과 실제로 자신이 경험하는 삶 사이에서 느껴지는 괴리였다. 뭔가 잘못되어 있었다. 그게 무엇일까?

분명히 패커에게는 신학의 틀이 필요했다. 자신의 고민을 그 틀 안에 두고 이해하여 해법을 찾아야 했다. 그는 케직의 입장으로는 미흡하다고 확신했다. 하지만 하나의 접근이 무산되었다 해서 최고의 답이 저절로 밝혀지는 것은 아니다. 결국 해답은 예기치 않게 찾아왔다. 옥스퍼드 기독학생연합에 기증된 다량의 고서를 정리해 달라는 부탁을 받은 것이 계기가 되었다. 기증자인 C. 오웬 피커드-케임브리지는 옥스퍼드 내 밸리얼 칼리지 출신으로 일본에서 선교사로 사역하다가 나중에 브리스톨에 있는 바이블처치맨스 칼리지의 부학장이 된 사람이다.

복음주의 역사를 보면 훗날 기독교의 유명한 설교자나 전도자가 된 사람이 "우연히" 청교도 고전을 읽다가 개인의 영적 부흥을 경험한 사례가 많이 나온다. 예컨대 존 포슨(1737~1806년)은 조셉 얼라인의 《회개하지 않은 자에게 보내는 경고》(1672년)가 운 좋게 손에 들어와—경위는 밝히지 않았다!—자신의 회심에 불씨를 당겼다고 술회했다.[5] 또 윌리엄 그림쇼(1708~1763년)는 친구 집의 탁자에 놓여 있던 존 오웬의 칭의론(1677년)을 우연히 접했는데, 책을 펴서 주제를 보고는 얼굴이 "이상하게 뜨거워지고" 붉어지는 것을 느꼈다.[6] 그림쇼의 전기에 보면 그는 "경건을 아무리 열심히 다각도로 실천해도 하나님과의 관계를 바르게

할 수 없었다." 그 딜레마에서 헤어날 길이 없어 보였는데 존 오웬의 글을 읽고 달라졌다.

1945년 옥스퍼드의 노스게이트 홀에서 패커에게도 아주 비슷한 일이 일어났다. 기독학생연합의 수석 사서인 존 레이놀드는 예의 기증 도서를 책벌레로 알려진 패커가 분류하고 정리하면 좋겠다 싶어 그에게 권했고, 덕분에 패커는 책 더미를 헤집다가 존 오웬(1616~1683년)의 전집을 만났다. 유명한 청교도 설교자이자 신학자인 오웬은 청교도 공화국 시절에 토머스 크롬웰의 지명으로 옥스퍼드 대학교 부총장을 지내기도 했다.

그러나 패커의 눈길을 끈 것은 오웬과 옥스퍼드의 두터운 인연이 아니라 오웬의 책 중에서 패커 자신의 영적 불안을 다루고 설명한 듯 보이는 《신자 안에 내재하는 죄》와 《죄 죽이기》라는 두 권의 제목이었다. 읽어 보니 역시 자신의 상태와 직결되는 책들이었다. 훗날 그가 회고했듯이 "오웬의 도움으로 내 끈질긴 죄성을 (근시안이나 절망에 빠지지 않고) 현실적으로 보게 되었고, 자아를 살피고 죽이는 훈련에 대해서도 마찬가지다. 나를 비롯한 모든 그리스도인은 이 훈련으로 부름받았다."[7]

패커는 오웬의 접근 방식을 글로 개괄하여 학우들에게 나누어 주었다. 자신이 경험한 해방을 그들도 공유하기를 바라서였으나 사실 큰 성과는 없었다. 그러나 이때 간략히 요약하고 적용한 오웬의 통찰은 훗날 그가 청교도 유산이 오늘날에도 적절함을 더 체계적으로 탐구하는 기초가 되었다. 그는 그리스도인의 삶의 제반 문제에 이런 식으로 접근하면 신학도 탄탄하면서 목회도 견실해질 수 있다고 보았고, 그래서 이것을 자신이 정립 중인 복음주의 신앙관에 적용했다. 이 신학적 깨달음을 통해 그의 눈과 사고가 열려, 이제 그가 이해하고 실천하는 신앙은 실행과 변호가 가능해졌다. 이것이 평생 패커의 영성과 신학의 핵심으로 남았다.

그렇다면 패커가 오웬에게서 발견한 것은 무엇일까? 간단히 말해서 패커는 중생한 신자인 자기 안에도 죄가 상존함을 깨달았다. 죄는 타락한 인간의 영혼에 기생하는 이기적인 세력인 만큼, 그리스도께 집중함으로써 끊임없이 물리치고 고쳐야 할 대상이었다. 그는 죄의 실재와 영향력에 대해 깨어 있는 법과 죄를 대적할 힘을 달라고 기도하는 법을 배워야 했다. 패커가 그의 표현으로 "성경에 기초하여 성령의 인도하심을 받는 훈련된 자아 성찰"을 유독 강조한 것은 초기에 오웬의 책을 읽은 결과였다.

사역: 안수를 받기로 결단하다

 1945년 여름에 이차대전이 끝난 뒤로 패커는 평생 무슨 일을 할 것인지 심사숙고했다. 물론 고전 교사가 되어 데이비드 그윈 윌리엄스가 자신에게 그랬듯이 다른 사람들에게 학문의 꿈을 심어 줄 수도 있었다. 하지만 자신에게 맞지 않아 보였다. 그는 하나님을 섬기고 싶은 마음이 간절했고, 그러려면 교회 안에서 사역하는 게 최선이라 여겼다. 구체적인 사역 분야는 분명하지 않았으나 어떤 식으로든 전임 사역으로 부름받았다는 느낌만은 분명했다. 자신의 한계를 그도 알았지만, 아무리 미약한 재능일지라도 그것을 드려 그리스도를 섬기는 게 중요하다고 믿었다. 그가 사역자로 섬기기를 하나님이 정말 원하신다면, 약점을 극복할 길도 그분이 찾아 주실 것이었다.

 그런데 어느 교단의 사역자가 될 것인가? 학부 첫 2년 동안 패커는 가까운 옥스퍼드 동부의 플리머스 형제교회에 출석했다. 좋은 배움의 경험이었고, 제임스 M. 휴스턴과 도널드 와이즈먼 등 공부하는 선배 교인들과의 우정은 물론이고 설교도 유익했다. 그러나 1946년 10월부터 패커는 세인트 엡스 교회에 적을 두었다. 옥스퍼드 도심의 이 복음적인 성공회 교회는 모리스 우드의 지도 하에 새롭게 성장하고 있었다. 그해 말에 패커는 성공회 사역에 몸을 바쳐야겠다는 결론에 도달했다. 성공회에 대해 미심쩍은 마음도 있었지만, 그 조직 내에서 일하면서—어쩌면 좋은 성과도 내면서—자신의 재능을 꼭 필요한 데 쏟을 수 있겠다는 생각이 들었다.

패커는 자신이 성공회 교인이 된—그리고 쭉 그대로 남은—이유를 35년 후에 간행한 소책자에 밝힌 바 있다. 성공회에서 자라나지도 않은 그가 굳이 그 교단을 택한 것은 성공회의 흠결과 약점에도 불구하고 자신의 입장에서는 그것이 최선의 방안이었기 때문이다. 왜 최선이었을까? 신학적, 영적 유산이 풍부했기 때문이다.

> 내가 성공회 교인인 것은 정서나 애정 때문이라기보다 소신 때문이다. … 성공회를 처음 접했을 때 딱히 내 마음에 들었다고는 말할 수 없다. 그런데도 성공회에 남은 이유는 여기가 내 자리라는 확신이 들어서다. 기독교 세계를 통틀어 가장 진실하고 지혜롭고 어쩌면 가장 풍부한 유산이 여기에 있기 때문이다.[8]

역사적으로 성공회에 정체성과 일관성과 신학적 정통성을 부여한 것은 여러 신경과 39개조(1563년)와 기도서(1662년)였고, 물론 근본은 성경과 전통과 이성이라는 규범에 대한 헌신이었다. 1960년대에 이런 역사적 기준선과 특히 39개조가 희석되거나 잘려 나갔을 때 패커가 신학적 여파를 우려한 것도 이런 맥락에서 이해할 수 있다.

사역에 헌신하기로 결단했다 해서 패커가 성공회의 신학 교육 및 사역자 양성 프로그램에 저절로 받아들여진 것은 물론 아니다. 1947년 초에 선발 위원들이 패커를 "선발 협의회"에 불러 면접했다. 사역에 헌신하려는 동기, 목회의 은사, 학업 성과 등을 알아보는 시간이었다. 대개 협의회는 여러 후보자를 상대로 사흘 동안 진행되었고 선발 위원은 다섯 명이었다. 후보자가 각 선발 위원과의 일대일 면접을 거치면, 위원들이 의논하여 협의회에 참석한 후보자별로 사역의 잠재력에 대한 합의에 도달했다. 패커는 일주일 내로 결과를 통보받았다. 성공회 사역을 위해 수련하라는 권고였다.

성공회는 안수 받을 예비 사역자에게 다수의 지정된 "신학대학" 중 한 곳에서 공부할 것을 요구했고, 수련할 학교의 선택은 대개 본인에게 일임했다. 자칭 복음주의 성공회 신자인 패커는 기독교 교리의 원천이자 그리스도인의 삶의 길잡이로서 성경의 중요성을 매우 강조했다. 1947년 옥스퍼드와 그 인근에 성공회 사역자 교육의 본산으로 알려진 신학대학이 네 군데 있었는데, 그중 한 곳의 전통이 복음주의였다. 교회 인맥을 통해 위클리프 홀의 학장과 부학장을 이미 알고 있던 패커가 그곳을 자신의 신학 수련원으로 생각한 것은 당연한 일이다. 거기서 마음껏 꿈을 펼칠 수 있을 것 같았다.

이 이야기(내러티브)는 3장에서 다시 이어 갈 것이다. 그 전에 우선 이번 장에 소개한 주제를 더 살펴볼 필요가 있다. 활동 기간 내내 패커에게 한없이 중요했던 그 주제는 바로 오늘의 그리스도인도 과거의 지혜를 배워 풍성해질 수 있다는 인식이다. 패커가 만난 존 오웬의 저작은 결국 그에게 영적, 신학적 관문이 되었다. 그래서 고전 속에 담긴 보화에 그의 눈과 사고가 열렸다.

2

고서와 깊은 지혜

기독교의 과거의 중요성

1945년에 패커는 존 오웬의 저작이 자신에게 영적으로 소중함을 깨달았는데, 분명히 이는 그로서도 뜻밖이었다. 20세기의 대응법으로 해묵은 문제가 풀리지 않았을 때, 그의 본능대로라면 일단 더 입맛에 맞거나 통할 만한 다른 최신 해법을 찾아보았을 것이다. 그런데 우연히 기독교의 과거를 접한 덕분에 그는 기독교 신앙에서 발생하는 대다수 의문이 이미 이전에 다루어졌음을 깨달았다. 그런 전통적 대응법 중 더러는 오늘날에도 유익할까? 우리의 사고를 지도하고 깨우쳐 줄 수 있을까?

　패커는 당연히 그렇다고 보았다. 1970년대에 나는 중세의 신학 작가들을 집중 연구한 적이 있는데, 그 과정에서 옥스퍼드의 중세사 전문가를 다수 알게 되었다. 그 분야를 처음 연구하는 내게 그들은 친절하게 조언과 지도를 베풀어 주었다. 그런데 이 학자들 중에는 1970년대의 영국보다 중세를 더 편안해 하는 듯한 사람이 많았다. 사실상 그들에게 학문이란 현대의 현실을 도피하여 더 구미에 맞는 평행 우주 속에 살아가는 수단이었다. 그런데 1990년대 후반에 패커의 밴쿠버 사무실에서 그와 함께 시간을 보낼 때는 한 번도 내게 그런 느낌이 든 적이 없다. 책장마다 대부분 17세기로 거슬러 올라가는 신학과 영성 고전이 빼곡했으나, 패커는 그것을 1990년대의 질문과 현안에 더 잘 대응하게 해 주는 자원으로 보았다.

학창 시절에 오웬의 글을 읽으면서 패커는 과거의 풍부한 신학적 유산에 눈떴다. 그가 깨달았듯이 오늘의 그리스도인은 앞서간 신앙 여정의 선각들에게 배울 수 있다. C. S. 루이스도 똑같이 깨닫고는 신앙생활과 신학 활동에 과거가 중요하다는 글을 자주 썼다. 아마 루이스가 이 주제를 가장 잘 논한 글은 가장 영향력 있는 기독교 신학 작품 중 하나에 쓴 서문일 것이다. 4세기로 거슬러 올라가는 그 작품은 알렉산드리아의 아타나시우스가 쓴 성육신론이다. 루이스가 보기에 이는 그 주제를 고찰한 글로서는 문화와 역사의 장벽을 뛰어넘는 고전이다. 현대에도 그 작품이 논의의 중요한 기준점이 된 것은 그만큼 해당 주제를 예리하게 잘 다루었기 때문이다.

영문학에 관심이 있어 기독교 고전까지 읽은 루이스는 책이 고전이 되는 데는 그만한 이유가 있음을 금세 깨달았다. 즉 사람들이 계속 거기서 가치와 미덕을 발견하고 자꾸 펼쳐 들기 때문이다. 고전 작가들 덕분에 우리는 최신이 곧 최선이며 과거의 지혜는 현대의 문서 앞에서 신용을 잃거나 무색해진다는 순진한 생각에서 벗어날 수 있다. 근래에 나온 책은 아직 평가되는 중이며, 더러는 시간의 시험을 통과하겠지만 더러는 그렇지 못할 것이다. 모든 책의 일대 고비는 오늘 어떻게 평가받느냐가 아니라 다음 세대의 평가일 것이다. 그때도 **가치**가 있을 것인가? **기억되기나** 할 것인가?

아타나시우스의 《말씀의 성육신에 관하여》나 어거스틴의 《고백록》 같은 기독교 고전은 용케 우리를 기독교의 과거와 맺어 준다. 고전에 담긴 자원은 우리에게 신앙을 가르쳐 줄 뿐 아니라 한 시대에 편협하게 매일 수밖에 없는 우리의 맹점을 드러내 준다. 유구한 전통의 고찰에 닻을 내려 우리 시대와 문화의 굵직한 질문과 문제를 타인의 눈으로 보게 해 준다. 루이스가 아타나시우스의 《말씀의 성육신에 관하여》 서문에 썼듯이 우리는 "머릿속에 역사의 시원한 바닷바람을 계속 쐬"어야 하며 "그러려면 고서를 읽어야 한다."[1] 고전 문헌의 중요한 가치는 우리가 당연시하는 일부 전제에 보기 좋게 일격을 가하는 데 있다. 우리가 보기에는 그런 전제가 자명하게 옳지만 사실은 문화의 편견이며 장차 후대에게는 이상해 보일 것이다.

패커는 루이스를 깊이 존경했다. 그에게 루이스는 "나처럼 옥스퍼드 출신으로 그곳의 최종 시험을 통과했고 또 나처럼 성공회 신자였다. 한 인간이자 그리스도인으로서 그의 명징한 정신적, 도덕적 통찰은 그의 책을 읽고 또 읽을수록 계속 나를 놀라게 한다."[2] 초점이 서로 다르긴 하지만 패커도 루이스처럼 비판적 원용과 재발견 전략을 활동 기간 내내 유지하고 발전시켰다. 과거의 목초지에서 풍성한 꿀을 베어다가 오늘의 새로운 독자층에게 이를 접하고 이해하고 활용하기 쉽게 해 준 것이다. 1996년에 그는 자신이 신학을 보는 관점을 이렇게 기술했다.

> 내가 신학하는 소재는 기독교 정체성의 진정한 본류인 성경과 여러 신경이다. 지상 교회가 처음부터 특징으로 고수해 온 고백과 예배의 "위대한 전통"이다.[3]

패커는 "어제의 위대한 스승들과 늘 벗삼아 지내면" 자칫 놓치기 쉬운 지혜에 눈뜨게 된다고 보았다.

패커가 제대로 보았듯이 여기에는 역사신학의 방식에 대한 중요한 의미가 함축되어 있다. 과거를 공부할 때 우리는 신앙의 실험실에 들어가 지난날의 여러 개념이 어떻게 생겨나서 다듬어지고 검증되었는지를 들여다보는 셈이다. 그 검증 기준을 세 가지만 꼽자면 성경적 기초, 변증 가능성, 하나님을 더 깊이 사랑하게 해 주는 것 등이며 물론 그밖에도 더 있을 수 있다.

이렇게 고전을 존중하는 자세는 구시대에 대한 향수나 복고주의가 아니다. 그저 오래됐다거나 오늘날의 사고방식과 가치관에서 훌쩍 벗어나 있다는 이유만으로 과거를 떠받드는 게 아니다. 고서라고 다 고전은 아니다. 책이 특별해지는 것은 삶을 보는 눈이 남다르기 때문이다. 우리에게 하나님의 은혜와 그리스도의 사랑을 깨닫게 해 주고, 복음을 우리의 이해 범주로 제한하려는 성향에 제동을 걸기 때문이다. 그런 책을 만나면 손에서 놓고 싶지 않고, 그 속의 지혜와 비전을 나누고 싶어진다. 그래서 패커도 옥스퍼드 3학년 시절에 타자를 쳐서 오웬의 논증을 20페이지로 요약했다. 오웬이 보는 그리스도인의 삶을 학우들에게 나누고 싶었던 것이다. "내가 무엇을 얻었는지 보라! 나에게 유익했던 만큼이나 너에게도 유익하지 않을까?"

과거의 깊은 신학 유산은 기독교의 진리를 보는 우리의 시야를 넓혀 준다. 우리의 역사적, 문화적 한계를 뛰어넘어 복음을 새롭게 인식하게 해 준다. 우리를 더 알찬 현실관에 눈뜨게 해 주는 문학의 힘을 루이스는 "개성이라는 특권을 훼손하지 않으면서도 그 개성이 입은 상처를 치유해 준다"라고 표현했다.

나는 내 눈만으로 부족하기에 타인의 눈으로도 볼 것이다. … 훌륭한 문학을 읽으면 나는 천의 인물이 되면서도 여전히 나로 남아 있다. 그리스 시에 나오는 밤하늘처럼 나도 무수한 눈으로 보지만, 보는 주체는 여전히 나다.[4]

과거의 지혜를 받아들이면 루이스의 말대로 "자신의 눈과 상상력과 마음으로만 아니라, 타인의 눈으로 보고 타인의 상상력으로 생각하고 타인의 마음으로 느낄" 수 있다.[5] 이 일반 원리를 패커는 청교도 유산을 새롭게 원용하고 적용하는 도구로 활용한 것이다.

루이스와 패커의 접근 방식에 대해 당연히 우려를 제기할 이들이 있을 것이다. 과거의 유산을 재발견하여 현재의 삶과 사고를 풍성하게 하자는 루이스와 패커의 취지에는 많은 사람이 동조할 것이다. 하지만 그러려면 우리에게 반드시 도움이 필요하지 않을까? 과거의 사상가—예컨대 존 오웬 같은—를 우리가 제대로 이해했는지 어떻게 확신할 수 있는가? 그의 사상 중에서 현재에 적용될 만한 부분과 적용 방식을 어떻게 알 수 있는가? 분명히 **해석자**가 필요하다. 오웬을 잘 아는 사람이 우리에게 그의 견해가 어떻게 오늘의 문제나 기회와 맞물리는지를 지적해 주어야 한다. 이 해석자는 과거와 현재 양쪽 모두에 단단히 뿌리를 내리고 있어야 한다. 그래야 해석의 다리를 놓아 과거의 자원과 현재의 필요를 서로 이어 줄 수 있다.

신학을 분별하며 소명을 확인하던 어느 한 순간에 패커는 자신이 과거의 지혜를 걸러내고 해석하여 오늘의 현안에 적용하는 가교 역할을 할 수 있음을 깨달았다. 1990년대 말에 여러 대화를 통해 내게 설명했듯이 그는 하나님이 자신을 그 일로 부르셨을 수 있다고 믿었다. 패커가 성공회에서 사역하려 한 데는 성공회의 역사적 뿌리인 유럽 종교개혁—특히 마르틴 루터와 장 칼뱅—의 사상과 17세기 청교도 작가들을 재발견함으로써 사역의 원기를 되찾으려는 이유도 있었다. 아직 학생일 때부터 패커에게는 오웬을 비롯한 과거의 사상가들을 통해 현대 교회의 사역과 설교가 활성화될 수 있는 길들이 보였다. 그래서 자신이 이런 재발견과 원용의 사역으로 부름받았다고 느껴졌다.

패커의 오랜 사역을 되돌아보면, 그의 주요 간행물 대부분에 그런 의식이 반영되어 있음을 쉽게 알 수 있다. 가장 유명한 저서인 《하나님을 아는 지식》(1973년)의 중심 주제도 그것이다. 더 신학적인 차원에서는 패커가 발전시킨 "위대한 전통"의 개념에도 그것이 중요한 역할을 했다. 이는 과거의 신학적 지혜가 오늘의 교회와 신학자와 설교자에게 계속 양분과 지식과 도전을 준다는 개념이다. 그렇다고 옛것이 꼭 가장 좋다거나 향수에 젖어 과거로 회귀하자는 것은 아니고 다만 과거를 현재의 거울로 삼자는 것이다. 그 결과로 교회의 증언이 더 깊어지고 굳건해질 수밖에 없으니 말이다.

그렇다면 과거 신앙의 지혜와 대화하는 이 과정을 이해하는 데 도움이 될 신학적 틀은 무엇일까? 1980년경까지만 해도 패커는 이 접근을 발전시키면서 특정한 해석 이론에 명시적으로 의지하지 않았던 것 같다. 그런데 1980년에 영국의 떠오르는 복음주의 학자 앤서니 티슬턴이 《두 지평》이라는 책을 펴냈다. 독일 철학자 마르틴 하이데거의 "지평의 융합" 이론이 어떻게 신약 해석에 도움이 될 수 있는지를 탐색한 책으로, 여기서 두 지평은 과거의 텍스트와 현재의 해석자를 가리킨다.[6] 복음주의 진영에서 이 책이 널리 읽히고 활용되었다. 존 스토트와 패커는 둘 다 내게 이 책이 자신의 사역을 활성화하는 데 귀중한 역할을 했다고 말했다. 스토트에게는 《두 지평》이 "불충실한 해석과 비현실적 해석이라는 상반되는 함정"을 피하고 "하나님의 말씀을 오늘의 하나님의 세상에 효과적으로 전할 수 있게" 해 주었고,[7] 패커에게는 이 책이 신약 주해에 도움이 되었다. 아울러 그 책에 제시된 지적인 틀은 패커가 이미 실행에 옮기고 있던 "위대한 전통"이라는 개념의 중요성과 타당성을 확증해 주었다.

> 그러면 텍스트에 질문을 던지는 학습자는 텍스트 또한 자신에게 질문하고 있음을 알게 된다. 그 결과 그는 여태 당연시하던 해석이 아닌 다른 해석을 보고, 앞으로 자신이 어떻게 행동할 것인지를 근본적 차원에서 재고하여 새롭게 결단할 수밖에 없다. 다르게 접근하는 사람들이 있으며 자신도 그럴 수 있음을 이제 깨달았기 때문이다.[8]

기독교의 과거—예컨대 존 오웬의 저작—를 공부하면 패커의 말대로 여태 당연시하던 해석이 아닌 다른 해석이 있음을 인정하고 우리의 접근 방식을 재고할 수밖에 없다. 패커는 기독교의 과거가 우리를 풍요롭게 할 수 있음을 알았기에, 신학을 가르치는 최선의 방법에 대한 생각도 달라졌다. 1980년대와 1990년대에 그가 밴쿠버의 리전트 칼리지에서 보여 준 강의가 좋은 예다. 패커는 "재발견의 신학"의 탁월한 모범이다.[9] 이 신학에서 우리는 오늘의 그리스도인이 어떻게 과거에 구속받지 않으면서도 과거를 원용할 수 있는지에 대한 중요한 통찰을 얻을 수 있다.

패커의 책을 읽으면 이런 개념이 살아 움직이는 것을 볼 수 있다. 그가 창시한 청교도 학술대회는 17세기 청교도들이 그리스도인의 삶의 여러 굵직한 문제로 씨름했으며 그들의 관심사가 오늘의 문제와 쉽게 맞물릴 수 있다는 그의 확신에서 태동했다. 그의 첫 저서 《근본주의와 성경의 권위 & 자유주의》(1958년)는 16세기에 장 칼뱅이 발전시킨 개념들을 재발견하여 패커 시대의 여러 논란에 접목한 것이다. 그의 고전 《하나님을 아는 지식》(1973년)도 "하나님을 안다"는 의미에 대한 칼뱅의 사상에 크게 의존했으며, 덕분에 신앙생활에 대한 이후의 많은 기독교적 고찰에도 그런 사상이 침투하여 스며들 수 있었다. 이렇듯 역사 속의 텍스트는 오늘의 그리스도인의 형성 과정에서 요긴한 역할을 할 수 있다. 4장에서 보겠지만 패커가 개발한 신학적 틀은 현대의 그리스도인들에게 구시대에 매몰되지 않으면서도 기독교의 과거에 담긴 깊은 지혜의 혜택을 누리게 해 준다.

이제 패커의 진로 이야기로 다시 돌아간다. 그는 처음에 어떻게 자신을 신학 교육자로 생각했으며, 그 뒤로 어떻게 이 목표를 이루어 나갔을까?

3

사역 준비 기간

**옥스퍼드에서
버밍엄으로**

1948년이 밝았을 때 패커의 앞길은 얼추 정해져 있었다. 학년이 끝나는 6월에 졸업한 뒤 9월부터 위클리프 홀에서 신학을 공부하며 성공회 사역을 준비하기로 한 것이다. 그는 옥스퍼드에서 신학 학위를 받아야 사역자이자 설교자로서 장래의 소명에 최대한 도움이 되겠다는 확신이 들었다. 그래서 협상 끝에 앞으로 위클리프 홀에서 기숙하며 수련하는 동안 코퍼스 크리스티 칼리지에서 신학을 공부하여 두 번째 학사 학위를 취득해도 된다는 허락을 가까스로 받아 냈다.

그런데 몇 주가 지나면서 패커는 그게 옳은 길인지 긴가민가해졌다. 그해 여름이면 옥스퍼드 생활이 만 4년인데, 곧장 위클리프 홀에 입학하면 같은 도시 같은 대학교에서 2년을 더 지내야 했다. 한 번 지평을 넓혀 보는 게 현명하지 않을까? 1년쯤 옥스퍼드를 떠나 다른 일을 하다가 신학 공부로 돌아와도 되지 않을까?

위클리프 홀은 북미의 "신학대학원"에 해당하는 성공회 "신학대학"이었다. 성공회에서 이런 대학을 소유하거나 운영한 것은 아니고, 사역자 양성 기관으로 인가한 뒤

학문적으로나 영적으로 성공회의 기준에 부합하는지를 정기적으로 평가했다. 그렇게 성공회의 승인을 얻은 복음주의 신학대학은 케임브리지의 리들리 홀, 런던 바로 북쪽 엔필드의 오크 힐 칼리지 등 여럿이 더 있었다.

그해 봄에 패커는 오크 힐 칼리지에서 1년간 라틴어와 그리스어를 가르칠 사람을 구한다는 소식을 들었다. 이 두 고어라면 그동안 옥스퍼드에서 그에게 필수였으므로 이미 숙달되어 있었다. 그는 즉시 오크 힐 칼리지의 레슬리 윌킨슨 학장에게 편지를 보내 그 일에 관심이 있음을 표했고, 학교에 가서 면접을 거쳐 정식으로 임용되었다. 근무 기간은 그해 9월부터 12개월이었고, 연봉 200파운드에 더하여 학기 중에만 아니라 방학 중에도 숙식이 제공되었다. 옥스퍼드 재학 중에는 방학 때마다 부모 집으로 가야 했는데 오크 힐에서는 그럴 필요가 없게 된 것이다. 그래서 그는 위클리프 홀 입학을 1년 연기하고 열심히 오크 힐 생활을 준비했다. 약간 불안한 마음도 없지 않았다.

그해 여름에 그는 옥스퍼드 대학교에서 고전학 기말 고사를 치렀다. 옥스퍼드의 표현으로 "더블 1급"(1차와 2차 공개 시험에서 모두 1급 우등을 받는다는 뜻)을 달성할 것으로 널리 기대되던 그는 실제로 아주 근소한 차이로 우수한 2급 우등을 받았다. 오크 힐 칼리지에서 가르치고 돌아와 옥스퍼드의 학사 과정 신학부에 입학하기에는 충분한 성적이었다.

오크 힐 칼리지, 1948~1949년

패커의 오크 힐 시절을 옥스퍼드에서 고전학을 마친 후부터 신학을 공부하기 전까지의 "공백기"로 생각하기 쉽지만, 결국은 변화의 시기가 되었다. 교회 안팎에서 펼쳐 나갈 미래의 사역에 대한 그의 생각이 이때 바뀌었다. 1990년대에 그는 여러 번의 대화 중에 내게 엔필드 시절의 몇 가지 수확을 언급했다.

첫째이자 어쩌면 가장 중요하게 그는 자신에게 신학 교육자의 자질이 있음을 알게 되었다. "알고 보니 아무도 내게 교수법을 가르칠 필요가 없었어요." 그가 내게 한 말이다. 학생들에게 런던 대학교 입학 자격으로 요구되는 라틴어와 그리스어를 가르치는 게 그의 주된 임무였지만, 결국 그는 안수를 받기 위한 종합 시험에 잘 대비하도록 에베소서의 그리스어 원문도 함께 가르쳤다. 그러면서 깊은 만족을 느꼈다. 당시의 그의 제자 몇 사람이 내게 편지를 보내왔는데, 그의 가르치는 솜씨를 회고하면서 이구동성으로 "세심함"과 "철저함"을 예찬했다. 느리면서 또박또박한 그의 말투는 사교의 장에서는 불리하겠지만 강의할 때는 이상적이었다.

오크 힐에서 패커는 자신감을 얻었을 뿐 아니라 특정 사역 분야의 중요성에도 눈떴는데, 자신의 적성에 딱 맞아 보이는 그 분야는 바로 신학 교육이었다. 어떤 의미에서 당시의 성공회는 교단 내 모든 성직자를 잠재적 신학 교육자로 보았다. 예컨대 견진 예비자에게 기독교 신앙의 골자를 가르치는 일이나 평소 설교 사역을 통해 복음의 핵심을 제시하는 일도 다 신학 교육에 해당했다. 패커는 이를 십분 중시하면서도 자신의 소명은 사역자 후보생들을 잘 준비시키는 것이라는 생각이 깊어졌다. 그러려면 그들에게 사역의 신학적 기초를 확실히 깨우쳐 주고, 그것을 탁월하게 적용한 대표 인물들—패커가 아주 높이 평가한 청교도 작가들처럼—을 보여 주어야 했다.

하지만 이것이 자신의 참 소명이라 해도 그 길을 어떻게 준비할 것인가? 영국의 신학대학 교수 중에 이렇다 할 연구 실적이 있거나 철학박사 같은 고등 학위를 소지한 사람은 패커가 보기에 전무했고, 생각나는 예외는 제프리 W. 브로밀리뿐이었다. 당시에 브리스톨의 바이블 처치맨스 선교회 대학(1952년에 "틴데일 홀"로 개명했다)에서 기독교 교리 지도 교수로 재직하던 브로밀리는 이후에 캘리포니아 패서디나의 풀러 신학대학원에서 교수로 명성을 떨쳤다. 일찍이 그는 1943년에 에든버러 대학교에서 요한 고트프리트 헤르더와 독일 낭만주의에 대한 논문으로 철학박사 학위를 받았고, 나중에 독일어 실력을 잘 살려 칼 바르트의《교회 교의학》일부, 볼프하르트 판넨베르크의《조직신학》전 3권, 헬무트 틸리케의 *Theological Ethics*(신학적 윤리학) 등 유수한 독일어 신학자들의 작품을 탁월하게 영어로 번역했다.

신학 교육자가 되려는 자신의 소명감을 생각하면서 패커는 몇 가지 목표를 세웠다. 우선 신학 공부에서 좋은 성적을 거두어야 했다. 옥스퍼드에서 신학 학위를 받는 것만으로 부족하고 1급 우등으로 졸업해야 했다. 고전학에서는 아슬아슬하게 놓쳤지만 신학에서는 거기에 매진하기로 했다. 다만 이것은 목표 자체가 아니라 이즈음 그에게 가장 중요해진 다른 목표의 수단이었으니, 바로 신학 교육의 길을 가기 위한 기초로서 옥스퍼드에서 신학으로 박사 학위를 받는 것이었다. 가르치려는 소명감이 이렇게 강하니 다시 옥스퍼드로 돌아가면 방향과 목적이 분명할 터였다. 그런데 큰 장애물이 하나 있었다. 집안의 경제 사정이 열악해서 패커는 연구 자금을 어떻게 조달할지 막막했다. 다만 이것이 자신의 참 소명이라면 하나님이 길을 열어 주시리라고 믿었다.

둘째로 패커는 새 친구들을 사귀었다. 그중 일부(예컨대 앨런 스팁스)는 패커의 소명을 격려해 주고 향후의 진로 결정에 아주 중요한 역할을 했다. 1947년에 옥스퍼드를 졸업한 레이먼드 존스턴과의 우정은 이때 시작되었다기보다 더 돈독해진 경우다. 그는 1947~1948년도에 런던 바이블 칼리지에서 신학 수료증을 받았고, 이듬해에는 현대어 교사 자격을 얻고자 런던 대학교에서 교육학을 공부했다.

패커와 존스턴은 둘 다 1948~1949년도에 런던이나 그 인근에 있었으므로 일요일 저녁 예배 때 런던 도심 버킹엄 궁 근처의 웨스트민스터 교회에서 쉽게 만나 마틴 로이스-존스 박사의 설교를 듣곤 했다. 그즈음 로이드-존스는 영국 최고의 개혁주의 설교자 중 하나로 이미 정평이 나 있었다. 과거의 지혜를 재발견하려는 패커의 새로운 비전은 존스턴과의 우정을 통해 행동으로 이어졌다. 우선 1957년에 마르틴 루터의 고전 *Bondage of the Will*(노예 의지론)을 함께 번역하여 출간했다. 그보다 더 뜻깊은 것은 청교도 학술대회를 창시한 일인데, 이 내용은 4장에서 살펴볼 것이다.

옥스퍼드의 위클리프 홀, 1949~1952년

 1949년 9월에 패커는 옥스퍼드로 돌아와 위클리프 홀에서 신학 공부를 시작했다. 나는 1995년에 위클리프 홀 학장이 된 직후부터 패커의 전기를 썼는데, 반갑게도 동문들이 거의 50년 전의 모교와 패커를 회고하는 편지를 많이 보내 주었다. 1949~1950년에 위클리프 홀 재학생은 54명으로, 다들 서로 알고 지내는 작은 공동체였다. 동문들은 패커를 잘 기억했다. 그는 학보 편집자로 활동했고, 한동안 학교 탁구 팀의 주장이기도 했다.¹ 머잖아 "책벌레"라는 별명을 얻긴 했지만 교내 학생회에서 친구를 사귀는 데는 별 어려움이 없었다.

 거기서 초기에 사귄 친구 중에 존 그윈-토머스가 있다. 그해 9월 구내식당에서 처음으로 함께 저녁을 먹다가 만난 사이였다. 패커는 자신이 청교도의 열성 팬이며 특히 청교도의 고행 개념을 중시한다고 말했다. 그러자 그윈-토머스는 "고행이라고! 식사 후에 얘기 좀 하자"라고 받았다. 둘은 인근 유니버시티 파크(University Parks)에서 두 시간을 함께 보냈다. 처웰 강둑을 오가며 고행을 주제로 대화했고, 그리스도인이 완전한 존재라는 대중적 개념은 죄의 현실을 진지하게 대하지 않으므로 부실하다는 의견도 나누었다. 이 대화는 청교도 세계관이 현실적이라는 패커의 판단을 더욱 굳혀 주었다. 그 세계관을 더 발전시키고 적용하려는 의지도 한결 강해졌다.

패커의 주목표는 옥스퍼드 대학교의 학사 과정 신학부에서 우수한 성적을 받는 것이었다. 그는 옥스퍼드 졸업생이라서 이 과정을 1년 만에 수료할 자격이 주어졌다. 오크 힐 칼리지에서 가르치는 동안 그는 미리 그 1년을 신중히 계획했고 방학 기간을 잘 활용했다. 몇몇 시험의 답안은 위클리프에 오기 전에 이미 다 뗐고, 이제 교부학(초대 교회 신학)과 종교철학 등 남은 과목의 공부에 전념했다. 이런 예습의 결실로 패커는 1급 우등으로 학위를 받았다.

안타깝게도 패커의 집안은 학비를 댈 여유가 없었다. 다행히 그의 신학 시험 성적이 워낙 출중해서 대학교 측에서 그에게 2년간 리든 신학 장학금을 수여했다(19세기 옥스퍼드의 유명한 신학자 H. P. 리든의 이름을 땄다). 또 고향 글로스터의 지역 교육 관청에서 그에게 보조금도 지급했다. 이 둘을 합하면 옥스퍼드 박사 과정에서 연구를 수행하기에 충분한 자금이었다. 게다가 장학금은 요긴한 재정을 충당해 준 것 외에도 패커에게 아주 깊은 의미가 있었다. 이 연구가 **본래** 자신의 갈 길이라는 그의 소명감을 확증해 준 것이다. 오크 힐 시절을 통해 앞으로 자신의 사역 분야가 신학 교육 쪽일 것이라는 인식이 깊어졌듯이 말이다. 패커가 대화 중에 내게 종종 말했듯이 그의 소명감은 이렇게 서서히 확인되고 굳어졌다.

박사 논문의 연구 주제에 대해서라면 처음부터 패커의 마음속에 일말의 망설임도 없었다. 청교도의 유산에 대한 관심이 깊어지면서 진작부터 리처드 백스터(1615~1691년)의 구원 신학에 초점을 맞추기로 했던 것이다. 그의 표현으로 이것은 "창조되어 타락한 인간, 예수 그리스도의 구원, 성령의 능력으로 믿고 순종하는 사람 속에 회복되는 하나님의 형상 등에 대한 리처드 백스터의 교리를 충분히 지지하고 해설하는" 작업이었다. 이 주제가 흥미로운 데는 몇 가지 이유가 있었는데, 특히 백스터와 존 오웬의 견해가 이 부분에서 적잖이 갈렸기 때문이다(청교도주의의 신학이 생각보다 다양하다는 점을 인식할 필요가 있다). 신학 교수진은 백스터 연구로 논문을 쓰려는 패커의 의지를 확인한 뒤, *The Holy Spirit in Puritan Faith and Experience*(1946년, 청교도 신앙과 체험으로 본 성령)를 써서 호평을 받은 제프리 너톨을 지도 교수로 지정했다.

모든 게 착착 진행되면서, 신학 교육에서 자신의 장래를 본 패커의 직관을 확인해 주는 듯했다. 깊어지는 확신을 더 다져 준 사건이 있었다. 위클리프 홀에서 걸어서 몇 분 거리인 세인트 마이클스 하우스의 여학생 30명에게 성경

신학과 종교철학을 가르쳐 달라는 청탁이 들어온 것이다. 1952년 7월에는 패커의 글이 처음으로 간행물에 실렸다. 〈Evangelical Quarterly〉(복음주의 계간)에 게재된 "청교도의 이신칭의론"이 그것이다.² 게다가 연구도 잘 진행되어 1952년 12월에 위클리프 홀을 떠날 즈음에는 심사용 논문의 집필에 착수해도 될 만큼 자료가 충분해졌다.

청교도의 신학적 유산을 소중히 여기는 패커의 마음은 다른 방식으로도 표출되었다. 그는 오크 힐에서 돌아온 뒤로 쭉 유지해 온 레이먼드 존스턴과 마틴 로이드-존스와의 우정을 이번에 잘 살려냈다. 가장 중요한 청교도 작가 중 하나인 백스터에 대한 독창적 연구 외에도, 존스턴과 협력하여 "청교도 학술대회"를 조직한 것이다. 대회는 런던의 웨스트민스터 교회에서 해마다 열렸고 기조연설은 로이드-존스가 맡았다. 1950년 12월에 열린 1차 대회에는 20명이 참석했고 대부분 학생이었다. 1950년대 중반에는 숫자가 60명으로 늘었고 1950년대 말에는 100명도 넘었다.

청교도 신학의 원리와 적용에 대한 진지한 토론의 장을 열어 준 놀랄 만한 성과였다. 이언 머레이와 시드니 노턴과 잭 컬럼이 1957년 7월에 비영리 출판사인 "Banner of Truth Trust"(진리의 깃발 신탁)를 세운 것도 청교도 학술대회 때문에 수요가 늘어난 청교도 신학의 고전 작품을 복간하기 위해서였다. 패커의 주도로 영국 복음주의 내에서 청교주의에 대한 인식이 달라졌다. 전에는 지엽적이고 약간 모호한 주제였으나 이제는 거기에 주류 복음주의 사상을 풍요롭게 해 줄 잠재력이 있다고 인식되었다.

사역과 결혼: 버밍엄으로 이주하다

그렇다고 패커가 성공회 사제로 안수를 받으려는 뜻을 버린 것은 아니다. 신학 교육자가 되려는 그의 비전은 성공회 사역과 밀접하게 얽혀 있었다. 그가 (특히 청교도 저작에서 만난) 기독교 신학의 보화를 신앙생활과 실천으로 연결시킬 만한 장은 거기였다. 그렇다면 사역지는 어디가 될 것인가? 패커는 자연히 런던으로 마음이 끌렸고, 특히 당시에 존 스토트의 사역을 통해 복음주의 사상을 선도하는 중심지로 떠오르고 있던 랭엄 플레이스의 올 소울즈 교회에 관심이 있었다. 그러나 결국은 무산되었다. 패커의 출신지인 글로스터셔 주의 주요 도시 챌튼햄에도 자리가 하나 났으나 역시 수포로 돌아갔다.

돌파구가 열린 것은 오크 힐 칼리지에서 사귄 친구 앨런 스팁스와의 우연한 대화를 통해서였다. 영국 제2의 도시 버밍엄 근교의 하본에서 사역하는 윌리엄 리덤이 자기 교회의 부제를 구하고 있다는 말을 스텁스에게서 전해 들은 것이다. 활동적인 복음주의자인 리덤은 바이블 처치맨스 선교회와 각별한 관계이면서도 설교와 영적 성장에서는 지역 교회를 매우 중시했다. 1952년 가을에 버밍엄으로 리덤을 찾아간 패커는 곧바로 거기가 자신이 사역할 만한 환경이라고 결론지었다. 리덤도 동의하며 패커에게 3년 기한 연봉 325파운드에 하본 세인트 존스 교회의 부제직을 제의했다. 버밍엄 주교의 정식 면접이 있은 후, 패커가 1952년 12월 21일에 사제 안수를 받는 것으로 뜻이 모아졌다. 윌리엄과 에니드 리덤의 사제관에 여분의 방이 있어 그 가족과 함께 살기로 했다.

그곳은 패커에게 잘 맞는 자리였다. 목회와 행정 사무가 고되지 않아 박사 논문을 쓸 시간 여유가 있었다. 심사위원들에게 논문을 제출해야 하는 기한은 1954년 7월 둘째 주까지였다. 그런데 패커의 사생활에 변화가 생기면서 숙소 조정이 불가피해졌다. 1952년 늦봄에 그는 어느 가정집에서 열린 런던 세인트 바톨로뮤스 병원의 기독 의료진 모임에서 강연하다가 웨일스 출신의 수습 간호사 키트 멀릿을 만났다. 마틴 로이드-존스를 존경하던 키트는 웨스트민스터 교회에 꾸준히 참석했다. 패커는 그해 12월에 웨스트민스터 교회에서 개최된 청교도 학술대회 도중에 그녀에게 청혼했다. 이듬해 여름에 키트는 간호사 자격을 완비하여 세인트 채즈 병원에 정식 간호사로 채용되었다. 그 병원이 있는 해글리 길은 하본에서 불과 3킬로미터 거리였다.

1954년 6월은 패커에게 정신없이 바쁜 한 달이었다. 한편으로 결혼식을 준비하면서 옥스퍼드 박사 논문도 마무리해야 했던 것이다. 윌리엄 리덤이 너그럽게도 그에게 논문을 제때에 끝마치라며 6월에 얼마간의 휴가를 주었다. 다행히 패커는 7월에 옥스퍼드에 가서, 타자로 작성한 세 부의 논문을 간신히 마감 날짜 사흘 전에 제출했다. 그리고 바로 그 주인 1954년 7월 17일에 하본의 메모리얼 홀에서 키트와 결혼했다. 당시에 세인트 존스 교회가 임시로 모이던 장소였다. 주례는 윌리엄 리덤이 맡았고, 패커의 친구 앨런 스팁스가 말씀을 전했다.

옥스퍼드 신학부는 패커의 논문에 대해 존 마쉬 박사(옥스퍼드의 맨스필드 칼리지 학장)와 R. L. 차일드(옥스퍼드의 리전츠 파크 칼리지 학장)를 논문 심사위원으로 위촉했다. 구두 심사는 1954년 12월 1일 오후 2시 리전츠 파크 칼리지에서 진행될 예정이었다. 심사 결과는 전혀 놀랍지 않았다. 패커의 지도 교수였던 제프리 너톨은 1995년에 내게 패커의 논문이 자기가 여태 지도하거나 심사한 논문 중 최고

수준이었다고 말했다. 두 옥스포드 심사위원 역시 분명히 비슷한 견해를 가지고 있었으며, 이 논문이 매우 우수하므로 절대적으로 패커에게 옥스퍼드 DPhil(대부분의 대학교에서 철학박사를 PhD로 표기하지만 옥스퍼드 대학교는 이 약어를 고수한다) 학위를 수여해야 한다는 소견을 밝혔다. 신학 교육자가 되려는 패커의 목표는 이제 손에 잡을 듯 가까워졌다. 그에게 교수직을 제의할 신학 기관은 어디일까?

패커의 비전은 기독교 사역에 관심이 없는 대학생들에게 강의하는 학문적 신학자가 되는 것이 아니었다. 그는 설교자와 목회자가 되려는 사람들을 섬기고 지원하며, 그들이 사역을 세울 수 있는 견고한 신학적 기초를 제공하는 일에 부름받았다고 생각했다. 이 일에 가장 적합한 장은 위클리프 홀이나 오크 힐 칼리지 같은 성공회의 복음주의 신학대학일 텐데, 1954년에 그 두 곳에는 공석인 교수직이 없었다.

그러던 중에 브리스톨의 틴데일 홀에서 제프리 브로밀리의 후임으로 기독교 교리 지도 교수를 새로 뽑는다는 소식이 윌리엄 리덤에게 전해졌다. 제프리 브로밀리가 에든버러 도심 바로 서쪽 코스토핀에 위치한 세인트 토머스 교회의 교구 사제로 옮겨 가면서 공석이 된 자리였다. 리덤은 추호의 의심도 없이 누가 틴데일의 차기 기독교 교리

지도 교수로 적임인지를 알았다.

신학 교육: 브리스톨로 이주하다

1925년 11월에 바이블 처치맨스 선교회(BCMS)는 국내외에서 일할 안수 받은 사역자를 양성하고자 브리스톨의 클리프턴에 대학을 세웠다. 원래는 교명이 바이블 선교사 양성 대학이었는데 1952년에 틴데일 홀로 개명했다.³ 성공회는 1927년에 이 대학을 성공회 지정 신학대학으로 인가했다.

앞서 보았듯이 패커는 제프리 W. 브로밀리를 자신의 학문적 사역에 대한 역할 모델처럼 생각했다. 브로밀리가 신학 교육과 목회 사역에 확고한 헌신을 보였을 뿐만 아니라, 철학박사 학위를 가진 진지한 학자였기 때문이다. 당시 신학대학에서 가르치는 이들이 이처럼 높은 학위를 가진 것은 매우 이례적인 일이었다. 신학 교수도 대개는 전문가라기보다 열정적인 아마추어들이었으며, 전문성보다는 교육적 관심사를 지닌 경우가 많았고, 신학대학에서 3~5년쯤 근무한 후 본래 소속된 교구 사역으로 돌아가는 것이 일반적이었다. 거기를 자신의 진짜 사역지로 여겼기 때문이다. 1946년부터 기독교 교리 지도 교수로 재직하던 브로밀리가 틴데일을 떠나자 그 대학의 교육 역량에 상당한 공백이 생겼다.

당시에는 신학대학의 인력을 공개 채용하는 일이 거의 없었다. 공석이 생기면 대개 개인이나 기관의 관계망을 통해 알려졌고, 그러다 적임자가 눈에 띄면 학교 측에서 부임 가능성을 타진하는 식이었다. 틴데일 홀이 BCMS와 긴밀한 관계다 보니 브로밀리의 자리가 비어 있다는 소식이 선교회 후원자들에게도 퍼졌다. 선교회의 가장 활동적인 마당발 중 하나인 윌리엄 리덤도 빼놓을 수 없었다.

리덤이 보기에 패커는 브로밀리의 후임으로 제격이었고, BCMS 내의 다른 사람들도 분명히 같은 생각이었다. 다만 문제가 하나 있었다. 버밍엄 교구의 규정상 부제는 첫 임지에서 만 2년을 재직해야만 다른 곳으로 옮겨 갈 수 있었다. 따라서 패커가 틴데일 홀의 신학 담당 교수직을 맡으려면 1955년 1월까지 기다려야 했다. 그런데 틴데일 측에서는 후임이 1954년 9월 전에 부임하여 1954~1955년도의 개강 때부터 가르치기를 원했다. 이러지도 못하고 저러지도 못하는 안타까운 상황이었다.

다행히 리덤은 임기응변에 능했다. 그가 보기에 분명히 그 규정은 까다로운 절차상의 문제에 불과했다. 이를 에둘러 갈 확실한 길이 그에게 보였는데 방법은 간단했다. 패커가

1954년 말까지 부제로 재직하면서 동시에 그해 9월부터 틴데일 홀에 시간 강사로 나가는 것이었다. 그 후에는 패커와 키트가 브리스톨로 아주 이주하면 된다. 그래서 패커는 그해 말까지 계속 버밍엄에서 사역하면서 매주 이틀씩만 틴데일에서 가르쳤다. 버밍엄에서 아침 첫 기차를 타고 브리스톨로 가서 틴데일에서 하룻밤 자고 이튿날 늦게 돌아오는 식이었다. 차선책이긴 했지만 덕분에 패커는 틴데일 홀의 교육 과정과 대학 문화에 조금이나마 젖어 들 수 있었다.

1955년 1월 첫 주의 추운 겨울날, 키트와 패커는 드디어 버밍엄을 떠나 브리스톨로 이사했다. 자가용이 없었으므로 가재도구를 실은 트럭에 동승했는데, 브리스톨까지 가는 내내 진눈개비와 눈이 내렸다. 그들이 새로 거주할 틴데일 홀 경내의 집은 대학 본관의 아파트 2층이었다. 아래층에는 예배실과 여러 강의실이 있었고 3층은 대여섯 명의 학생이 사는 기숙사였다.

1955년이 시작되면서 패커는 지난 8년 동안 가꾸어 온 비전이 실현되기 시작했음을 문득 깨달았다. 옥스퍼드를 1급 우등으로 졸업하고 거기서 신학으로 박사 학위를 받은 뒤 어느새 신학 교육자의 길에 들어선 것이다. 이제 그는 더 많은 시간을 들여 자신의 핵심 관심사 중 하나에 집중할 수 있었다. 청교도주의가 어떻게 현대 교회의 사역과 설교를 깨우쳐 주고 살찌울 수 있는가 하는 문제였다.

패커에게 워낙 중요한 주제인 만큼 여기서 잠시 멈추어, 청교도 신학과 저작의 유산이 그의 생각 속에서 차지한 중심적 역할을 더 자세히 살펴볼 만하다.

4

역사에서 배우다

청교도 유산을 되찾아

탁월한 설교자 마틴 로이드-존스는 심오한 진리도 기억하기 쉽게 표현하는 재주가 있었다. 해마다 웨스트민스터 교회에서 열린 청교도 및 개혁 학술대회의 역할에 대한 그의 명쾌한 요약이 좋은 예다.

> 신학만 읽을 게 아니라 반드시 교회사도 늘 읽어서 보완해야 한다. … 그렇지 않으면 진리를 추상적, 이론적, 학문적으로만 보고 삶의 현실과 일상생활로 연결시키지 못할 위험에 빠진다.[1]

이 대회는 1950년대와 1960년대에 영국의 모든 교단과 특히 성공회 내에 복음주의의 불씨를 되살리는 데 중대한 역할을 한 것으로 평가된다.

그렇다면 패커가 청교도를 그토록 높이 평가한 이유는 무엇일까? 그는 자기 세대의 목회자와 신학자가 거기서 무엇을 배울 수 있다고 보았을까? 앞서 보았듯이 패커는 청교도를 다음과 같은 신학적 틀 안에 둔다. 즉 현대 그리스도인이 과거의 지혜를 원용하여 사상과 삶을 풍요롭게 하고 도전도 받을 수 있다는 기본 신념이다. 패커는 이 일반 원리를 자신의 저작에 상술했을 뿐 아니라 동시에 그것을 자신이 특히 적절하다고 여긴 특정한 지혜와 지식 체계에 응용했다. 그것이 바로 청교도의 유산이다.

역사가들의 지적대로 "청교도주의"는 규정하기 쉽지 않은 개념이다. 현대의 "복음주의"라는 단어처럼 그것도 워낙 신학적 견해의 폭이 넓고 기관마다 추종하는 정도도 달라서, 여전히 유의미한 말인지 의문을 자아낼 때도 있다. "청교도"라는 단어는 16세기 말에 잉글랜드에서 생겨났는데, 원래는 당시의 국교회를 위협하는 듯한 종교 운동을 비판하고 조롱하려는 의도로 쓰였다. 패커도 지적했듯이 "청교도주의"는 늘 "까다롭고 교만하고 위선적인 반골 기질을 암시하는 풍자의 오명이었고, 더 기본적으로는 엘리자베스 1세 시대 영국 국교회의 미지근한 타협에 대한 종교적 불만에서 싹텄다는 의미가 깔려 있다."[2] 일부 역사가에 따르면 청교도주의는 영국 개신교의 한 분파로서 열정이 뜨거웠을 뿐이지 교리는 딱히 특이할 게 없었다. 반면에 일부 핵심 교리—강조되는 선택의 교리 같은—도 청교도 정체성의 필수 요소였다는 결론이 불가피하다고 보는 역사가들도 있다.

간혹 패커는 청교도의 "신학이 다 같다"고 말한다.[3] 역사가들이 보기에는 문제가 있는 발언이다. 명백한 이유를 하나만 꼽자면, 패커의 박사 논문에도 지적되어 있듯이 리처드 백스터와 존 오웬의 칭의 교리는 서로 확연히 다르다. 하지만 패커의 취지는 주로 광의의 "청교도"에게서 배우자는 것이었다. 청교도 특유의 "사고방식"은 정확한 교리와 윤리에 성경적으로 철저히 헌신하여 거룩한 삶을 추구하는 데 있었다.[4] 물론 패커는 교회관 같은 사안에서 청교도들 사이에 존재하던 신학적 차이를 일부 간과했을 수 있다. 그러나 그의 의중이 청교도주의라는 과거의 지혜에서 우리가 교훈을 얻는 데 있었던 만큼, 그에게는 그런 차이가 결정적으로 중요하지는 않았다.

청교도주의가 현대 그리스도인의 삶에도 여전히 적절하고 소중하다고 본 패커의 해석은 그의 기념비적인 저서 《청교도 사상》(1990년)에 나와 있다. 이 중요하고 영향력 있는 책은 본래 청교도 및 개혁 학술대회에서 했던 아홉 편의 강연을 포함한 논문 모음집으로, 그리스도인의 삶을 보는 청교도의 관점을 개괄하면서 그것을 오늘의 교회에 접목했다. 이 책을 보면 청교도의 신학적, 목회적, 영적 시각을 대체로 이해할 수 있다. 청교도주의의 핵심이 무엇이고, "청교도 시대"가 정확히 언제부터 언제까지며, 청교도가 장로교나 성공회나 회중교회 중 어디에 속했는지—속해야 했는지—등에 대해서는 굳이 독자의 견해가 일치하지 않아도 된다.

패커가 보기에 청교도주의의 정수는 주로 인간의 변화가 영적 "성숙"으로 이어지며, 그 성숙이 지혜와 선의와 복원력과 창의력의 총합이라는 인식에 있었다. 근본적으로 청교도주의는 "하나님과 경건을 치열하게 중시하는 영성 운동"이었다.[5] 철저히 신학에 근거한 시각이긴 했지만 본질은 체험(당대의 용어로는 **실험**) 종교였다. "청교도주의는 본질상 실험 신앙, '마음을 가꾸는' 종교, 끊임없이 하나님의 얼굴을 구하는 실천이었다. 그런데 우리의 기독교는 그렇지 못할 때가 너무 많다."[6]

청교도 신학의 이런 측면은 신학을 사실상 하나님에 대한 추상적 이론으로 간주하는 무미건조한 접근 방식을 거부한다는 점에서 부각될 필요가 있다. 미국의 장로교 작가 제임스 헨리 손웰은 인간의 경험과 감정과는 동떨어진 과도한 이성주의적 또는 지식적 신학 방식의 한계를 잘 알았다.

> 그것은 그리스도인의 감정이 들어설 여지를 주지 않았고, 잠시 비켜나 경외하거나 예배하거나 찬양하는 법도 없었다. 진리의 객관적 실체를 직설적으로 적나라하게

제시했을 뿐, 성령의 감화를 통해 그 진리가 낳도록 되어 있는 주관적 상태에는 전혀 관심이 없었다. 그것은 온갖 논제와 명제의 메마른 분석이었다. 모양만 멀쩡했지 해골처럼 싸늘하고 생명이 없었다.[7]

이런 신학 방식은 경험의 세계와 동떨어져 있다 보니 그리스도인의 일상생활이라는 현실과도 거리가 멀다. 특히 지적인 분석이 자연스럽거나 편하게 느껴지지 않는 신자들에게는 더하다. 패커가 분명히 밝혔듯이 청교도주의는 이성과 감정과 경험의 이런 무익한 불균형을 거부하고, 바람직한 신학 방식의 중요한 모델을 제시했다. 이 내용은 10장에서 패커가 신학과 영성의 관계를 어떻게 이해했는지를 살펴볼 때 다시 나올 것이다.

앞서 보았듯이 패커는 존 오웬의 《죄 죽이기》를 읽고 나서 다음과 같은 확신을 얻었다. 청교도주의야말로 철저히 성경에 근거하여 죄에 현실적이고도 가차 없이 접근한다는 것이다. 패커는 "오웬이 아니었다면 나는 머리가 이상해졌거나 신비주의 광신의 수렁에 빠졌을지도 모른다"라고 말한 바 있다.[8] 오웬의 그 책은 "너희가 육신대로 살면 반드시 죽을 것이로되 영으로써 몸의 행실을 죽이면 살리니"라는 로마서 8장 13절의 자세한 주석이라 볼 수 있다.

오웬과 그의 동시대인들에게 익숙했던 킹제임스 흠정역의 "죽이다"(mortify)는 말 그대로 죽인다(to put to death)는 뜻이다. 오웬도 자신의 책의 메시지를 이렇게 요약했다. "죄를 죽이라. 그렇지 않으면 죄가 당신을 죽일 것이다."[9]

《하나님을 아는 지식》같은 저작에 표현된 패커의 영성에는 그가 청교도에게서 본 여러 주제가 고스란히 반영되어 있다. 훗날 그가 회고했듯이 청교도는 "내게 모든 신학은 또한 영성임을 깨우쳐 주었다. 신학이 그것을 접하는 사람과 하나님의 관계 또는 그 관계의 부재에 긍정적으로든 부정적으로든 좋고 나쁜 영향을 미치기 때문이다."[10] 청교도 영성이 내세적이며 일상생활의 문제와 현안에는 관심이 없다는 비판도 있지만, 패커는 그것이 다소 성급하고 지각없는 판단이라고 지적한다. "청교도는 우리 삶의 한복판에 영원과 맞닿은 죽음이 들어와 있다고 인식했기 때문에 분주한 일상을 아주 진지하게 대했다. 침착하면서도 치열했다."[11] 그들은 우리가 이 땅의 순례길을 가는 동안 천국을 "바라보아야" 한다고 선포하면서도, 그 "영광의 소망"이 이 땅의 삶을 가르치고 떠받쳐 우리의 대인 관계에 그리고 주변 세상을 대하는 태도에 영향을 미쳐야 한다고 역설했다. 그들이 보기에 현세는 "우리를 천국에 걸맞게 갖추어 주는 체육관이자 탈의실"로서, 죽을 준비야말로 삶다

운 삶을 배우는 첫걸음임을 우리에게 가르쳐 준다.[12]

패커는《청교도 사상》에 힘입어 독자들이 "영혼의 창을 열고 17세기의 맑은 공기를 쐬기를" 바랐다.[13] 이 유익한 은유는 C. S. 루이스의 유명한 글 "옛날 책의 독서에 대하여"에서 따온 것이다. 창을 열면 맑은 공기가 들어와 거미줄을 날려 버리므로 숨 쉬기가 더 쉬워진다. 이 은유에는 두 가지 핵심 개념이 잘 담겨 있다. 죽었거나 쓸모없거나 무익한 것은 버리고, 우리의 영적 삶은 새롭게 되살린다는 것이다.

청교도주의가 복음주의를 변화시키고 개혁하고 풍요롭게 해 준다는 패커의 시각은 결국 많은 복음주의자의 열띤 호응을 이끌어 냈다. 청교도주의라는 운동의 얕은 역사와 피상적인 신학을 우려하던 이들에게 특히 그랬다. 패커의 노력은 영국과 북미 양쪽 모두에서 청교도주의에 대한 학계의 관심을 증폭시키는 촉매제가 되었고, 덕분에 청교도 저작을 읽으려는 수요도 늘어나 많은 청교도 고전이 낱권과 전집으로 새로 간행되었다.

나아가 청교도주의에 대한 새로운 관심은 청교도 유산을 현대적으로 해석하고 적용한 많은 신학 서적과 경건 서적을 낳았다. 존 파이퍼의 명작《하나님을 기뻐하라》가 대표적인 예다. 이 책은 미국의 가장 위대한 청교도 작가라 할 수 있는 조나단 에드워즈의 영성에서 몇 가지 두드러진 주제를 풀어낸 것이다.[14] 파이퍼는 풀러 신학대학원 재학 중에 에드워즈의 저작을 처음 접했지만, 그의 비중을 십분 인식한 것은 뮌헨 대학교에서 박사 과정을 밟을 때였다. 그때 비로소 그는 오늘의 문제와 현안을 통찰하고 이해하게 해 줄 에드워즈의 탁월한 실력에 눈떴다.[15] 에드워즈도 파이퍼도 과거를 지혜롭게 **재발견하면** 현재의 개인과 공동체가 **새로워질** 수 있다고 본 작가다.

패커는 오랜 세월에 걸쳐 방대한 양의 청교도 고전을 수집하여 연구 및 교육 자료로도 쓰고 자신이 애독하기도 했다. 2002년에 그는 17세기 청교도 저작의 옛날 판본 장서를 리전트 칼리지의 앨리슨 도서관에 기증했는데, 그중에 존 버니언의 《죄인의 괴수에게 넘치는 은혜》(1692년), 1630년대와 1640년대에 인쇄된 리처드 십스의 여러 설교집, *Works of William Perkins*(1613년, 윌리엄 퍼킨스 작품집) 초판, 조셉 시몬즈의 *Case and Cure of a Deserted Soule*(1639년, 버려진 영혼의 사례와 치유) 초판 등이 있다. 지금은 다 지디털화되어 이 분야를 연구하는 학자들이 자유롭게 활용할 수 있다.

다음 장에서는 다시 중심 이야기로 돌아가 잉글랜드 서부의 브리스톨로 이주한 패커 부부를 추적할 것이다.

신학 교육자

브리스톨의
틴데일 홀

에이번 강변의 항구 도시 브리스톨은 잉글랜드 서부에서 가장 중요한 인구의 중심지다. 항구는 잉글랜드와 북미 간의 무역을 발전시키는 중추적 역할을 했다. 노예 무역이 이 도시를 번창하게 했으나 도덕적 대가가 컸다. 1830년대에 이점바드 킹덤 브루넬이 그레이트 웨스턴 철도를 놓아 런던과 브리스톨을 직접 연결하면서 도시의 경기는 더욱 활황을 띠었다. 브리스톨 고등 교육의 기원은 1876년에 개교하여 1909년에 브리스톨 대학교로 개명한 유니버시티 칼리지로 거슬러 올라간다.

　이 도시의 가장 오래된 신학 교육 기관인 브리스톨 침례 대학은 18세기 초에 설립되었다. 감리교는 18세기 복음주의 대각성 기간에 존 웨슬리가 거기서 설교 사역을 한 여파로 이 지역에 깊이 뿌리를 내렸고, 이차대전 후에 브리스톨에 감리교 사역자를 양성하기 위한 웨슬리 대학이 들어섰다. 성공회는 이 지역에서 비중이 컸는데도 1920년대까지는 따로 신학 교육의 장이 없었다.

　그러다 1930년대에 브리스톨에도 세 곳의 성공회 신학 수련 기관이 생겨났는데, 모두 바이블 처치맨스 선교회와 연관되어 있었다. 이 선교회는 우선 1925년에 바이블 선교사 양성 대학을 개교했고, 1930년에는 두 번째로 인근에 달튼 하우스라는 여성 양성 대학을 설립했다. 그런데 1932년에 바이블 선교사 양성 대학의 학장과 선교회 사이에 심각한 불화가 발생하여, 결국 학장과 일부 교직원이 그곳을 떠나 클리프턴 신학대학이라는 라이벌 격의 양성 기관을 세웠다. 처음에는 바이블 선교사 양성 대학의 학생 수가 줄어들 거라는 우려가 있었으나 기우로 끝났다. 세 대학 모두 저마다 독특한 정체성을 살려 이차대전 후에도 살아남았다.

성공회의 일부 이름난 복음주의 신학대학은 영국 개혁가의 이름으로 교명을 지었다. 예컨대 옥스퍼드의 위클리프 홀은 "종교개혁의 새벽별" 존 위클리프의 이름을 땄고, 케임브리지의 리들리 홀은 1555년에 메리 1세에게 순교당한 개신교 주교 니콜라스 리들리의 이름을 땄다. 1952년에 바이블 선교사 양성 대학도 그 뒤를 잇기로 했다. 1536년에 앤트워프에서 순교한 영국 개신교의 성경 번역가 윌리엄 틴데일의 이름을 따 교명을 "틴데일 홀"로 바꾼 것이다. 이로써 이 대학이 틴데일의 출생지인 잉글랜드 서부에 연고를 두었다는 점과 성경 연구에 헌신했다는 점이 동시에 부각되었다.

넉 달 간 시간 강사로 가르치던 패커는 1955년 1월에 드디어 기독교 교리 지도 교수로 틴데일 홀의 전임 주재 교원이 되었다. 당시에 그 밖의 주재 교원은 구약 전공의 J. 스태포드 라이트 학장과 신약 그리스어를 명쾌하게 가르치기로 이름난 존 웨넘 부학장 둘뿐이었다. 웨넘이 집필하여 1966년에 케임브리지 대학교 출판부에서 간행된 그 과목 교과서는 잉글랜드에서 한 세대의 신학자와 신학생에게 표준 교재가 되었다. 세 사람 모두 부임한 지 얼마 안 된 편이었다. 스태포드 라이트는 1945년부터 1950년까지 오크 힐 칼리지의 수석 신학 담당 교수로 있다가 1951년에야 이곳 학장이 되었고, 웨넘도 1948년부터 1953년까지 더럼의 세인트 니콜라스 교회의 교구 사제로 섬기다가 근래에 부임했다.

당시에 틴데일 홀의 대다수 재학생은 성공회의 안수 후보자로서 졸업 후에 국교회 사역에 몸담을 이들이었다. 틴데일 홀은 자체 학위를 수여할 권한이 없었으므로 학생들은 신학 학위나 수료증을 다른 학술 기관에서 받도록 되어 있었다. 그중 브리스톨 대학교의 신학 문학사, 런던 대학교의 신학사, 런던 대학교의 신학 수료증이 가장 유명했다. 모든 안수 후보자는 종합 안수 고사(GOE)를 치러야 했다. 이는 그 당시 성공회에서 사역의 정식 자격 요건으로 공인한 시험이었다. 패커가 재직하던 동안 틴데일 홀의 학생 수는 대체로 55명에서 60명 사이였다.

패커가 가르친 과목은 무엇일까? 그는 주로 초대 교회사, 종교개혁 역사와 신학, 성경신학, 일반 교리를 가르쳤다. 패커가 종교개혁에 천착한 데서 나온 초기의 한 결과물이 바로 레이먼드 존스턴과 협력하여 마르틴 루터의 개혁적인 논고인 1525년의 "노예 의지론"을 새로 옮긴 역본이다. 1957년 1월에 출간된 이 번역서에 알찬 신학적 서론이 실려 있는데, 거기에 보면 종교개혁의 많은 통찰을 잃어버린 듯한 현대 복음주의의 여러 면면이 강조되어 있다.

그러나 아마 패커가 틴데일 홀에 재직하던 초기에 가장 중요하게 공헌한 점은 당시 케직의 성결 교훈을 홍보한 스티븐 버라버스의 *So Great Salvation*(이같이 큰 구원)에 대한 비판적 서평을 1955년에 〈Evangelical Quarterly〉(복음주의 계간)에 게재한 일일 것이다.[1] 앞서 1장의 "신학의 중요성에 눈뜨다" 단락에서 보았듯이, 패커는 성화에 필요한 중대한 결단들을 우리 힘으로 내릴 수 있다는 케직의 입장이 신학적으로 부실하다고 보았다. 무분별한 개인 경건에서 생겨나는 엉성한 사고를 피하려면 탄탄한 신학이 필요하다는 것이다. 그 서평에서 돋보이는 간단명료한 명구가 있다. "펠라기우스주의는 신학에 무관심한 열성파 그리스도

인들에게 자연스럽게 발생하는 이단이다."²

패커가 말한 "펠라기우스주의"란 정확히 무슨 뜻일까? 이는 5세기 초에 은혜와 자유에 관한 많은 사안을 두고 서방 교회에서 발생한 논란을 가리킨다. 죄의 세력에서 벗어나는 게 인간의 자연적 능력으로 가능한지 여부도 그 논란의 일부였다. 패커가 보기에 케직의 성결 교훈은 타락한 인간 본성의 힘으로 그 타락한 상태를 해결할 수 있다는 잘못된 생각에서 비롯했고, 따라서 오도의 소지가 있었다. 우리에게는 하나님이 원하시는 것을 분별하고 선택할 수 있는 자연적 능력이 없다. 오직 중생의 은혜만이 우리를 죄의 굴레에서 해방할 수 있다. 인간의 노력이 얼마나 수반되든 간에 거룩함은 인간의 산물이 아니라 성령의 역사로 맺히는 열매다. 성령께서 우리를 감화하시고 깨우치시며 노력할 힘도 주신다.

패커의 혹독하리만치 신랄한 서평에 더러는 등을 돌렸고 더러는 역정을 냈다. 대부분 영국 복음주의의 "수구파"였는데, 그중에 틴데일 홀을 후원하던 일부 노장파는 패커의 비판을 이유로 그 기관에 대한 후원을 끊겠다고 으름장을 놓았다. 하지만 위협은 말로만 그쳤던 것 같다. 그러잖아도 많은 소장파 복음주의자는 목회적, 신학적으로 취약한 케직의 교훈에 은근히 불만을 표한 지 오래였다. 반면에 "수구파"는 패커의 명쾌하고 예리한 비판의 논지를 반박할 도리가 없었다. 돌아보면 패커의 서평은 이 문제에 대한 복음주의의 입장에 전환점을 가져왔다고 볼 수 있다.

《근본주의와 성경의 권위 & 자유주의》(1958년)

틴데일 홀에서 가르치던 동안 패커는 영국 복음주의 학생 단체인 IVF의 사역에 적극 참여했다. 잉글랜드 전역의 기독학생연합에서 학기당 평균 2~3회씩 강연하다 보니 그를 따르는 복음주의 학생 수도 상당히 많아졌다. 1957년에 그는 런던에서 모이는 대학원 단체에서 "좁은 마음인가 좁은 길인가?"라는 제목으로 강연해 달라는 부탁을 받았다. 이 제목은 복음주의에 대한 적대적 분위기가 영국 교회 내에 확산되고 있던 데서 나온 것인데, 1954년의 첫 석 달 동안 노스런던의 헤링게이 자치구에서 대규모로 열린 빌리 그레이엄 전도대회도 그런 현상에 한몫했다. 그 행사에 2백만 이상이 참석하면서 기독교에 대한 관심이 새롭게 되살아났고, 기독교 사역에 관심을 보이는 사람 수도 급증했다. 다만 교회의 일부 고위 인사는 복음주의가 성경 읽기와 핵심 교리에 대해 반지성적이고 무비판적인 태도를 취한다며 대놓고 비난했다.

이제 "근본주의"라는 말은 복음주의 전반과 특히 빌리 그레이엄의 견해를 일컫는 말로 널리 쓰였다. 훗날 캔터베리 대주교가 된 더럼의 마이클 램지 주교는 1956년에 "근본주의의 위협"이라는 선동적인 제목의 글을 썼다. 그는 빌리 그레이엄과 그를 따르는 영국인들이 가볍고 편협하여, 합리적 논증 대신 감정 조종을 전도에 이용한다고 비난했다. 램지는 그러면 오히려 "생각하는 사람들은 기독교 신앙을 등질" 수밖에 없다고 단언했다.[3] 비판자들은 그레이엄의 후렴구인 "성경에 말하기를…"이 단순 논리이며 오도의 소지가 있다고 보았다.

당시 성장하는 복음주의 진영의 대변자로 떠오르던 존 R. W. 스토트는 *Fundamentalism and Evangelicalism*(근본주의와 복음주의)이라는 제목의 소책자로 이런 비판의 아우성에 대응했고, 이로써 일부 공격은 논박되었다. 뒤이은 일련의 글을 통해서도 그는 성경의 권위와 신빙성을 믿는 복음주의의 전통 교리가 신중하고 사려 깊게 정립된 것임을 변호했고, "근본주의"가 무조건 호전적이라는 인식을 조금이나마 무너뜨렸다.[4] 그러나 더 많은 작업이 필요했다. 과거의 영국 복음주의는 성경의 권위를 **신학적으로** 설명하는 데는 충분한 주의를 기울이지 않았다. 소책자로는 부족하고 정식 분량의 책이 나와야 했다. 신학적으로 탄탄하면서도 지적으로 이해하기 쉬운 책이라야 했다.

바로 그런 관점에서 패커는 자신이 대학원 단체의 집회에서 강연했던 7천 단어의 원고를 어찌해야 할지 고민했다. 소책자로 펴낼 수도 있지만, 질문에 답할 때마다 새로운 질문이 생겨나는 듯하여 짧은 분량으로는 도저히 다 다룰 수 없었다. 당시 IVF 출판 책임자이던 로널드 인칠리가 출간을 고려해 보겠다며 그 글에 관심을 보였다. 당연히 인칠리는 패커가 소책자 간행에 걸맞은 6천 단어 원고를 내놓을 줄로 예상했다. 그런데 1957년에 그의 책상에 올라온 최종 원고 뭉치는 5만5천 단어 분량이었다.

당시 인칠리는 어느 한 도전에 부딪쳐 있었는데, 알고 보니 그게 오히려 기회였다. 그때까지 IVF는 페이퍼백 책을 출간한 적이 없었다. 그런데 일반 시장에서는 점점 그게 대중화되고 있었다. 펭귄 출판사와 팬 출판사는 1950년대 말에 처음으로 페이퍼백 초판을 출시했다. 인칠리는 IVF도 변화할 때가 되었다고 보고 1958년에 여섯 권을 동시에 《IVF 포켓 북》이라는 페이퍼백으로 출간했다. 백만 부 이상이 팔린 존 스토트의 《기독교의 기본 진리》와 더불어 패커의 《근본주의와 성경의 권위 & 자유주의》도 그중에 있었다. 둘 다 영국 복음주의 진영에 큰 획을 그었고, 둘 다 북미에서도 상당한 성공을 거두었다.

패커의 이 책에는 몇 가지 중요한 특징이 있다. 우선 명쾌한 필치로 독자의 주목을 끌 뿐 아니라 시대의 문제를 다루었다. 나아가 그는 성경의 권위를 그냥 주장한 게 아니라 이에 대한 복음주의의 관점을 논리적으로 차근차근 변호했다. 개신교의 고전 자원—특히 개신교 개혁가 장 칼뱅과 프린스턴 신학자 벤저민 B. 워필드의 저작—에 의지하면서도, 성경의 위상에 대한 현대의 의문들과 그중에서도 특히 A. G. 히버트가 1957년의 저서 *Fundamentalism and the Church of God*(근본주의와 하나님의 교회)에 제기한 의문들을 신중히 논했다.[5]

패커는 이미 책 제목을 *The Faith Once Delivered*(단번에 주신 믿음, 유 1:3 참조-역주)로 정해 두었다. 그러나 인칠리는 당대의 논쟁에 대한 이 책의 의의를 감안하여 더 도발적인 제목이 필요하다고 보았다. 패커가 책에 히버트의 책을 시종 비판했으므로 인칠리는 *"Fundamentalism" and the Word of God*("근본주의"와 하나님의 말씀)을 제목으로 제안했다(이것이 원제이며 《근본주의와 성경의 권위 & 자유주의》는 한국어판 역제다-역주). "근본주의"라는 단어에 굳이 따옴표를 붙인 것은 주류 복음주의를 그런 부적설한 용어로 비하하는 게 과연 정당한지 의문을 제기하기 위해서였다. 패커가 보기에 "근본주의"는 "모더니즘에 맞서 정통 신앙의 전

통을 수호하는" 복음주의를 모더니스트 신학자 쪽에서 일부러 경멸하는 적대적 호칭이었다.[6]

패커의 이 책은 성경의 권위만 아니라 다양한 문제를 광범위하게 다루었다. 예컨대 현대 문화와 효과적으로 소통하려면 성경을 어떻게 제시할 것인가? "우리의 본분은 현대 용어의 옷을 입은 기독교 신앙을 제시하는 것이지 기독교 용어의 옷을 입은 현대 사상을 전파하는 게 아니다. 우리의 본분은 복음으로 현대 사상을 해석하고 비판하는 것이지 그 반대가 아니다."[7] 또 패커가 신중히 지적했듯이, 성경의 권위를 주장한다 해서 성경을 해석하는 방법이 미리 정해지거나 성경의 다양하고 독특한 문학적 장르가 "없어지는" 게 아니다.

이 책은 패커의 활동 이력에서 중요한 기념비와도 같다. 그때까지만 해도 그는 존 오웬과 리처드 백스터를 전공한 청교도 신학과 영성의 대변자로 주로 알려져 있었다. 《근본주의와 성경의 권위 & 자유주의》에 그 두 사람도 언급되긴 하지만 논증의 작은 부분에 불과하다. 오히려 패커의 논지를 구축하는 데 가장 중요한 역할을 한 두 작가는 장 칼뱅과 벤저민 B. 워필드다. 이로써 패커는 모든 복음주의자에게 중요한 주제―청교도를 남달리 존경하는 작은 무리에게만 중요한 게 아니라―를 비판적이면서도 건설적으로 논할 수 있는 학자로 부상했다.

  강조하거니와 이를 계기로 달라진 것은 패커에 대한 인식이다. 그는 여태껏 청교도 신학이라는 하부 문화에서 생활하고 활동하다가 갑자기 개혁 전통에 뿌리를 둔 주류 복음주의 신학자로 변모한 게 아니다. 그가 청교도를 남달리 좋아하고 존경한 것은 사실이지만, 그에게 청교도란 복음주의 신앙의 대체물이 아니라 그 신앙을 더 풍요롭게 깨우쳐 줄 자원이었다. 패커는 "복음주의 원리를 건설적으로 고쳐 말했고," 이로써 "근본주의"라는 비난에 맞서 주류 복음주의를 변호하는 동시에 복음주의자들에게는 굳이 근본주의자가 되지 않아도 성경의 권위를 인정하고 실천할 수 있음을 보여 주었다.

  그러나 여기서 우리는 청교도를 향한 패커의 존경심으로 다시 돌아가야 한다. 그 존경심 때문에 그는 1950년대 말에 많은 복음주의자를 불안에 빠뜨린 한 논란에 개입했다. 많은 사람이 1950년대 전반부에 잉글랜드에서 전도 사역을 펼친 빌리 그레이엄에게 고마워했지만, 그 사역은 몇 가지 곤란한 신학 문제를 야기했고 다 해결해 주지는 않았다. 이 문제를 이해하려면 빌리 그레이엄의 《기꺼이 거듭나는 삶》에 나오는 다음과 같은 전형적인 말을 생각해 보라.

하나님은 당신의 삶 속에 억지로 들어오지 않으신다. 성령께서 최선을 다해 당신을 고뇌하게 하고 이끌고 사랑하시지만 결국은 당신이 결단할 문제다. … 그분은 성령을 통해 당신의 죄를 깨우쳐 주시고 당신을 십자가로 인도하신다. 하지만 거기까지 다 해 주신 후에 당신이 하나님의 용서를 받아들일지 아니면 구원받지 못한 상태로 남아 있을지는 자신의 결단에 달려 있다.[8]

이 강력한 메시지는 큰 호응을 이끌어 냈다. 그러나 하나님의 용서를 받아들이거나 거부하는 것을 순전히 인간의 결단으로 제시했을 뿐, 인간의 회심에 하나님이 어떤 성격의 개입을 어느 정도나 하시는가 하는 문제에는 답하지 않았다. 죄인이 어떻게 자신이 하나님께 나아가야 함을 인식할 수 있을까? 어떻게 죄의 세력에서 벗어나 하나님을 받아들일 수 있을까?

물론 이것은 그리스도인들 사이에서 지금도 논란의 주제이며, 이 자리에서 다 다룰 수도 없다. 이 문제를 두고 기독교 내에 중요한 견해 차이가 있었고 지금도 마찬가지다. 다만 빌리 그레이엄의 전도 논리는 특히 개혁 신학 전통에서 보기에 문제가 되었다. 개혁 신앙은 회심을 포함한 모든 영역에서 하나님의 주도권과 주권을 강조하기 때문이다. 바로 이 문제를 다룬 게 패커의 두 번째 책《복음 전도란 무엇인가》(1961년)다. 지금도 이 책은 하나님의 주권과 전도의 필요성의 양자 관계에 대한 고전으로 꼽힌다. 이번에도 그는 비판적이면서도 건설적인 신학을 제시했고, 목표는 1950년대 중반에 기독 학생 단체들에 불거진 여러 긴장과 난제를 풀기 위해서였다. 이 책과 그 정황을 더 자세히 살펴보자.

《복음 전도란 무엇인가》(1961년)

패커가 처음으로 전도 문제를 진지하게 살핀 때는 1955년이었다. 그때 제출한 "청교도 전도"라는 논문에 그는 전도에 대한 여러 다른 관점을 언급했다. 예컨대 미국의 찰스 G. 피니는 1820년대에 "고강도 전도 운동"을 전개하며 "구도자석"—전도 설교에 감화된 사람이 앞으로 나가 상담을 받도록 비워 둔 앞자리—을 배치했다. "피니가 보기에 전도 설교는 자신과 청중 사이의 의지 싸움이었고, 그들을 임계점까지 데려가는 게 자신의 책임이었다."⁹

패커는 피니가 전도에 접근하는 방식이 본질상 펠라기우스주의라고 보았다. 사람들을 기독교 신앙 쪽으로 넘어오게 만들려는 논리력의 싸움인 것이다. 피니의 방식에서는 하나님의 은혜가 아무런 역할도 하지 못한다. 앞서 보았듯이 패커는 케직의 성결 교훈이 결국 인간의 본성에 대한 펠라기우스주의의 관점에서 비롯했다고 보았다. 1955년에 그는 피니의 전도 같은 공격적인 전도 운동도 본질상 펠라기우스주의에 기초한 것이라는 벤저민 B. 워필드의 견해에 동의했다. 그렇다고 모든 대중 전도자가 다 펠라기우스주의자는 아니라고 패커는 신중히 부연했다. 그의 취지는 그런 잠재적 위험을 지적하려는 데 있었다.

패커가 두 번째로 언급한 접근 방식은 청교도의 전도다. 여기에는 그리스도를 믿겠다는 즉각적 결단이 요구되지 않으며, 오히려 장기간에 걸쳐 복음이 꾸준히 전파된다. "설교자가 할 일은 설교 본문에 나타난 하나님의 마음을 선포하고, 구원의 길을 알려 주고, 아직 회심하지 않은 이들에게 겸손히 율법을 배우며 말씀을 묵상할 것을 권하고, 그들의 죄를 깨우쳐 주셔서 그리스도께 나아올 수 있게 해 달라고 하나님께 기도하는 것이다."[10] 패커가 지적했듯이 청교도에게는 따로 전도의 형식을 취하는 설교가 없다. 전도를 설교자의 필수 본업으로 보기 때문이다. "전도 설교는 별도의 방법을 요하는 특별한 설교가 아니라 평소에 늘 하나님의 말씀을 전하는 사역의 일부다."[11]

패커는 복음주의의 일부 영향력 있는 전도 방식을 우려

했다. 1959년 12월 15일에 웨스트민스터 교회에서 강연한 "청교도 관점의 복음 전파"에도 그것이 나타나 있다. 강연에 찰스 피니나 빌리 그레이엄이 언급되지는 않지만, 패커는 "능숙하게 심리적 부담을 주어 외관상의 '결단'을 이끌어 낼지는 몰라도 그것으로 중생과 마음의 변화를 낳을 수는 없다"라고 우려를 표했다.[12] 복음에 즉각 반응할 것을 한사코 요구하는 전도 방식은 오히려 역효과를 낼 수 있다.

> 전도를 우리는 꾸준히 가르치고 설명하는 장기적인 일로 보아야 한다. 하나님의 종은 힘써 복음의 메시지를 충실히 전하고 인간의 삶에 적용할 뿐이며, 이 메시지를 통해 사람을 믿음으로 이끄시는 일은 성령께 맡겨야 한다. 성령께서 그분의 때에 그분의 방식으로 하신다.

아울러 패커는 또 하나의 우려스러운 현상의 출현에도 주목했다. 빌리 그레이엄의 너무 단순한 신학에 대한 반작용이었겠지만, 일각에서 다음과 같은 주장이 나왔다. 개혁주의의 핵심 교리는 믿음과 중생이 선택받은 이들에게만 주어진다는 것이므로 복음의 대중적 선포와는 근본적으로 양립할 수 없다는 것이다. 1959년 런던의 복음주의 학생 단체들에서 이것이 특히 문제가 되었다. 런던 기독학생 연합(LIFCU: London Inter-Faculty Christian Union)에서 전도 집회를 기획하던 중이었고, 이런 행사는 과거에도 쭉 큰 성과를 거두었다. 1947년에 LIFCU는 런던 전역에서 170회의 학생 집회를 개최했는데 청중이 대개 500~600명에 달했다. 그런데 곧 분명해졌듯이 전도를 권장하거나 준비할지 여부를 두고 LIFCU 지도부 내에 심각한 이견이 생겼다. 활발한 전도 활동을 펼치거나 전도 후에 청중의 반응을 호소할 신학적 정당성이 없다고 보는 입장도 있었고, 아무런 시도도 하지 않는 것은 있을 수 없는 일이라고 보는 입장도 있었다.

패커는 학생 단체들 사이에서 명망이 높다 보니 이 전도 집회의 예비 모임에서 강연해 달라는 부탁을 받았다. 관련된 논란을 다루어 해결을 시도하려는 이 모임은 1959년 10월 24일 웨스트민스터 교회에서 열렸다. 패커가 보기에 분명히 이것은 고질적인 문제인 만큼 철저히 공론화할 필요가 있었다. 그래서 그때의 짤막한 강연을 증보하여 《복음 전도란 무엇인가》를 집필한 것이다. 전도가 특히 학생 단체들에게 중요한 문제임을 알았기에 그는 이 책도 IVF를 통해 간행했다(인칠리가 IVF 출판부의 새 브랜드로 IVP를 출범시킨 것은 1969년이 되어서였다).

그 책의 핵심 논지는 쉽게 요약된다. 책의 중심 주제에 대한 성경의 가르침을 이렇게 진술할 수 있다. 인간은 책임지는 피조물이고, 하나님은 주권자시다. 많은 성경 본문을 모아서 이 두 진술을 입증하는 데까지는 패커에게 어려움이 없었다. 문제는 서로 긴장 관계이다 못해 상호 모순처럼 보일 수도 있는 이 둘을 어떻게 융합하느냐는 것이다. 우리는 하나님의 주권과 인간의 책임이 양립될 수 없다고 예단한다. 사실 이것은 우리가 이런 진리를 이해하기에 역부족인 데다 인간의 지혜라는 기준에 과도히 의존하기 때문이다. 패커는 우리에게 "온 힘을 다해 두 교리를 다 믿고 양쪽 모두를 늘 삶의 길잡이와 규범으로 삼을" 것을 주문한다.[13]

패커는 하나님의 주권과 인간의 책임을 동시에 인정하는 것을 "이율배반"이라는 말로 표현한다. "외관상 모순 같은 두 결론이 똑같이 논리적이거나 합리적이나 꼭 필요해 보인다"는 뜻이다.[14] 그가 지적했듯이 이것은 우리에게 인지 부조화를 유발한다. "우리의 유한한 머리로는 불가해하기" 때문이다.[15] 이렇게 모순으로 인식되는 이유는 무엇일까? 패커는 우리가 이 부분에서 고전하는 요인을 네 가지로 꼽는다. 즉 우리가 이성주의적 추론을 쓸데없이 끌어들이고, 체계적 일관성을 원하는 거야 좋지만 무작정 거기에 집착하고, 신비가 존재하며 하나님이 우리보다 지혜로 우심을 잘 인정하지 않고, 성경을 부당하게 인간의 논리로 해석한다는 것이다.

패커가 제대로 지적했듯이 우리는 무엇이든 "머릿속에 깔끔히 정리하여" 외관상의 신비와 모호한 부분을 몽땅 걷어 내기를 좋아한다. 그러다 보니 미심쩍고 잘못된 방식으로 이율배반을 없애고 싶어질 때가 많다. 예컨대 하나의 진리를 억제하거나 버리고 다른 하나만 취하여 신학을 더 깔끔하게 다듬는 것이다. "그렇다면 우리는 이율배반을 어찌해야 할까? 그대로 받아들이면 된다. 더불어 사는 법을 배우는 것이다."[16]

이 두 가지 근본 원리와 더불어 사는 법을 배우려면 긴장을 피할 수 없다. 양쪽을 모두 인정하고 우리의 사고와 행동 속에 융합해야 하기 때문이다. 이 긴장에 대한 패커의 해법대로 우리는 외관상의 모순을 객관적 실체로 여길 게 아니라 우리의 이해가 부족한 탓으로 돌려야 한다. 다 이해할 수는 없지만 두 원리를 대립 관계가 아니라 보완 관계로 보아야 한다. 그리스도인은 이 두 핵심 명제의 창의적 긴장 속에서 사고하고 살아가도록 부름받았다. 둘을 균형 있게 하나로 통합해야 하고, 어떻게 적용할지를 모색해야 한다. 이렇듯 패커는 인간의 책임을 지나치게—때로

배타적으로—강조하는 이들과 하나님의 주권에 너무 많은 비중을 두는 이들을 양쪽 다 비판한다.

후자의 과오의 한 예로 패커는 1786년에 윌리엄 캐리가 복음이 전해지지 않은 세계 곳곳에 선교사를 파송해야 한다고 제안했을 때 일부 청중이 보인 반응을 독자들에게 상기시켰다. "젊은이, 자리에 앉게. 하나님이 이교도를 개종시키고 싶으실 때 자네나 나의 도움 없이 직접 하실 걸세!" 패커의 말마따나 하나님을 영화롭게 하고 그분의 주권적 은혜를 인정하려는 열정이 빗나가면 교회의 책임인 전도를 놓치기가 너무 쉽다.

패커가 보기에 우리의 임무는 구원하시는 분이 하나님이라는 사실을 결코 잊지 않으면서 구원을 전파하는 것이다. "우리의 전도 활동은 하나님이 이 목적을 위해 쓰시는 도구다. 단 구원의 능력은 도구에 있지 않고 도구를 쓰시는 분의 손에 있다."[17] 인간의 책임과 하나님의 주권을 융합할 것을 역설한 패커도 이 두 원리가 서로 상충되는 듯 보일 때가 많음을 인정한다. 이 긴장을 완전히 해소할 수는 없어도 최소한 그것과 더불어 살며 그 틀 안에서 활동할 수는 있다고 그는 보았다.

패커가 그 책에 밝힌 요점 중에 많은 사람이 흥미롭게 주목하는 것이 또 있다. 그에 따르면 신약에는 전도 설교를 하거나 전도 사역을 개발하는 최선의 방법이 정확히 규정되어 있지 않다.

> 최선의 전도 방법은 최대한 복음의 전부를 제시하는 전도 … 메시지의 근원이 하나님임을 가장 명확히 증언하는 전도 … 그리스도의 기쁜 소식과 십자가를 최대한 자세히 다 설명하는 전도 … 듣는 사람의 사고를 가장 효과적으로 끌어들이는 전도다. … 그렇게 하는 최선의 방법이 각 경우에 무엇인지는 당신과 내가 직접 알아내야 한다.[18]

패커가 제시한 것은 획일화된 답이 아니라 지침이다. 이에 힘입어 현장의 각 사역자는 자신의 은사와 상황에 맞는 방법을 개발하고 공유할 수 있다.

새로운 지평

틴데일 홀에서 패커는 분명히 존경받는 소중한 교수였다. 1990년대에 패커의 전기를 쓰려고 자료를 수집할 때 나는 틴데일을 졸업한 그의 많은 제자에게 연락을 취했다. 그들은 패커가 신학을 가르치던 방식과 그것이 자신의 사역과 설교에 미친 영향을 회고했다. 그들에게 특히 고이 간직된 기억 중 하나는 교내 아침식사 자리에서 즐거이 신학을 논하던 패커의 모습이었다. 학생들은 그에게 당시의 중대한 신학적인 질문들을 던지곤 했다. 하나님의 주권과 인간의 자유의 양자 관계도 하나의 단적인 예였다. 패커는 그들에게 다 완성된 답을 주지 않고 자신이 신학을 전개하는 **과정**을 보여 주었다. 그냥 그 과정의 결과물을 내준 게 아니라 **신학하는** 법을 가르친 셈이다. 이 귀한 은사를 패커는 평생의 교육 사역 내내 더욱 굳혀 나갔다.

하지만 패커가 틴데일 홀에서 행복했음에도 불구하고, 복음주의를 대표하는 박식한 건설적 비판의 인물로서 그의 평판이 높아지면서 점차 앞길에 새로운 지평이 열렸다. 출간된 두 권의 책은 그에게 국내외에서 상당한 명성을 안겨 주었다. 분명히 그는 지성의 지도자감이었다. 그렇다면 그 직위는 어디이며 어떤 형태를 띨 것인가?

잠시 후에 그 이야기로 돌아가기로 하고, 여기서 다시 멈추어 패커의 활동 이력을 살펴볼 필요가 있다. 이번에는 그리스도인의 삶과 사고에서 성경이 차지하는 위상에 대한 그의 생각을 알아보려 한다. 그의 사역에서 워낙 중대한 주제였던 만큼 마땅히 더 고찰하고 탐색해야 한다.

성경

**권위와
해석과 번역**

6

패커는 브리스톨의 틴데일 홀에서 기독교 교리 지도 교수로 지내는 동안, 성경과 기독교 신학을 통합하려 애쓰는 신중하고 사려 깊은 신학자라는 평판을 얻었다. 그는 그리스도인의 사고에서 그 둘이 상호 교류 없이 분리되어 있다고 보지 않았고, 활동 기간 내내 이 입장을 견지했다. 밴쿠버의 리전트 칼리지에는 패커의 강의를 기록한 방대한 양의 문서가 보관되어 있는데, 그중에 조직신학과 영성과 성경 강해 분야도 아주 많다. 예컨대 2016년 여름 학기에 그는 리전트 칼리지에서 두 과목을 가르쳤는데, 하나는 성공회의 유산이었고 또 하나는 바울의 골로새서였다. 조직신학은 언제나 성경과 동떨어질 위험이 있으나 패커는 원칙적으로 성경 본문에 주목했다. 이런 자세는 복음주의 작가들과 설교자들에게 분명히 신학의 한 미덕이다.

나는 *NIV Thematic Study Bible*(NIV 주제별 주석 성경)의 편집장을 맡았던 1990년대 초에 그의 지혜의 혜택을 누렸다. 이 주석은 설교와 개인 경건의 보조 자료로서 독자에게 성경 66권을 관통하는 굵직한 주제들을 파악하도록 돕기 위한 것이었다. 중대한 작업인 만큼 성경 본문에 해박할 뿐 아니라 성경의 신학적, 영적 통일성을 이끌어 내는 일의 중요성을 잘 아는 사람의 조언이 필요했다. 패커는 기꺼이 편집 고문이 되어 작업의 비전을 세우고 굳혀 주었다. 자신도 소중히 여기는 일임이 분명했고, 그의 조언과 격려 덕분에 전체 결과가 풍요로워졌다.[1]

패커는 2001년에 새로운 번역으로 간행된 영어표준역(ESV) 성경의 제작에도 중요한 역할을 했다.[2] 훌륭한 개신교 작가라면 누구나 그렇듯이 패커도 성경이 독자에게 이해되어야 함을 강조했다. 모든 그리스도인은 성경의 주요 원어인 그리스어와 히브리어를 모르더라도 원문대로의 성경을 접할 수 있어야 한다. 그래서 패커는 ESV처럼 성경 원문의 직역에 가까운 역본을 선호했다. 의역하면 해석의 진정한 쟁점들이 가려지는 경향이 있음을 알았기 때문이다.

그렇다면 패커는 어떻게 성경을 자신이 보는 그리스도인의 삶과 사고에 통합했을까? 이와 관련하여 그가 처음 관여한 출판 사역 중 하나는《새 성경 사전》의 여러 항목을 집필한 일이다. 본래 이 중대한 작업은 성경 "사전 내지 백과사전"이 새로 필요하다는 인식에서 1953년에 제안되었다. 처음에 런던의 IVF 출판부는 기존 미국 판을 갱신하려 했으나 결국 완전히 새 책이 필요하다고 판단했다. 제임스 D. 더글러스(〈크리스채너티 투데이〉 편집장)가 책임 편집자로 정식 선임되었고, F. F. 브루스(맨체스터 대학교 성경 비평학 및 주해학 교수)와 R. V. G. 태스커(런던 킹스 칼리지 신약 주해학 교수)와 D. J. 와이즈먼(런던 대학교 아시리아학 교수)과 패커가 편집 자문을 맡았다.

패커는 편집진 중 가장 경험이 적었으나 금세 자신의 가치를 입증했다. 책의 구조를 기획하는 일부터 항목별 집필을 의뢰하는 일까지 그야말로 대사업이었다. 1962년에야 비로소 간행된 이 사전은 주요 참고 도서로 자리매김했다. 패커가 집필한 주제는 "권위," "회심," "열심," "선택," "성육신," "영감," "예정," "계시" 등 18개 항목이었다.

그로부터 50여 년 후에 패커는 다시 상세한 성경 연구서의 제작에 관여했다. 2,750페이지에 달하는 *English Standard Version Study Bible*(2008년, ESV 주석 성경)의 신학 편집자로서 여러 성경 본문을 자세히 주해하여 각 본문의 의미에 대한 독자의 이해를 도운 것이다. 그러나 이렇게 세부 사항에 주목할 때도 패커는 "큰 그림"을 보는 더 중요한 일에서 결코 곁길로 벗어나지 않았다. 개개의 세목은 큰 그림의 일부였다. 2018년에 그는 자신이 성경을 읽고 의미를 온전히 파악하는 데 도움이 되었던 몇 가지 원리를 이렇게 제시했다.

큰 그림을 파악하는 게 가장 중요하다. 잘 이해되지 않는 문장이 있더라도 지레 너무 걱정할 것 없다. 큰 그림을 파악하고 나면 세부 사항은 맞아들게 되어 있다. 이것이 성경 읽기와 연구에 대한 첫째이자 기본적인 권고다.[3]

패커가 제시한 이 성경 독법은 성경의 독특한 위상을 존중함과 동시에, 성경의 중심 주제들을 뽑아내고 수호하는 신학의 역할까지 이해하게 해 준다.

패커의 기본 요지는 간단하다. 나무를 보고 즐기되 반드시 숲도 보라는 것이다. 2008년에 그가 "ESV 주석 성경"에 소개한 "성경을 신학적으로 읽기"에 그것이 잘 표현되어 있다. "성경은 서로 무관한 종교적 잡동사니를 그러모은 게 아니라 모든 정교한 직조로 심판과 자비와 약속과 성취의 단일한 무늬를 이루는 피륙이다."[4]

1954년 이후로 패커의 저작에 이 주제가 일관되게 나타난다. 그가 초기에 쓴 한 글에 지적했듯이 신학은 통일성 있는 학문이다. 성경 전체의 근본적인 통일성에 기초하여 그 통일성을 표현하기 때문이다.[5] 각 성경 본문과 주제의 세부 사항도 중요하지만 큰 그림도 중요하다. 큰 그림 덕분에 개개의 세목을 올바른 문맥 속에 두고 전체 의미를 더 잘 이해할 수 있다.[6]

그렇다면 "큰 그림"을 어떻게 찾아내고 적용할까? 패커가 이 문제에 접근한 몇 가지 틀이 있는데, 그중 하나로 초기부터 그는 이를 성경 **주해**에서 신학적 **종합**을 거쳐 결국 실제 **적용**에 이르는 여정으로 보았다.[7] 첫 단계는 **주해**다. 패커에게 주해란 성경 저자가 "표현해 놓은 생각을 본문에서 전부 이끌어 내는" 것이다. 본문에 없는 것을 **집어넣는** 게 아니다! 그다음의 **종합**은 "주해의 결과물을 모아 역사적으로 통합하는 탐구 과정"이다. 마지막 **적용** 단계에서 설교자는 하나님이 과거에 말씀하시고 행하신 일에 비추어 오늘 우리에게는 무엇을 말씀하시고 행하실지를 고민한다.

성경을 신학적으로 종합한다는 주제가 패커에게 어찌나 중요했던지 그는 다수의 저작에서 이것을 탐색하고 상술했다. 일례로 다음의 특히 명쾌한 설명을 생각해 보라. 1991년에 신학과 영성의 관계에 대해 쓴 글이다.

> 제일 먼저 할 일은 주해다. 성경 내용은 하나님이 자신을 증언하시는 교훈인데, 그 교훈이 성경 저자들이 그분을 증언하는 형태로 주어져 있다. 그래서 우리는 성경(正經) 본문에서 창조주와 관련된 모든 것을 찾아서 이끌어 내고, 그것을 하나님 자신의 입에서 나온 순전한 진리로 받

아들여야 한다. … 두 번째로 할 일은 … 종합이다. 주해로 확인된 하나님에 대한 자료를 모두 모아 일관성 있는 단일한 얼개를 도출해야 한다. 역사가가 모든 사실을 단일한 내러티브로 매끄럽게 연결하는 것과도 같다.[8]

패커의 요지는 신학의 무늬를 밝히 드러내려면 성경의 모든 실 가닥을 하나로 엮어야 한다는 것이다. 그의 표현으로 이는 성경을 "하나님께 초점을 두고" 읽는다는 뜻이다. 1985년에 이미 패커는 자신이 "일차적으로 신학적인 주경학자"라는 말로 이 접근 방식을 깔끔히 표현했다.[9]

그 말은 정확히 무슨 뜻일까? 그는 신학과 성경의 관계를 어떻게 보았을까? 많은 사람이 우려를 표하듯이 조직신학이라는 학문은 대개 성경 본문과 무관하게 또는 성경에 의존하지 않고 진행되는 것 같다. 그러나 패커는 신학하는 행위—"신학"이라는 정적인 명사보다 이 동적인 동사형을 그는 으레 선호했다—와 성경 읽기가 유기적으로 매끄럽게 연결된다고 보았다.

내가 신학하는 데 성경을 활용하는 방식은 이렇게 정리된다. 나는 1)개인 경건과 2)설교 및 목회 사역과 3)신학 연구에 성경을 활용한다. 용법 3)은 용법 1)에서 비롯되고 용법 2)의 근간을 이룬다. 나는 이 셋을 다 연결해서 성경에 접근한다. 내게 성경은 하나님이 알려 주시는 교리, 예수 그리스도께서 그리스도인들을 친히 다스리시는 도구(내가 성경을 정경이라 칭하는 데는 이런 의미도 있다)(영어의 "정경"이라는 단어는 "교회법"을 뜻하기도 한다-역주), 하나님과 경건에 대한 진리와 오류의 기준, 삶을 운영하는 지혜이자 영적 성장의 양식이다.[10]

패커의 접근 방식(그는 이것을 특히 장 칼뱅과 존 오웬의 저작에서 보았다)은 성경의 절대적 중요성을 인정하면서 지적인 수고의 필요성도 함께 강조한다. 후자는 성경 본문에 담겨 있는 거시적 현실관을 설교와 신학을 통해 제시할 때, 단편적으로 하지 않고 두루 통합하기 위한 것이다. 바로 "성경의 내용에 기초하여 전체를 통합하는 관점이다."[11] 이런 "통합 관점"은 그리스도인의 정체성을 지켜 주면서 또한 지배적인—그러나 결국은 **변하는**—세상 규범을 비판하는 역할도 한다. 세상 규범이 너무 쉽게 그리스도인의 사고 속에 배어들 수 있기에 패커는 자칫 "신성한 신학 공부를 세속 이데올로기의 장으로" 둔갑시키기 쉽다고 경고했다. C. S. 루이스처럼 패커도 "현대 문화의 각종 경구를 절대화하는 지적인 우상 숭배"에 대해 우려를 표했다.[12]

그런데 "신학적 주해"라는 과정은 결국 성경을 신학적으로 이해하는 데 달려 있다. 앞장에서 《근본주의와 성경의 권위 & 자유주의》를 살펴볼 때 보았듯이, 패커는 성경 고유의 정체성과 목적을 이해하기 위한 신학적 기초를 탄탄히 다지는 데도 관심이 있었다. 성경은 여타 종교 서적과 어떻게 구별되는가? 무엇이 다른가? 패커가 일관되게 단언했듯이 성경은 하나님의 감동으로 된 책으로서 하나님의 속성과 목적을 인간 저자들을 통해 증언해 준다.

> 모든 성경은 인간 저자들이 하나님의 조명을 받아 그분을 증언한 것이다. 즉 모든 성경은 하나님이 그들의 말을 통해 자신을 증언하신 것이다. 하나님의 생각을 알려면 성경에 표현된 인간 저자들의 생각을 알아야 하며, 그래서 성경을 읽을 때는 먼저 그 특성부터 살펴야 한다. 단 본문을 하나님이 자신을 계시해 주신 가르침으로 읽거나 또는 다시 읽어야 한다. 그것이 인간의 증언이라는 형태로 주어졌을 뿐이다.[13]

이와 맥을 같이하여 패커는 성경을 해석할 때 성령의 인도하심이 필요함을 역설했다. 흔히 성령의 이 사역을 지칭하는 단어로 쓰이는 "조명"에 대해 그는 이렇게 말했다. 조명이란 "새로운 계시를 주시는 게 아니라 우리 안에서 역사하셔서 이미 성경 본문에 들어 있는 계시를, 즉 우리가 듣고 읽고 설교자들과 작가들이 설명하는 그 계시를 능히 깨닫고 사랑하게 해 주시는 것이다."[14] 다만 패커도 인정했듯이 성경의 해석과 적용은 대개 논의하기 어려운 주제이며, 성경 본문의 해석법에 대한 이견은 성경의 무오성에 호소한다 해서 해결되거나 축소되지 않는다.

> 무오성과 해석은 별개의 문제로 **두어야만** 한다. 특정 주제에 대한 성경 저자들의 말을 전부 하나님이 주신 진리로 인정한다 해서 당신이 어느 한 해석법이나 해석학파에 미리 종속되는 것은 아니다. 성경과 과학을 연관시키는 어느 한 방식이나 모순되어 보이는 본문들을 일치시키는 어느 한 방안에 갇히는 것도 아니다.[15]

패커의 말마따나 복음주의자들은 때로 "마치 성경의 무오성을 믿기만 하면 모든 게 즉각 명명백백해지는 것처럼" 말한다. "오죽하면 그들에게는 해석이 불확실한 경우가 선혀 없을 정도냐."[16]

복음주의의 성경 해석에 대한 많은 비판 중 하나는 개인주의적 독해의 성향이 높다는 것이다. 패커는 이를 교회와 교회의 유산에 "교만하게 또는 성급하게" 등을 돌린 이들의 "독불장군식" 접근이라 칭했다.[17] 성경의 진리를 개개인의 삶에 접목하는 거야 당연히 중요하지만, 개인의 시각과 판단이 신학의 결정적 요인으로 작용할 위험이 있다. 내가 보기에 이러하니 실제로도 그렇다는 식으로 말이다.

그렇다면 대책은 무엇인가? 패커는 "어제의 위대한 스승들과 늘 벗삼아 지내는" 게 중요하다고 강조한다. 그들의 도움으로 우리는 자칫 놓치기 쉬운 지혜를 알아차리고, 한쪽으로 치우쳐 있거나 편견에 사로잡힌 우리의 해석을 바로잡을 수 있다. 패커가 제시하는 개념의 틀대로 보면 루터와 칼뱅과 조나단 에드워즈 같은 작가들은 **성경 자체를 밀쳐 내거나 훼손하지 않으면서** 우리의 신앙에 유익한 통찰과 양분을 준다. 패커의 표현으로 에드워즈 같은 작가들은 신학하는 우리를 **지배하는** 게 아니라 **지원하는** 역할을 한다. 청교도가 성경을 해석하고 적용한 방식은 오늘의 우리에게 도움이 될 수 있다. 우리를 성경 자체와 갈라놓거나 성경에서 멀어지게 하지 않으면서 말이다. 기독교의 과거는 채석장과도 같다. 우리는 비판적이되 긍정적으로 그 보화를 탐험하고 원용하고 적용해야 한다. 성경 해석에 대한 과거의 실수에서도 배울 수 있다. 그런 실수는 때로 지극히 선한 이유에서 발생한다.

요컨대 패커의 전체적인 시각은 성경 자체가 가장 중요하지만 그동안 성경을 이해하고 적용해 온 기독교의 오랜 씨름의 과정도 중요하다는 것이다. 여태 다른 사람들이 성경의 핵심 주제들을 "종합한" 방식이 오늘의 우리에게도 소중할 수 있다. 우리가 그것을 신중하게 잘 평가하는 한에는 그렇다. 과거의 지혜로운 인물들의 도움으로 우리는 성경을 주해하고, 성경의 모든 실 가닥을 하나로 엮어 신학의 피륙을 짜고, 그렇게 종합한 신학을 삶에 적용할 수 있다. 이 책 뒷부분에서 이런 주제를 더 살펴볼 것이다.

이제 우리는 패커의 삶의 이야기로 다시 돌아간다. 브리스톨의 틴데일 홀에 재직하던 그는 그 너머에 있을 섬김과 사역의 기회가 무엇일지 살피던 중이었다.

7

다시
옥스퍼드로

**라티머
하우스**

패커는 평생 틴데일 홀에서 활동할 생각은 없었다. 물론 그곳에서 힘들지만 즐거운 역할을 했고, 어쩌면 더 중요하게 신학 교육자로서 자신의 기량도 연마했다. 사역의 신학적 기초를 탄탄히 다지면 그것이 어떻게 변화와 혼란의 시대에 교회를 지탱시키고 이끌어 줄 수 있을지도 고민했다. 그러나 그에게는 자신의 독특한 사역을 펼쳐 나갈 더 큰 장이 필요했다.

다양한 방안이 그의 앞에 열려 있었다. 틴데일 홀의 많은 전직 교수의 길을 따라 교구 사역으로 돌아갈 수도 있었다. 또는 성공회의 다른 복음주의 신학대학에서 더 높은 직위에 오를 수도 있었다.

또 하나의 길은 틴데일 홀에 그의 전임자로 있었던 제프리 브로밀리가 보여 주었다. 교구 사역으로 돌아가 에든버러 코스토핀에 있는 세인트 토머스 교회의 교구 사제가 되었던 그는 1958년에 캘리포니아 주 풀러 신학대학원의 교회사 및 역사신학 교수직 청빙을 수락하면서 교구 사역을 떠났다. 앞서 보았듯이 신학 교육자를 꿈꾸던 패커에게 브로밀리는 역할 모델과도 같았다. 그러니 패커도 미국 신학대학원의 교수직을 알아볼 것인가? 두 권의 저서로 북미 개혁주의 신학대학원들의 주목을 끌었으니 이 시점에서 그것도 얼마든지 가능했다.

그러나 패커는 조국 영국에 아직 자신이 해야 할 일이 있다고 보았다. 1960년대에 들어서면서 많은 사람이 느꼈듯이 영국이 통과 중이던 중대한 문화 변혁기는 기독교 교회에도 커다란 영향을 미쳤다. 교회는 새롭게 닥쳐오는 여러 도전에 부응할 수 있을 것인가? 복음주의가 이런 새로운 기회에 어떻게 대응할 것인지를 누구보다도 심도 깊게 고민한 복음주의 사상가는 아마 존 스토트 다음으로 패커였을 것이다. 존 스토트는 베스트셀러《기독교의 기본 진리》를 통해 기독교를 합리적으로 신중하게 변호했다. 대학생이 다수인 독자들을 기독교 신앙의 "지적인 신빙성"으로 안심시키기 위해서였다.[1] 그러나 그에게는 사역과 설교와 전도의 근본적인 문제들을 더 깊이 파헤칠 수 있는 장이 필요했다. 그래서 런던 랭엄 플레이스의 올 소울즈 교회를 교회와 국가 둘 다를 끌어들이는 무대로 삼았다.[2] 패커에게도 그런 장이 있을까? 처음에는 없었으나 주위에 변화의 조짐이 나타났다.

1958년 12월에 패커의 가까운 동료이자 당시 브리스톨 틴데일 홀의 부학장이던 존 웨넘이 옥스퍼드에 "복음주의 연구소"를 세우자는 비전을 문서로 작성하여 제시했다. 나는 1980년대에 옥스퍼드에서 웨넘을 알게 되었는데, 그는 나와 함께 복음주의 연구 기관들의 중요성을 되짚어 보곤 했다. 자신과 패커의 주도로 옥스퍼드에 그런 기관이 들어섰다는 말도 했다. 웨넘이 지적했듯이 케임브리지에는 이미 그런 기관이 있었다. 복음주의 계열의 초교파 신약학 연구소로 설립된 틴데일 하우스였다. 웨넘은 옥스퍼드에도 이에 견줄 만한 복음주의 기관이 필요하다며, 다만 두 가지 중요한 점에서 틴데일 하우스와는 다를 거라고 내다보았다. 첫째로 이곳은 성공회 연구소로 한정될 것이고, 둘째로 교리와 예배와 교회의 정치 형태 같은 사안에 초점을 맞출 것이다. 패커는 성공회의 복음주의 연구소라는 웨넘의 발상을 영감으로 여기며, 그런 기관을 설립하는 게 "전략적으로 아주 급선무로 필요하다"라고 피력했다.[3]

기금을 조성할 계획이 마련되어 옥스퍼드 복음주의 연구 신탁으로 명명되었다. 웨넘과 패커가 조직 위원으로 가담했고 위원장은 존 스토트였다. 1960년 1월에 기금이 채워져, 옥스퍼드 도심 바로 북쪽인 밴버리 길 131번지의 큰 집을 구입하고 주재 직원인 소장과 사서를 임용할 수 있게 되었다. 이 공간의 용도는 크게 세 가지였다. 두 직원에게 연구와 집필의 기회를 제공하고, 선별된 성공회 학자들로 단체를 조직하여 중요한 사업들에 협력하게 하고, 옥스퍼드에서 복음주의의 내실을 다지는 것이었다.

초대 소장은 패커의 틴데일 홀 동료인 리처드 J. 코츠로 정해졌다. 결과적으로 이는 이 연구소의 핵심 목표에 썩 어울리지 않는 의외의 인선이었다. 코츠는 틴데일에서 시간제로 예배학을 가르치면서 인근 해안 휴양지인 웨스턴-수퍼-메어의 크라이스트 교회에 재임했다. 그는 잘 알려져 있지 않았고 연구나 간행의 이력도 없었다. 연구소의 초대 사서는 필립 E. 휴즈였다. 패커도 남다른 재능을 인정받아 매주 이틀씩 연구소에서 활동해 달라는 요청을 받았다. 높은 기대감 속에 출범한 이 연구소는 개신교 학자이자 주교인 휴 라티머의 이름을 따 "라티머 하우스"로 명명되었다. 토머스 크랜머와 니콜라스 리들리로 더불어 "옥스퍼드의 순교자"인 라티머는 1555년에 옥스퍼드 한복판에서 화형을 당했다.

불행히도 라티머 하우스는 금세 사정이 나빠졌다. 코츠와 휴즈의 사이가 틀어져 같은 건물에 함께 있지 못하겠다고 한 것이다. 1960년 6월에 휴즈가 사서직을 그만두자 이사회는 패커를 휴즈의 후임으로 뽑았다. 잘한 결정이었다. 패커는 계약상의 사유로 1961년 4월에야 그 자리에 부임했다. 옥스퍼드로 이주한 그에게 코츠는 자기도 적당한 후임이 나오는 대로 곧 소장직을 사임할 거라고 말했다. 논의 끝에 이사회는 패커를 소장으로 세우기로 하고, 패커가 추천한 로저 벡위스를 사서로 뽑았다. 1962년 중반쯤 새 팀이 꾸려져 마침내 라티머 하우스는 소임을 다할 준비가 되었다.

라티머 하우스는 패커에게 교회의 삶에 신학적으로 참여할 장이 되어 주었으나 기관 차원에서 지역 교회와 연결되어 있지는 않았다. 이 결함을 만회하고자 패커는 린튼 길에 있는 세인트 앤드루스 교회의 사역에 몸담았다. 복음주의 계열의 이 큰 교구 교회는 라티머 하우스에서 멀지 않은 옥스퍼드 북쪽에 있었다. 신학이 사역과 분리되어서는 안 된다는 깊은 소신을 그는 이렇게 진중하게 표현했다.

《신에게 솔직히》: 라티머 하우스와 복음주의 입장의 정립

라티머 하우스를 향한 패커의 비전은 요즘 말하는 "싱크 탱크"에 가까웠다. 신학과 교회 생활의 경계면에서 연구와 지식 보급에 주력하려 한 것이다. 옥스퍼드에 복음주의 연구소를 창설할 것을 지지할 때 패커는 그곳이 "상아탑의 학문"을 추구해서는 안 되고 "성공회 복음주의의 당면한 현실적 요구"에 부응해야 함을 강조했었다. 성공회의 일부 주교가 문화적, 신학적 자유주의를 지향하여 많은 복음주의자의 우려를 자아내긴 했지만, 복음주의의 신중하고도 강력한 개입을 요할 만한 위기가 당장 발생할 조짐은 없었다.

그러나 1963년 3월에 예고도 없이 위기가 닥쳐왔다. 울위치의 존 로빈슨 주교가 영국의 유수한 일요판 신문에 "우리의 하나님상을 버려야 한다"라는 도발적인 제목의 글을 기고한 것이다. 신문사 편집진이 제목을 그렇게 뽑은 게 거의 확실하다. 신학을 근본적으로 수정해야 한다는 로빈슨의 입장은 그로부터 나흘 뒤에 간행된 그의 책《신에게 솔직히》에 제시되었다. 필시 그 신문의 대대적인 홍보 효과로 이 책은 잉글랜드에서 베스트셀러가 되었고, 저자에게 "솔직한 존"이라는 별명을 안겨 주었다.[1] 출판사에서 주문한 초판은 8천 부에 그쳤고 그중 2천 부는 미국 수출용이었다. 그런데 이것이 간행 첫날에 다 팔렸다. 책의 수요에 모두 깜짝 놀랐다. 첫 7개월 동안 35만 부가 팔린 것으로 추산되었다.

출간 당시《신에게 솔직히》는 성공회의 공분과 경악을 불러일으켰다. 특히 언론에서 로빈슨이 전통 기독교 신앙을 구시대의 진부하고 부적절하고 무의미한 유물로 치부한 책이라고 했기 때문이다. 언론에 대처한 경험이 딱히 없던 로빈슨은 언론의 논조를 확실히 반박하기는커녕 그런 **시도조차** 하지 않았다. 캔터베리 대주교가 나서서 이 책이 기독교의 하나님상을 욕되게 했다고 비난했다. 복음주의자들은 주교가 기독교 정통을 조롱하고 배척하는 책을 썼는데도 직위가 해제되지 않는다고 특히 노했다. 하지만 이런 반응은 교단 차원의 수습에 관한 것일 뿐 로빈슨의 기본 전제와 방법을 논박한 것은 아니다. 분명히 《신에게 솔직히》에 대한 **신학적** 비판이 필요한 상황이었다.

패커가 즉시 파악했듯이 자신은 신학자이고 라티머 하우스는 성공회에 영향을 미칠 사안들에 집중하는 신학 연구소인 만큼, 둘 다 이 논란에 개입하기에 더없는 적임자였다. 《신에게 솔직히》에 대응하되 주교의 직위 남용 여부를 따지기보다는 그의 사상에 집중하여 짤막하고 이해하기 쉽게 다룰 필요가 있었다. 패커는 그 일에 자신이 있었다. 그리하여 《신에게 솔직히》에 대한 그의 반론이 불과 20페이지의 간결한 분량으로 그해 내에 간행되었다.[5] 패커는 시대의 불안한 문화에 호응하려는 로빈슨의 목회적, 변증적 우려를 반기면서도 로빈슨의 개입이 그런 우려에 제대로 답하지 못했다고 보았다. 로빈슨은 진정한 변증 문제에 부실하게 대응한 정도가 아니라 기독교를 변질에 가깝

게 희석했다.

패커의 신학적 비판은 지극히 정당하다. 로빈슨은 예수 그리스도의 신분과 의의에 대한 교부들의 논의를 잘 몰랐다. 그런 논의를 바탕으로 "칼케돈 공의회"에서 그리스도가 참 신이자 참 인간이라는 "정의"가 도출된 것인데, 로빈슨은 칼케돈의 입장대로라면 그리스도라는 개념은 "손님으로 오신 '저 바깥'의 신이 모든 면에서 인간처럼 살기로 하신" 게 된다고 주장했다.⁶ 하지만 기껏해야 이는 칼케돈의 정통 신앙을 아주 뒤죽박죽으로 오해한 데 불과했다. 그 결과 로빈슨은 고전 기독론에 대한 현대의 반감을 잘못 평가했고, 자연히 그가 제시한 대안도 완전히 부실한 것이었다.

패커는 기본적으로 신학에 초점을 맞추어 로빈슨의 성급한 학문적 오판과 거기서 비롯된 문제투성이 결과를 짚어 냈다. 로빈슨은 루돌프 불트만과 디트리히 본회퍼와 폴 틸리히라는 세 독일 신학자의 아주 상이한 사상을 엉성하게 땜질해 놓았다. 불트만은 신약 본문의 "탈신화화"를 통해 신약의 핵심 주제들을 실존주의적 관점에서 이해해야 한다고 주장했고, 본회퍼는 "종교 없는 기독교"라는 말로 요약되는 세속적 관점이 인간의 실존에 대해서도 부상하고 있음을 지적했고, 분명히 로빈슨에게 가장 중요했을 틸리히는 우리의 하나님관을 "존재의 근원" 내지 "존재 자체"로 수정할 것을 주문했다. 그러나 로빈슨은 서로 조화되지 않는 이 세 목소리를 통합하지 못했고, 변증 중심으로 이를 조율하여 기독교 정통의 핵심 내용을 수호하거나 새롭게 표현하지도 않았다. 《신에게 솔직히》에 대한 패커의 통렬한 비판은 세월이 흐른 지금도 여전히 건재하다. "그 책은 한 접시의 틸리히를 으깨고 불트만에 튀겨서 본회퍼를 고명으로 얹은 것에 불과하다."[7] 페이지마다 "설익은 사고의 흔적"이 명백히 드러나 있다.

패커의 우려를 지지하기란 어렵지 않다. 로빈슨은 기독교 신앙의 도매금식 수정을 부르짖으며 "우리 신학의 가장 기본적인 범주인 하나님, 초자연, 종교 자체가 달라져야 한다"라고 말했다.[8] 자신에 보기에 그는 신약으로 돌아가 더 진정한 기독교를 되찾자고 주장하는 급진파였다. 하지만 그의 신약 해석은 모더니즘 세계관의 지배를 받았고, 또 틸리히의 실존주의적 논제를 다음과 같이 다소 피상적으로 이해한 것이기도 했다. "초월적 요소는 영원하거나 '저 바깥'에 있는 게 아니라 모든 유한한 관계의 궁극적 심연이고 기초이고 의미인 '너'의 안과 곁과 아래에 있다."[9] 패커의 결론처럼 그러면 우리는 양립할 수 없는 두 가지 하나님상 중에서 하나를 택해야만 한다. "하나는 아버지이

신 인격신이지만 다른 하나는 아버지도 인격신도 아니고 그냥 우리 자신의 한 단면일 뿐이다."[10]

패커의 우려는 로빈슨의 신학의 부실한 기초에 머물지 않았다. 거기서 비롯된 용납할 수 없는 결과도 그는 가차 없이 지적했다. 로빈슨의 신학에는 창조주 하나님이나 구원자 하나님의 개념은 들어설 자리가 없다. 그가 말하는 예수는 진정한 의미의 "구주"나 "주님"으로 불릴 수 없다. 그는 신학과 예배를 완전히 분리했다. 로빈슨의 하나님은 "찬양 받으실 일을 하신 게 없다." 그러니 그가 예배를 다른 사람을 섬기기 위한 준비로 재정의한 것은 당연한 일이다. 본래 예배란 일차적으로 하나님의 존재와 행위에 대한 반응이며, 다른 사람을 섬기려는 동기와 감화는 예배의 결과다.

> 로빈슨 박사의 논리대로라면 그리스도인은 1)역사적 기독교가 현대인에게 부적절하다는 데 동의하고, 2) 그럼에도 현대인의 "궁극적 관심사"(그것이 무엇이든 간에)가 곧 "신"이니 현대인은 무신론자가 아니며 무신론자일 수 없다고 말해야 할 것이다. 틸리히를 신봉하지 않는 사람에게는 당연히 이것이 세상 사람을 그리스도인이 되게 하기보다 그냥 그리스도인이라고 부르자는 주의로 느껴

질 만하다.[11]

  패커가 로빈슨에게 대응한 책은 베스트셀러도 아니었고 애초에 그런 의도로 쓰지도 않았다. 책의 목표는 로빈슨의 잘못된 변증을 신학적 차원에서 논박함으로써 교회(특히 성공회 내에서 성장 중인 복음주의 진영)를 섬기는 데 있었다. 1964년 1월까지 그 책은 2십만 부가 팔렸다. 라티머 하우스는 새로운 도전에 부응하는 실력을 입증했다. 의외의 도전이기도 했다. 《신에게 솔직히》로 촉발된 논란에 대한 라티머 하우스의 공헌은 다른 유수한 그리스도인들이 제기한 우려와 공감대를 형성했고, 이로써 고전 정통 기독교에 기초한 연대와 대화의 가능성이 열렸다. 예컨대 성공회 고교회파의 작가 E. L. 매스컬은 그 책에 대한 패커의 평가에 찬동하며 이렇게 지적했다. "로빈슨은 '하나님은 우리에게 그분 없이도 잘 지내며 살아가야 한다고 가르치신다'라고 말했는데, 그 말이 맞는다면 교회가 세속 인간에게 해 주어야 할 말은 하나도 없다. 세속 인간이 이미 정확히 그렇게 믿고 있으니 말이다."[12]

  그러나 이번 특정 논란에 대한 라티머 하우스의 개입이 분명한 성과를 냈음에도 불구하고 패커는 미래의 장기 계획을 세우는 역량에서는 기관의 약점이 드러났음을 깨달았다. 이사회에 올린 보고서에 그는 "예기치 못한 상황 앞에 취약한" 라티머 하우스의 실상을 《신에게 솔직히》 사건이 보여 주었다고 적시했다. 그런 짧은 책을 당장 써내는 것만도 시간과 집중을 요하는 벅찬 일이라서 다른 업무와 책임일랑 제쳐두어야 했다. 시급히 개입해야 할 일들 때문에 라티머 하우스 사역의 장기 계획을 세우기가 어려웠다. 패커의 말대로 학문은 느린 과정이라서 논란의 책이나 사안에 신중하고 알차게 대응할 자료를 신속히 내놓기가 꽤 힘들다. 그래서 우선순위가 필요했다. 예컨대 성공회 내에서 성장 중인 복음주의 운동에 신학적 자원을 공급하는 일이 우선되어야 했다.

라티머 하우스 그리고 성공회 복음주의의 신학적 통합

라티머 하우스에 대한 패커의 장기 목표 중 하나는 1960년대 성공회의 삶에서 점점 비중이 커지고 있던 복음주의 보수 진영에 신학적 지원과 자원을 공급하는 것이었다. 이차대전 후의 영국 복음주의는 여러 요소가 복잡하게 섞이며 일변하고 있었다. 그중 중요한 한 요소는 성공회 바깥에 있었다. 바로 복음주의 독립 교단에 속한 자유로운 독립 교회들인데, 이 전통 쪽에서 단연 가장 중요한 사상가는 런던 웨스트민스터 교회의 목사인 마틴 로이드-존스 박사였다.

성공회 내에서는 주로 두 부류의 복음주의가 1950년대에 서로 각축을 벌였다. 성공회 복음주의 단체 운동에 속한 자유주의 복음주의자 무리는 세가 약해 가던 반면, 존 R. W. 스토트와 패커로 대변되는 보수 복음주의자 무리는 성장세였다.[13] 1960년대 들어 자유주의 복음주의는 비전과 유능한 지도자를 내놓지 못했다. 보수 복음주의는 성공회의 삶에서 더욱 주류가 되었는데, 여기에는 빌리 그레이엄 전도대회로 인한 수적인 팽창과 신학 및 기관 지도자의 전략적 양성이 함께 작용했다. 패커가 보는 라티머 하우스는 이런 양적인 성장에도 불구하고 신학적 깊이를 잃지 않게 해 줄 자원이었다.

특히 중요한 문제는 성공회의 복음주의 성직자를 길러 낼 신학 교육이었다. 그레이엄의 전도 사역을 통해 회심한 이들 중에 성공회의 전임 사역자로 부름받았다고 느끼는 사람이 점점 많아졌다. 패커로서는 이들 성직자가 장차 닥쳐올 여러 새로운 도전에 부응하려면 전도의 열정만 뜨거운 게 아니라 신학에도 밝아지는 게 중요했다.

패커 자신도 옥스퍼드의 위클리프 홀에서는 학생으로서, 오크 힐 칼리지와 브리스톨의 틴데일 홀에서는 신학

교육자로서 신학 교육을 경험하면서 장차 헤쳐 나가야 할 여러 도전에 눈뜬 바 있었다. 성공회 문화를 몸에 익히거나 설교와 목양 경험을 쌓는 등 실무적 측면의 사역 훈련만으로는 부족했다. 물론 실무도 중요하지만 미래의 성직자는 사역에 대한 **신학적** 비전을 가꾸어 실무를 보완해야 했다. 사역의 근간으로서 복음을 깊이 이해하고 복음의 진가를 알아야 했다.

그 시기에 많은 관심이 집중된 사안은 엘리자베스 1세 시대에 작성된 성공회 39개조(1563년)가 현대에도 적절하다는 점이었다. 널리 인식되고 있다시피 국교회의 독특한 정체성은 엘리자베스 1세의 "종교 법령"을 통해 확립되었다. 39개조는 처음부터 여러 신경의 하위 개념이었다. 실제로 이 문건은 성공회의 특성을 밝힌 것이지 기독교 전체를 규명한 게 아니다.

성공회 일각에서 39개조가 천주교와 개신교 사이의 "중도"를 열었다고 보는 시각이 있지만, 더 정확한 역사적 평가는 다음과 같다. 실제로 39개조를 통해 열린 성공회라는 중도는 1560년대에 교리와 실천으로 영향을 떨치던 두 부류의 개신교, 즉 루터교와 개혁교단 사이의 어간에 놓여 있다.[14] 39개조 자체는 비교적 짧지만, 모호하거나 생략된 부분은 분명히 *Book of Homilies*(설교집)라는 신학적 규범을 통해 해결되도록 되어 있었다. 에드워드 6세 치하인 1547년에 토머스 크랜머가 "공인된" 설교만 모아서 발행한 그 책을 39개조는 명시적으로 참조하고 지지한다. 1571년에 존 주얼 주교 등이 펴낸 설교집 제2권에 대해서도 마찬가지다.

활동 이력의 이 단계에서 패커는 39개조의 중요한 기능을 두 가지로 보았다. 첫째로, 원조 성공회의 기본 주제들에 대한 길잡이 역할을 한다. 둘째로, 1960년대 영국 국교회 내에 물밀듯이 밀려들던 자유주의를 막아 주는 요긴한 보루 역할을 한다. 패커는 39개조를 이렇게 보았다.

> 그리스도 신앙과 관련된 특정한 사안들을 성경에 나와 있는 대로 보게 해 주는 유서 깊은 기준이다. 수백 년 전 국교회의 공동 결정으로 처음 작성되었고, 이후 우리 시대에까지 이를 받아들인 모든 세대가 검증하고 증언함으로써 이미 정립된 상태로 우리에게 권유된다.[15]

패커의 전반적 논지는 두 가지 기본 주장으로 이루어진다. 첫째로, 39개조에는 성공회의 역사적 신학 유산이 구현되어 있으므로 현대 성공회의 정체성과 신학을 논할 때는 언제나 이것을 아주 진지하게 대해야 한다. 둘째로, 39

개조를 마음에 새긴 복음주의 성공회 신자들은—이 역사적 신앙 고백을 1960년대의 '시대정신'에 더 어울리는 뭔가로 대체하려는 이들과는 달리—성공회의 진면목을 보여 주는 것이다.

성공회 내에 되살아나는 복음주의에 신학적 기초와 방향을 제시하면서 패커는 이렇듯 39개조의 가치를 강조했다. 그 당시에 가장 널리 읽히던 복음주의 성공회 간행물은 〈Church of England Newspaper〉(국교회 신문)였다. 그래서 그는 39개조의 한결같은 중요성에 대한 자신의 견해를 여섯 편의 알찬 글에 담아 1960년 10월과 11월에 그 신문에 연재했고, 독자들의 긍정적인 반응에 힘입어 이듬해에 그것을 소책자로 펴냈다.[16] 패커에 따르면 39개조는 "종교개혁을 통해 더 이해가 깊어진 성경적 신앙을 고백하고 수호하고 구별하려 했고" 이로써 "성경적 복음과 성경적 기독교"의 비전을 확실히 제시했다. 성공회 내에서 복음주의가 장기간에 걸쳐 서서히 통합을 이루어 가던 그 시기에 패커는 종교개혁에서 태동한 성공회의 기본 비전에 복음주의가 계속 충실해야 한다고 역설했다.

패커만 그랬던 게 아니라 그 시기를 전후하여 성공회 내의 많은 복음주의자도 인식을 같이했다. 그들이 보기에 39개조는 국교회의 뿌리를 성경에 두게 해 주었고, 그리하여 "교회의 권위는 성경 없이 존립할 수 없고 성경과 떼어 놓을 수 없다. 성경 본문을 배제한 채 본문 내용과 무관한 주석을 쓸 수는 없다"는 것을 보여 주었다.[17] 그런데 1960년대 성공회의 많은 성직자가 튜더 왕조 시대(1485~1603년-역주)에서 기원한 이 신앙 고백을 한물간 짐으로 여겼다. 개개인의 현재의 체험을 중시하는 현대 사상계를 상대하기에는 그것으로 역부족이라는 것이었다. 이에 복음주의자들은 자유주의 신학의 침투 위협을 막아낼 최전선이 곧 성공회의 정수를 규정한 39개조의 중요성을 재천명하는 것임을 깨달았다.[18]

다만 그것은 전략까지는 못 되고 전술에 그쳤다. 정말 필요한 것은 성공회 자유주의의 역사적 자격에 대한 비판이 아니라, 1960년대의 급변하는 문화에 휘말린 이들에게 지성과 도덕과 상상력을 아우르는 정통 기독교의 매력을 설득력 있게 예증하는 것이었다. 1954년에는 빌리 그레이엄의 말이 설득력 있게 먹혀들었을지 모르지만 그 뒤로 영국 문화는 변했다. 달라진 문화 정황에 대응하려면 새로운 전략이 요구되었다. 1950년대와 1960년대 초에 여러 선도적인 복음주의 교회에서 그런 전략을 개발하여, 변증과 전도를 시대의 문화적 변화에 맞추려는 국지적 실험을 선보였다. 존 스토트가 런던 랭엄 플레이스의 올 소울즈 교회에서 감행한 실험이 좋은 예다.[19]

라티머 하우스는 이런 고민의 과정에서 중대한 역할을 했고, 시대의 도전과 기회에 대한 많은 간행물로 국지적 시도를 보완했다. 1966년 6월 25일 이사회 회의에서 패커는 네 편의 논문을 펴낼 계획을 추가로 발표했다. "British Theology in the Twentieth Century"(20세기 영국 신학)와 "Theology of the Thirty-Nine Articles"(39개조의 신학) 두 편은 자신이 직접 쓰고, "Principles of Prayer Book Revision"(기도서 개정 원리)과 "Christian Initiation"(기독교 입교 의식) 두 편은 라티머 하우스의 사서 로저 벡위스가 쓰기로 했다. 패커는 대주교의 교리 위원회(당시 위원장은 이언 램지 주교였다), 신앙과 직제 자문단, 성공회와 타 교단(장로교와 감리교가 가장 두드러졌다) 사이의 대화 그룹 등 다양한 공식 교회 단체의 임원이다 보니 여기저기서 그를 찾는 일이 점점 많아졌다.

라티머 하우스의 살인적인 일정 때문에 두 직원은 눈코 뜰 새 없이 바빴다. 특히 패커는 끊임없는 요청에 따라 각종 신학 집회에서 강연하고, 신학과 교회 정치 문제로 "교구 복음주의 연합"에서 연설하고, 여러 후원 교회에서 설교했다. 라티머 하우스가 후원자들의 헌금에 크게 의존하고 있는 만큼, 그들에게 기부금의 성과를 알리는 것도 패커가 해야 할 일이었다.

당시에 패커의 업무량이 막대하다 보니 우선순위 문제로 그와 라티머 하우스 이사회 사이에 약간의 이견이 발생했다. 패커는 해외 강연 요청을 수락해야 할까? 예컨대 1965년에 패서디나의 풀러 신학대학원에서 그를 큰 행사에 초청했다. 패커는 이런 교류가 라티머 하우스의 국제적 위상을 높여 주고 자신의 경험을 넓혀 주리라고 보았으나, 이사회는 그런 해외 활동이 국내와 교단 차원에서 성공회 내의 논의 방향에 영향을 미치려는 라티머 하우스 고유의 목표에 썩 부합하지 않는다고 보았다. 결국 패서디나에는 패커의 참석이 허락되었다. 실제로 이 초청을 통해 분명해졌듯이 패커는 복음주의를 대변하는 국제적인 목소리가 되어 간 반면 라티머 하우스는 영국의 정황에 기초하여 현지의 의제에 더 집중했다.

그러나 패커가 할 일은 영국에도 많았다. 성공회 내에 쌓여 가고 있던 복음주의의 힘과 경륜은 성공회와 감리교를 합병하려는 움직임을 둘러싼 논쟁에서 특히 빛을 발했다. 패커와 라티머 하우스가 앞장서서 지적했듯이 1960년대의 이 통합 논의는 신학 문제를 거의 도외시한 채 진행되었다. 당시의 에큐메니컬 운동은 "교리는 분열을 낳지만 사역은 연합을 이룬다"라는 세계교회협의회(WCC)의 구호를 다소 무비판적으로 받아들였다. 복음주의자들은 이렇게 교리 문제를 일부러 외면하는 게 전혀 바람직하지 못하다며 교리 차이를 솔직담백하게 직시할 필요가 있다고 주장했다. 패커 측은 감리교가 자유주의 신학의 깊은 영향을 받았다고 보았고, 따라서 체질을 개선한 성공회 내에 자유주의가 다시 우세해지기를 바라지 않았다. 패커가 보기에 두 교단이 통합된다면 복음주의는 주변으로 밀려나거나 억압된 채 초교파 자유주의 교단만 생겨나는 꼴이었다.

패커는 두 권의 평론집을 엮어 이 계획을 조직적으로 반박했다. 통합 움직임에 대한 복음주의의 논박을 정립하고 굳혀 준 *The Church of England and the Methodist Church*(1963년, 성공회와 감리교)와 *All in Each Place: Towards Reunion in England*(1965년, 각자 제자리에: 잉글랜드 내의 재결합에 대하여)가 그것이다. 1968년 5월에는 콜린 O. 뷰캐넌, 저비스 E. 더필드와 공동으로 *Fellowship in the Gospel*(복음 안의 교제)을 편집했다. 이는 *Anglican-Methodist Unity*(성공회와 감리교의 연합)와 *Intercommunion Today*(오늘의 초교파 성찬)라는 성공회의 주요 보고서 두 편을 복음주의 관점에서 심도 깊게 비판하고 분석한 책이다.

결국 통합안은 무산되었다. 신학적인 깊이가 없고 기관 차원에서도 미숙하여, 반드시 풀어야 할 근본 문제들을 풀지 못한 결과였다. 해당 논쟁에 대한 최근의 한 연구에 밝혀져 있듯이 패커는 보수 복음주의의 "**실질적인** 최고 신학자"로 부상했다.[20] 그는 기성 자유주의가 방관하려 한 정당한 신학적 우려를 제기했다. 1969년 7월에 성공회 의회(총회의 전신)는 두 교파의 통합에 관한 안건을 부결 처리했다. 1990년대 이후에 이런저런 사역(예컨대 교회 내 여성 사역)의 문제로 성공회가 몇 차례 크게 분열되었으니, 지금은 "교리는 분열을 낳지만 사역은 연합을 이룬다"라는 WCC의 너무 단순한 구호에 동의할 사람이 거의 없을 것이다. 1960년대의 사회 정황에서는 혹시 그게 통했을지 몰라도 그런 문화 세계는 사라진 지 오래다.

그런데 머잖아 성공회 복음주의에 새로운 논란이 불거졌다. 이때도 패커와 라티머 하우스는 1960년대 말의 성공회 복음주의를 재평가하는 데 선도적이다 못해 결정적인 역할을 했다. 이 활동은 특히 1967년에 킬 대학교에서 개최된 전국 복음주의 성공회 대회를 통해 이루어졌다. 지금부터 이 대회가 소집된 경위, 패커의 중심적 역할, 복음주의의 미래에 미친 영향 등을 살펴보려 한다.

1966년의 위기: 영국 복음주의를 재정의하다

1950년대에 패커와 런던 웨스트민스터 교회의 마틴 로

이즈-존스 박사 사이에 이루어진 전략적 제휴에 대해서는 앞서 본 바와 같다. 그 결과로 생겨난 청교도 학술대회는 성공회와 복음주의 독립 교단의 많은 복음주의자에게 지대한 영향을 미쳤다. 거듭된 이 학술대회 덕분에 그들은 청교도의 신학적, 목회적 지혜의 보화를 발굴했을 뿐 아니라 연대를 이루어 전후(戰後) 시대의 다양한 사안을 신중히 고찰할 수 있었다.

그러나 많은 이슈와 특히 교회론 관련 문제로 두 단체 사이에 긴장이 있었다. 그때까지 양측의 복음주의자들은 사실상의 신학적 외교를 통해 어떻게든 초교파적으로 서로 협력했다. 교회 정책의 문제, 참 교회의 본질에 대한 기본 교리 등을 논하는 데 청교도 신앙이 중재자 역할을 한 셈이다. 그런데 1960년대 초에 어느 한 특정한 문제만은 그런 식으로 해결될 수 없음이 분명해졌다. 정통 교리를 중시하는 복음주의자는 정통을 공공연히 저버리는 교단을 탈퇴해야 하는가, 아니면 안에서 개혁에 힘써야 하는가? 1920년대의 근본주의 논란 때도 이것이 성공회 복음주의 내에서 큰 문제가 되었지만, 그때만 해도 영국에서는 그 파장이 미미했다. 그런데 이번 1966년에는 결코 무시할 수 없는 수준으로 그것이 다시 표면에 떠올랐다.

영국 복음주의의 가장 연장자이자 영향력 있는 인물

중 하나였던 로이드-존스는 WCC의 자유주의 신학에 대한 우려가 점점 깊어졌다. 1965년에 그는 복음주의자가 WCC에 소속된 교단에 적을 두어서는 안 된다고 확신했다. 그에 따르면 그런 교단에 속한 복음주의자는 기독교 신앙의 핵심 요소들을 대놓고 부인하거나 반박하는 교단 내의 다른 사람들에게 "오염될" 수밖에 없다. 교리적으로 혼합된 교단—예컨대 성공회—에 남아 있는 복음주의자는 "연좌죄"가 있다. 교단 내 자유주의자와의 연을 이어 가는 게 곧 복음주의 교리를 타협하는 것과 마찬가지기 때문이다.

1965년 6월에 로이드-존스는 웨스트민스터 교회에서 정기적으로 모이던 초교파 사역자 친목회인 웨스트민스터 펠로십에서 연설할 때, 성공회 등 여타 교단에 속해 있으면서 정통 신학을 견지한 사람들은 각자의 "오염된" 교단을 탈퇴해야 한다고 공언했다.[21] 복음주의자들은 자신들이 "다양한 소속 교단에 침투하여 그곳을 변화시킬" 수 있다고 믿을 게 아니라 주류 교단 바깥에서 단결해야 한다는 것이었다. 같은 해 12월에 청교도 학술대회에서도 그는 이 주제로 돌아가, 여태 교단을 안에서 개혁하려던 시도들은 신약의 교회론을 진지하게 대하지 않고 원칙보다 편의를 앞세운 것이라고 말했다. 그의 유일한 해법은 교리적으로 "순수한" 교단에 들어가는 것이었다.

분명히 로이드-존스와 패커를 양편으로 갈라놓을 만한 심각한 분열이 눈앞에 다가와 있었다. 이를 내다본 로이드-존스는 복음주의자들이 계속 성공회에 남아 관여해야 한다는 패커의 찬성론을 들어 보자며 1966년 3월의 웨스트민스터 펠로십 모임에 그를 초대했다. 그런데 실제 모임에서 예상대로 로이드-존스와의 공방이 벌어졌을 때, 중심에 서서 그를 비판한 사람은 패커가 아니라 존 스토트였다.

그해 10월 18일에는 웨스트민스터의 센트럴 홀에서 아주 다양한 배경의 복음주의자들이 전국 복음주의자 회의로 모였다. 로이드-존스가 개회 연설을 했는데, 많은 사람이 그의 다소 공격적인 어조에 놀랐다. 그는 복음주의자들이 성경적 교회론을 수호하지 않는다고 주장했다. "에큐메니컬 진영은 교리보다 교제를 앞세우지만 복음주의인 우리는 교제보다 교리를 앞세웁니다." 그에 따르면 자유주의 신학으로 "오염된" 교단에 한사코 남으려는 정통 기독교 신자는 오히려 교회를 분열시키는 죄를 짓는 것이었다. 개회식 진행을 맡은 존 스토트는 이 대목에서 자신의 개입이 필요하다고 보고, 복음주의자들이 마땅히 있어야 할 제자리는 주류 교단 **안이며** 거기서 교단을 쇄신할 수 있다고 발언했다.

로이드-존스의 말이 정확히 무슨 뜻이었으며 스토트가 그런 식으로 개입한 게 적절했는지에 대해서는 지금도 논란이 있다. 그러나 그 행사와 거기에 함축된 의미에 대한 세간의 인식은 이 사건을 전한 종교 언론을 통해 결정된 것 같다. Baptist Times(침례교 타임스)는 로이드-존스가 "복음주의자들에게 교단 탈퇴를 권장하는 듯 보였다"라고 보도했고, The Christian(더 크리스천)은 "복음주의자여, 교단을 떠나라"라는 대문짝만 한 헤드라인 밑에 그의 연설을 요약했다. 복음주의자가 성공회 등 영국의 주류 교단에 남아 있는 것이 논리적으로 정당한 일일까? 이 특정한 문제를 두고 이제 영국 복음주의 안에 일대 분열의 서막이 올랐다.

분열의 불똥은 웨스트민스터 펠로십에까지 튀었다. 1966년 11월 28일의 차기 모임에서 분명해졌듯이 참석자들 사이에 교단 탈퇴 문제에 대한 의견이 분분했다. 로이드-존스는 이 모임의 소임이 끝났다고 보고 해체를 선언했다.[22] 나중에 이 모임이 재개될 때는 주류 교단을 안에서 개혁할 수 있다고 믿는 사람은 가입할 수 없다는 조건이 제시되었다.[23] 원래 교회론은 복음주의자들의 이견이 늘 용인되던 분야였는데, 갑자기 영국 복음주의에 분열과 대립을 낳는 골칫거리로 변한 것이다.

로이드-존스는 "우리가 믿는 교회는 속지주의(소속 지역이나 교단)인가 아니면 속인주의(신자 공동체)인가? 내게는 이것이 근본적인 문제다"라며, 이로 인해 "위기"가 닥칠 수밖에 없다고 보았다. 하지만 사실 이것은 불필요한 위기였다. 16세기 종교개혁 때 바로 이 문제에 대한 논쟁이 있었다. 그때 루터와 칼뱅은 지역 모델을, 재세례파는 신자 공동체 모델을 택했다. 잘 알려져 있다시피 신약을 숙독하거나 역사신학을 공부해도 이 문제에 대한 확답은 나오지 않는다. 그래서 대다수 복음주의자는 이것이 개교회에는 중요하지만 결국은 부차적인 논란이라고 결론지었다. 그런데 새삼스럽게 그것이 복음주의 정체성의 핵심인 복음의 문제로 제시된 것이다.

로이드-존스가 제시한 교회관이 "신자 공동체"라면 패커와 스토트는 "교회 내의 작은 교회들"로 자처하는 복음주의자들의 입장을 옹호했다. 다시 말해서 교회는 국교 안에 심겨진 개혁 단체라는 것이다. 로이드-존스와 그의 동료들은 "순수한 몸"이라는 교회론을 주창했다. 복음주의 신앙이 명확한 사람에게만 입교가 허용되어야 한다는 뜻이다. 패커는 자신의 신앙이 마르틴 루터와 장 칼뱅을 비롯한 개신교 주류 개혁가들의 신앙과 같다고 고백했다.

그는 교회의 본질에 대한 자신의 견해를 이후 10년에

걸쳐 더 발전시키고 변호했다. 라티머 하우스에서 펴낸 두 권의 소책자에 그의 접근 방식이 아주 소상히 진술되어 있다. 이 두 책에서 그는 성공회 등 교리적으로 혼합된 교단에 속해 있는 복음주의자들의 당면 고충에 주목했다.[24] 그가 반박한 주장은 주로 로이드-존스 진영에서 파생한 것들이다. 특히 그는 복음주의자들이 그런 혼합된 교단을 탈퇴하여 "순수한" 교단을 결성해야 한다는 주장을 논박했다.

> 어떤 이들은 "교리적으로 혼합된" 교단에 속해 있는 복음주의자들에게 거기서 나와 더 엄격한—비평과 자유주의를 배제하는 성경관을 철저히 옹호하고, 회의론적인 수정주의 신학을 금하는—교단에 들어갈 것을 촉구한다. 그러지 않는 사람은 부도덕하고 미련하다는 것이다. 이 논리에 따르면 그것이 부도덕한 이유는 이단을 용납하는 교단에 남아 있는 게 그들과의 교류를 통해 사실상 이단에 동참하는 죄이기 때문이고, 미련한 이유는 자유주의자들이 거기 있는 한에는 당신이 부패를 일소할 가망이 요원하기 때문이다. 그래서 양심적인 사람이 갈 길은 탈퇴뿐이라는 것이다.[25]

이에 맞서 패커가 지적한 역사적 사실이 있다. 모든 주류 교단은 (기독교의 여러 신경과 고백 문서에 담겨 있는) 일련의 교리 위에 세워졌고 따라서 정통 신학에 헌신되어 있다. 어떤 사람이 거기서 벗어난다 하자. 이때 교단 내의 복음주의자들은 그를 충실한 신앙으로 도로 부를 의무가 있다. 이런 식으로 저항하는 그들을 "연좌제"로 묶을 수는 없다. "연좌제"라는 개념은 패커가 보기에 "터무니없는 것인데도 불행히도 지난 20년 동안 버젓이 활보했다."[26] 자유주의로 흐르는 추세에 저항하지 않는다면 교단 전체가 이단으로 변질될 것이다. 복음주의자들이 주류 교단에 최대한 오래 남아 있지 않고서야 누가 거기에 저항하며 논박할 것인가?

아울러 패커는 자기네 회중 내지 교단이 신학적으로 옳다고 주장하는 이들도 비판했다. 그가 지적했듯이 복음주의 독립교회 연맹처럼 교리적으로 "순수한" 작은 단체는 "교리의 순수성을 사느라 신학의 정체(停滯)를 대가로 치를" 수 있으며 "주변 사회와 괴리된 채 문화적으로 침체된다." 이 요점의 배후에는 다음과 같은 패커의 소신이 깔려 있다. 효과적으로 전도하려면 문화 참여가 매우 중요한데, 전도 대상인 사회와 완전히 담을 쌓아서는 문화 참여에 도움이 되지 않는다는 것이다.

교회의 본질에 대한 심각한 이견의 결과로 로이드-존스

와 패커의 오랜 우정은 아직 회복 불능으로 깨지지는 않았어도 이제 상당히 틀어졌다. 양쪽 다 공식 성명을 통해 이 문제에 대한 상반된 입장을 밝혔고, 로이드-존스는 이를 복음주의의 결정적인 중대사로 삼았다. 패커는 성공회 내의 복음주의자들이 자유로이 "양면 정책의 역사를 이어받아 한편으로 타 교단의 복음주의자들과 교제하면서 동시에 각자의 교단에 온전히 몸담아야" 한다고 보았다. 그러면서 조지 윗필드, 찰스 시미언, J. C. 라일 같은 작가들의 말로 자신의 입장을 뒷받침했다.

전국 복음주의 성공회 대회(1967년)

당연히 복음주의 성공회는 이런 변화에 비추어 자체적 입장을 정리할 필요가 있었다. 마침 전국 복음주의 성공회 대회(NEAC)가 계획되어 있었는데, 이제 여기에 시급성이 더해지고 논의의 초점도 잡혔다. 대회는 1967년 4월에 킬 대학교에서 열릴 예정이었다. 이번에도 라티머 하우스는 행사의 자원을 공급하기에 더없는 적임자임이 분명했다. 그래서 조직과 신학의 중심지가 되어 일련의 모임을 주최했고, 이를 토대로 킬의 의제를 설명하고 변호한 *Guidelines*(지침서)라는 평론집을 제작했다. 이 책자에 보면 성공회의 복음주의자들이 어떻게 두 부류의 반대자에 맞서 자신들의 성공회 내 잔류를 밀고 나갈 수 있는지가 나와 있다. 그들은 우선 그들을 교적에서 제외시키려는 성공회 내 자유주의자들에게 맞서야 했고, 또 애초에 그들이 성공회에 들어가지 말았어야 한다고 주장하는 로이드-존스 계열의 일부 독립 교단 복음주의자들에게 맞서야 했다. 훗날 패커는 "킬은 라티머 하우스의 산물이었다"라고 회고했다.

1967년의 그 대회 이전에도 성공회의 소장파 복음주의 성직자들은 분명히 라티머 하우스를 신학의 핵심 자원으로 보았다. 1966년 2월 28일부터 3월 2일까지 스완윅에서 "미래를 향하여"라는 주제로 열린 집회에 그런 성직자 2백 명이 몰렸다. 장차 성공회에 닥쳐올 사안들에 계속 대처할 수 있으려면 라티머 하우스의 재정이 대폭 늘어야 한다는 반증이었다. 어쩌면 가장 중요하게 이 집회 측은 그런 사안에 집중할 연구회를 조직해 줄 것을 라티머 하우스에 요청했다.[27] 1967년 1월까지 패커와 벡위스는 13개의 연구회를 편성했다. "연구회 서기"로 선임된 필립 A. 크로우가 이 새로운 사역의 조정과 행정과 개발을 맡았다. 그해 11월에는 NEAC의 여파로 연구회 숫자가 14개로 늘었고, 실제로 활동 중인 회원만 142명에 달했다.[28]

NEAC는 1967년 4월 초에 잉글랜드 북서부의 킬 대학교에서 열렸다. 사흘간 1천 명—성직자 519명과 평신도 481명—이 모여 아홉 편의 논문을 읽고 열띠게 토론하며 성공회 내 복음주의의 나아갈 길을 모색했다. 논문 중에는 패커의 이전 동료인 윌리엄 리덤의 "지역 교회의 쇄신"에 대한 뜻깊은 고찰도 있었고, 신학적 신조주의에 대한 패커 자신의 견해도 있었다. 참석자들도 공감했듯이 이 대회의 목적은 그저 "옛날이 좋았다는 식으로 복음주의의 낡은 구호를 외치는" 게 아니라 "여러 현안과 씨름하며 진지하고 새롭게 사고하는" 데 있었다. 자극을 주고 연합할 목적으로 기획된 아홉 번의 강연은 소기의 목표를 달성한 것 같았다. 패커가 보기에 이 대회는 지적으로나 영적으로나 복음주의자들을 한층 더 단합시켜 주었고, 보수 복음주의의 생명력과 활력과 지적인 역량을 보여 주었다.

이 대회가 성공회 복음주의 역사에 큰 획을 그은 것은 맞지만, 그 유산의 성격에 대해서는 지금도 이견이 있다. 복음주의와 성공회의 활발한 교류가 권장된 것까지는 좋았으나, 성공회라는 기관에 대한 충절과 복음에 대한 근원적 충절 사이에 불편한 긴장을 유발하기도 했던 것이다.[29] 이런 긴장의 장기적 여파가 1967년 당시에는 간과되었겠지만, 이후로 그것이 영국만 아니라 외국의 성공회에도 적잖은 균열을 불러왔다. 2002년에 패커도 젠더 관련의 정강 문제로 캐나다 성공회를 탈퇴했는데, 킬의 어느 누구도 이를 예견할 수는 없었을 것이다.

그렇다면 패커 자신은 어땠을까? 일각에서는 그가 "킬의 승리"(이 부적절한 피상적 문구가 당시에 널리 쓰였다)를 만끽하려니 생각했다. 거기서 라티머 하우스와 패커가 각각 복음주의 성공회의 "싱크 탱크"와 최고의 신학자로 인정받았으니 말이다. 그러나 그는 라티머 하우스의 역할이 변하고 있음을 깨달았다. 훗날 그가 회고했듯이 1968년의 그곳은 전국 각지의 많은 복음주의 학자와 작가와 활동가를 서로 맺어 주는 네트워킹 시설로 바뀌는 중이었다.[30] 이 또한 필요한 일임을 패커도 인정했지만 그의 개인적인 목표는 따로 있었다. 예컨대 교회의 삶과 사역에 신학이 어떻게 중요한지를 탐색하고, 자원을 개발하여 신학을 전도와 목회에 비판적이면서도 건설적으로 적용하도록 교회를 지원하는 일이었다. 점차 그는 지금이 다른 데로 옮겨 갈 적기라는 생각이 들었다.

새로운 진로의 모색

패커에게 가능한 진로는 무엇일까? 브리스톨 틴데일 홀의 콜린 브라운 교수는 패커가 옥스퍼드 대학교 신학부의 레이디 마거릿 교수직 같은 영국 학계의 요직에 지원해야 한다고 보았다. 마침 그 자리는 교부학자 프랭크 레슬리 크로스가 작고하면서 1968년 공석이 되었다. 그러나 패커가 보기에 이런 순수 학문의 자리는 자신의 소명에 맞지 않았다. "이것만은 확실히 알거니와 저는 옥스퍼드나 케임브리지 교수로서 학문을 발전시키도록 부름받은 게 아니라 사역자를 양성하고 양심을 깨우도록 부름받았습니다."[31]

패커는 북미의 유수한 신학대학원으로 갈 수도 있었다. 국제적으로 명성이 더해 가던 그는 필라델피아의 웨스트민스터 신학대학원이나 일리노이 주 디어필드의 트리니티 복음주의 신학대학원 같은 보수 복음주의 기관에서 욕심낼 만한 인물이었다. 실제로 1968년 잉글랜드에 그런 소문이 돌았다. 탁월한 복음주의 신약학자이자 라티머 하우스 이사회의 서기이던 존 웨넘은 신망이 두텁고 영향력이 큰 패커의 도미 가능성에 우려를 표했다.[32] 영국 복음주의가 그를 잃어서는 안 된다는 것이었다.

웨넘의 말대로 패커는 그 길로 갈 가능성도 있었다. 웨스트민스터의 객원 교수로 1966년의 한때를 지냈고 시카고 시역의 다른 신학대학원들에 출강한 적도 있던 그는 미국 신학대학원에서는 총장보다 교수진의 분위기가 학풍을 결정하는 것 같다고 호평한 바 있다.[33] 거기서는 모든 교수가 자기 분야의 전문가로서 대등한 대우를 받았다. 반면에 패커가 지적했듯이 영국의 신학대학원에 해당하는 신학대학은 교구 사제와 부제들(교회 모델) 또는 교장과 교사들(학교 모델)의 모델을 본떠 학장과 소수의 교직원으로 구성되어 있었다. 패커는 이런 모델이 구식이라고 주장했다.

대신 패커는 신학대학 학장이 "대학교의 교수회장이나 전문인 팀 사역의 리더"처럼 "대등한 입장"에서 교직원을 대해야 한다고 제안했다. 특히 그는 교수진도 대학 운영기구에 직접 대표를 보내 학사 운영에 참여해야 함을 강조했다. 그렇지 않으면 운영진과 교직원 사이에 마찰이 생길 수밖에 없다.

가끔씩 북미에서 가르치거나 강연할 마음은 있었지만, 어쨌든 패커는 자신이 영국의 정황에서 섬기도록 부름받았다고 믿었다. 그래서 북미의 신학대학원으로 가지 않고 국내 신학대학의 요직에서 그곳의 체질을 미국식으로 개선해 보고 싶었다. 1968년 6월에 그는 런던 대학교 신학부의 차기 학장직에 지원할 의사를 라티머 하우스 이사회에 알렸다. 이미 발표된 대로 성공회의 이 복음주의 신학대학은 1970년 여름에 이스트 미드랜즈의 노팅엄으로 이전할 계획이었다. 이에 운영진은 대학의 새 시대를 이끌어 갈 활동적이고 선견지명이 있는 학장을 물색했다. 패커는 대학 측에서 찾는 리더십을 자신이 발휘할 수 있다고 보았다.

그러나 결국 운영진은 떠오르는 스타 마이클 그린을 학장으로 선출했다. 그 대학의 현직 교수이던 그린은 킬 대학교에서 열린 NEAC의 최연소 공식 강사였고 이미 훌륭한 지도자의 자질도 인정받았다.[34] 그린은 즉시 패커를 그 대학의 신설직인 연구처장으로 초빙했고, 패커도 처음에는 수락했으나 더 생각해 본 후 아무래도 맞지 않는 것 같아 수락을 철회했다.[35] 1969년 7월의 라티머 하우스 이사회 모임에서 패커는 자신의 불확실한 미래를 털어놓으면서, 새로 옮겨 갈 만한 자리가 당장 없더라도 1970년 내로 라티머 하우스를 떠나야 한다는 입장을 피력했다. 이사회는 늘 패커를 지지했지만 이렇게 되자 당연히 후임자 물색에 나섰다.[36]

그런데 뜻밖의 일들이 계기가 되어 결국 패커는 틴데일 홀의 학장이 된다. 그곳은 1954년부터 1961년까지 그가 아주 탁월하게 가르쳤던 브리스톨의 신학대학이다. 처음에 학장이 될 때만 해도 조짐이 좋았다. 그러나 그때는 몰랐지만, 의외로 이 사역 기간은 결국 그의 평생에 가장 스트레스가 심한 시기 중 하나가 되었다.

1968년부터 1971년 사이에 브리스톨에서 무슨 일이 있었으며 그것은 패커의 사역 방향에 어떤 영향을 미쳤을까? 그 이야기는 잠시 후에 살펴보기로 하고 우선 짚고 넘어가야 할 주제가 있다. 패커의 평생 사역에 중요했으며 틴데일 홀 학장으로 지명되는 데 긴요하게 작용한 그 주제는 바로 교회의 삶에서 신학이 차지하는 역할이다.

8

신학
그리고
교회의 삶

패커는 교회의 삶에 신학이 중요함을 한결같이 강조했는데, 이는 일차대전 이후로 영국 신학 교육에서 우세를 점한 실용 위주의 교육법과 대비된다. 교회 사역자가 되려는 이들이 신학대학에 배우러 가면, 대개 그들에게 목회의 기본을 가르친 성직자들은 사역하다 말고 몇 년간 신학대학에서 전임으로 강의하거나 아니면 매주 몇 시간씩 신학생을 만나 설교나 사역의 방법론을 전수했다. 이는 사역자 양성의 전통적 모델로 과거에는 교회에 잘 통했다. 하지만 미래에도 계속 통할 것인가?

패커는 그렇지 않다고 보았다. 사역자 양성의 이 순전히 실용적인 모델에서는 일정한 기술(목양과 설교 등)과 지식(주로 그들이 사역할 성공회의 특수 문화)의 습득이 강조되었다. 그렇다고 이것이 성공회에 대한 비판은 아니다. 당시의 신학 교육에는 그런 모델이 보편적이었다. 그러나 패커는 좋은 신학에서 좋은 설교와 목회가 나오며, 따라서 기독교 사역은 신학이라는 기본 자원에 기초해야 한다고 확신했다. 신학과 신앙생활이 서로 협력해야 한다는 이런 관점을 패커는 청교도의 설교와 목회와 영성 훈련에서 접했다.

물론 잉글랜드를 벗어나면 신학과 사역의 통합의 중요성을 인식한 신학 교육 기관들이 있었다. 에든버러의 뉴 칼리지는 스코틀랜드 교회에서 가장 중요한 신학 교육 기관 중 하나였는데, 1952년부터 1979년까지 거기서 기독교 교리학을 가르친 토머스 F. 토랜스 교수도 사역에 신학이 중요함을 강조했다. 1940년부터 1950년까지 스코틀랜드 교회의 목회자로 사역하기도 했던 그는 그리스도인의 지성과 실제 사역이 통합되어야 한다는 데 천착했고, 그 작업에서 특히 칼 바르트의 신학이 그에게 도움이 되었다.[1] 미국의 큰 신학대학원 중에는 예컨대 프린스턴 신학대학원과 풀러 신학대학원처럼 실천 신학을 전공한 교수가 있는 곳도 많았다.

진정한 기독교 신학은 결코 그리스도인의 삶이나 교회와 동떨어진 추상적 지식 추구여서는 안 된다. 라티머 하우스 소장 시절에 패커는 "상아탑의 신학"을 (어쩌면 부당하게) 일축하며 자신은 그런 신학을 할 마음이 없다고 밝혔다. 그가 헌신한 신학은 교회의 목회와 설교와 영성 사역을 염두에 둔 신학이었다. 당시 세계의 유수한 신학 석학 중에 패커와 토랜스처럼 신학을 그리스도인의 삶과 통합하려 한 이들도 더러 있었다는 반론은 정당하다. 하지만 그래도 패커의 요점은 진지하게 받아들여져야 한다. 신학은 현실과 동떨어진 채 다른 신학자들에 대한 추상적 연구로 변하기가 너무 쉽다. 사실은 개인과 공동체의 신앙생활을 깨우치고 살찌우는 데 원칙적으로 힘껏 헌신해야 하는데 말이다.

패커의 일부 간행물은 지적으로 탁월하여 신학 지식의 넓이와 깊이를 보여 주며, 비판적 분석과 건설적 종합에 두루 능하다.[2] 그는 알찬 학술 논문을 얼마든지 써서 케임브리지, 시카고, 하버드, 옥스퍼드, 프린스턴, 예일 등 세계 유수한 대학 출판부의 간행 목록을 빛나게 할 수도 있었다. 그러나 일부러 그러지 않았다. 패커는 자신이 의도한 독자층이 누구인지 명확히 알았고, 50년간 그들과 어찌나 헌신적인 관계를 가꾸고 유지했던지 특히 개혁주의 관점에서 진정한 기독교 신앙을 알기 쉽게 탐색하려는 복음주의자들에게 "믿고 읽는" 신학자가 되었다. 책의 중점을 대개 독자 개개인의 신앙생활을 양육하는 데 두어서 특히 더했다. 패커가 거듭 강조한 교리교육과 영성의 중요성은 특히 미국 독자층의 깊은 공감을 자아냈다.

이탈리아의 정치 이론가 안토니오 그람시가 주창한 "유기적 지식인"의 개념이 여기서 도움이 된다.[3] 그가 말하는 사상가는 굳이 권위를 억지로 내세우지 않아도, 개인과 공동체의 필요와 상황에 맞게 접근하는 실력 때문에 추종자가 모여든다. 패커도 "유기적 신학자"라 할 수 있다. 그의 입지와 영향력은 일정 진영에서 그를 존경하는 데서 비롯된 자연스러운 결과다. 그 진영은 그가 자신들의 희망과 두려움과 필요를 진지하게 대한다는 것과 그런 주제를 능히 신빙성 있고 접근하기 쉽게 논한다는 것을 인식하고 있다. 그람시에 따르면 공동체는 학계의 인정과 무관하게 신임이 가는 지혜로운 개인에게서 권위를 구하고 찾아낸다. 패커는 기독교 전통에 충실하다는 이력이 검증되었고, 복음을 사랑했으며, 지식을 바탕으로 신앙을 생활화하고자 책임감 있게 노력했다. 이 모두를 그의 많은 독자가 분명히 인정하고 귀히 여겼다.

많은 사람이 논했듯이 19세기에만 해도 미국과 영국의 신학 교육은 신학과 영성과 사역의 상호 연관성이라는 기본 전제에 입각해 있었다.[4] 그런데 대체로 패커가 신학을 고찰한 때는 서구 문화의 더 후기라서 기독교 신학이 이미 "분화된" 후였다. 에드워드 팔리가 명저 《신학 교육의 개혁》(1983년)에 지적한 전후(戰後) 신학 교육의 여러 변화로 인해, "경건과 지성의 연합"을 신학의 결정적 특징으로 보던 관점은 사라졌다.[5] 팔리에 따르면 **신학**이란 단어는 본래의 의미를 잃었다. 그는 신학을 "자신을 계시해 주시는 하나님을 인격적으로 아는 지혜와 지식"으로 정의하면서,

이것이 "인간의 삶에 없어서는 안 될 지혜 내지 분별력"을 가져다 준다고 보았다. 한때 신학은 "단지 객관적 학문이 아니라 하나님과 그분의 일을 아는 인격적 지식"이었다. 팔리는 지금도 그럴 수 있고 그래야 한다고 보았다.

패커의 적잖은 간행물을 이런 쟁점, 특히 맞물려 있던 경건과 지성의 분리를 염두에 두고 읽으면 유익하다. 요즘식 표현으로 "마음의 제자도"와 "지성의 제자도"를 다시 합쳐야 한다는 팔리의 호소는 패커의 많은 저작에도 똑같이 논술된다. 특히 신학과 영성의 본질적 상호 연관성을 강조하는 글에 그렇다.[6] 그런데 패커는 이런 신학 개념을 위에 말한 분화에 대한 대응으로 정립한 게 아니다. 즉 그의 신학은 깨진 것을 다시 접합하려는 시도가 아니다. 처음부터 그는 이성과 체험, 이론과 실천의 근본적 통합을 지지하는 신학 개념에서 출발했다.

패커는 **하나님에 대하여 아는** 것으로는 결코 충분하지 않다고 역설한다. 참된 기독교 신학의 관건은 **하나님을 아는** 것이다. 관계 속에서 그분을 알아 가고 그분께 알려지는 변화의 과정이다. 그것이 그리스도인의 삶을 깨우쳐 주고 지탱시킨다. 그리스도인과 하나님의 만남은 변화를 낳는다. 칼뱅처럼 패커도 하나님을 안다는 것은 곧 그분을 통해 변화된다는 뜻이라고 지적했다. 하나님을 참으로 알면 그분을 예배할 수밖에 없다. 신자가 살아 계신 하나님을 만나 새롭게 변하기 때문이다. 그러므로 신학적 진리를 깨달았는지를 판가름하는 궁극의 기준은 머리로 이해했느냐가 아니라 체험하고 변화되었느냐는 것이다. 중요한 의미에서 우리는 신학을 통달하라고 부름받은 게 아니라 그대로 살라고 부름받았다. 그리스도인의 경건에 대한 패커의 지대한 관심을 이로써 더 잘 이해할 수 있다. 그것은 특히 성화 교리를 통해 표현되고 지속된다.[7]

  패커의 말대로 신학은 일단 지식으로 출발한다. 즉 우리에게 사안의 실체를 알려 준다. 또는 신학은 우리를 불러, 하나님이 역사와 성경 속에 자신을 계시해 주신 내용을 바탕으로 그분과 및 창조 질서를 생각하고 논하게 한다. 본래 조직신학의 주제는 하나님의 일과 길과 뜻에 대한 계시된 진리다. 그 진리를 우리는 성경 주해를 통해 찾아내서 "하나의 일관된 틀로 종합한다."[8] 신학은 성경의 모든 실가닥을 하나로 엮어 거시적인 현실관을 이끌어 낸다. 다시 말해서 신학은 하나님, 세상, 우리 자신을 성경에 근거하여 지적으로 일관성 있게 설명해 준다. 덕분에 우리는 하나님의 성품과 지혜, 우리의 참된 정체성과 타고난 역량과 궁극적 운명을 제대로 알 수 있다. 그래서 신학은 예배와 긴밀하게 얽혀 있다. 신학이 알려 주는 하나님의 실체에 우리가 경외심을 품고 기쁘고 겸손하게 반응하기 때문이다. "우리는 신학 공부를 경건 훈련으로 삼도록 부름받았다. 그것은 곧 신학이란 하나님이 가르치시고 하나님을 가르치며 하나님께로 우리를 인도한다는 아퀴나스의 명언을 체험으로 검증하는 것이다."[9]

내용이 우리 마음에 들든 그렇지 않든 신학은 하나님과 우리 자신에 대한 진리를 말해 준다. 그래서 우리는 인간의 본성과 역량에 대한 기독교 신앙의 도발적인 관점을 직시하고, 거기에 맞게 반응할 각오가 되어 있어야 한다. 패커는 이런 통찰이 우리에게 낙심은커녕 해방을 가져다 주며, 특히 "내재하는 죄" 문제를 다룰 때 그렇다고 보았다. 자신도 죄 문제로 불안하게 고민해 보았기에 그는 이 현상을 정확히 묘사했을 뿐 아니라 자신이 확실한 처방이라 여기는 해법도 제시했다. 그에 따르면 그리스도인은 "자신의 연약함에 좌절하며 긴장과 고통 속에 살아갈" 수밖에 없다. "죄에서 벗어나고 싶은데 자기 속에 악한 욕심이 자꾸 보이니" 낙심되는 것이다.[10] 그리스도인이 동경하는 것은 감질나게도 손닿지 않는 곳에 있는 것만 같다.

그렇다면 해법은 무엇일까? 이 질문에 답할 때면 패커는 자신이 옥스퍼드에서 기독교로 회심했던 젊은 날의 경험을 자주 예시했다. 그때 그는 여태 자신을 지배하던 죄가 "퇴위되긴 했지만 아직 망하지는 않았음"을 깨달았다.[11] 죄는 "항상 내 안에서 공격하여 제발 사라졌으면 싶은 악한 욕망을 들쑤셨고, 하나님과 경건을 사모하는 새로운 마음을 뒤틀어 놓았다." 은혜가 죄를 제압할 수는 있으나 완전히 없애지는 못한다. 우리는 마치 옷을 입듯 "그리스도를 입어야" 한다. 그러면 "그리스도께 접붙여짐으로써 완전한 인간이신 그분의 성향이 내면에 심겨지고," 그것이 우리 안에 "이전의 우리 모습으로는 설명될 수 없는 사고방식과 생활 방식"을 낳는다.[12] 우리는 깨어 있어 죄와 싸우도록 부름받았다. 물론 성화는 하나님 덕분에 가능하지만 우리 쪽에서도 믿음으로 굳세게 계속 씨름해야 한다. 하나님은 그리스도인의 노력을 통해 역사하여 변화를 이루시고 새롭게 하신다.[13]

여기서 이런 의문이 들 수 있다. 신학이 교회의 삶에는 어떤 영향을 미칠까? 패커는 신학이 개개인의 변화와 특히 경건에 도움을 준다는 점에 집중하는 편이다. 하지만 그의 교회 신학은 신앙생활의 공동체적 측면을 강조하여, 개인의 경건이 신앙 공동체 내에서 성장하고 풍성해짐을 분명히 한다. 그리스도인들은 "다분히 적대적인 환경 속에 놓인 작은 양떼"라 할 수 있으며, 종종 그런 적의와 고립에 맞서 씨름한다.[14] 그래서 패커는 "하나님의 가족끼리 서로 사랑하고 돌보아야" 함을 강조한다. "우리가 그 삶으로 부름받았고 그리스도께서 우리를 그렇게 살도록 무장시켜 주시기 때문이다."[15] 개인주의는 우리 성미에 맞을지는 몰라도 해로울 수 있다. 개인주의는 "동료들의 팀에 속하여 그룹의 합의에 따르지 않으려는 교만한 마음"의 표출일 때가 많다. 그래서 패커는 **개인주의**와 **개성**을 애써 구분한다. 그리스도인답게 살아가면 개성이 최대한 무르익지만, 개인주의는 죄다.

그렇다면 많은 그리스도인에게 잘 믿어지지 않는 교리들에 대해서는 어떨까? 삼위일체 교리가 좋은 예다. 많은 평범한 신자가 이를 지적으로 당혹스럽고 영적으로 부적절하다고 본다. 일부 신학자는 이 교리를 논리적으로 변호하려 하지만, 패커는 더 전통적인 복음주의의 접근을 선호하여 그것이 성경에서 기원했음을 재천명한다. 그가 《성경과 신학을 아는 지식》에 역설했듯이 "자신을 창조주로 계시하신 유일신"에 대한 성경의 증언은 곧 그 유일신이 신약에 "아버지와 아들과 성령이라는 세 인격적 주체"로 그려진다는 것이다.[16] 삼위일체 교리는 이 신비에 대한 교회의 적절한 반응이다. 이 신비를 설명하려는 게 아니라 지켜 수호하기 위한 것이다.

패커도 삼위일체 교리가 신약에 **명시적으로** 정리되어 있지 않음을 인정하지만, 그럼에도 이 기본 주제가 의심의 여지없이 신약에 나와 있음을 지적한다. "역사적 삼위일체론의 기술적 용어는 신약에 없지만 삼위일체 신앙과 사고는 신약 전체를 관통한다. 그런 의미에서 삼위일체는 성경적 교리로 인정되어야 한다." 분명히 패커의 이 말은 학자가 아닌 일반 독자를 대상으로 한 것이다. 이 교리의 실천적 함의에 대한 그의 결론을 보면 알 수 있다. "삼위일체 교리의 실제적 중요성은 서로 연합하여 은혜로 우리를 섬기시는 세 위격 모두를 우리가 똑같이 주목하고 똑같이 공경해야 한다는 것이다."

그러나 패커는 명확히 학문적인 정황에서는 이 교리를 더 미묘하고 정교하게 설명하면서, 이 주제에 대한 자신의 사고가 스코틀랜드의 신학자 제임스 오어와 비슷함을 부각시켰다.[17] 패커가 강조했듯이 교회의 삼위일체 교리는 본래 예수 그리스도의 신분과 의의에 대한 치열한 고찰에서 비롯되었다. 오어는 삼위일체의 진리가 "성육신 교리의 첫 번째 필연적 귀결"임을 깨달았고, 이로서 "기독교의 삼위일체론은 본질상 예수 그리스도를 인정하는 고백"이라는 인식을 보여 주었다. 패커도 오어가 변호한 삼위일체 신앙에 찬성하며 이렇게 인용했다.

> 삼위일체 교리는 단지 추론의 결과가 아니다. … 일부 저명한 작가의 주장처럼 그리스의 형이상학을 기독교 신학에 도입한 결과는 더더욱 아니다. 무엇보다도 이 교리는 기독교의 계시된 사실들에서 얻어지는 단순한 귀납 과정의 결과다.[18]

패커는 오어가 되찾은 삼위일체 교리가 이차대전 이후에 정통 기독교 신학을 통해 공고해졌다면서 특히 로버트 젠슨, 토머스 F. 토랜스, 콜린 건턴, 밀라드 에릭슨, 위르겐 몰트만, 볼프하르트 판넨베르크의 공헌을 지적했다. 그 결과 이제 "일관되고 철저한 삼위일체론"이 기독교의 진정한 전도와 양육과 목회의 기초가 된다는 "새로운 인식"이 생겨났으며, 이 모두는 "기도와 순결과 찬양의 삶으로 이어져 우리 영혼을 참으로 건강하게 한다."

결국 신학이 **무엇이어야** 하고 신학자가 **무엇을 해야** 하는가에 대한 패커의 관점은 늘 청교도 전통에 분명히 뿌리박혀 있다. 청교도 전통은 "실험 신학"을 인정하고 활용하여 영적 삶의 실체를 조명하고 다루었다. 패커의 신학 탐구가 청교도주의보다 훨씬 더 광범위하긴 하지만, 그는 늘 청교도 작가들을 교회에 헌신하여 신앙생활을 굳건하게 하는 신학자의 귀감으로 삼았다.

신학의 목적과 위상에 대한 패커의 비전은 교육 기관에도 시사하는 바가 있다. 신학을 연구할 올바른 장은 냉담하고 초연한 학계가 아니라 신앙 공동체라는 헌신된 세계다. 패커는 성공회 신학대학이 성경 연구와 신학과 목회와 경건의 근본적 상호 연관성을 인정하기를 바랐다. 그래야 미래의 성직자들이 무장되어 자신은 물론 자신의 목양에 맡겨진 이들의 영적 삶을 가꿀 수 있을 테니 말이다.

그런데 현실을 보면 1960년대 영국의 대다수 신학대학은 성경 연구와 신학과 목회와 경건을 각기 독립된 분야로 보았다. 안수 받을 정식 자격을 갖추도록 이를 전부 가르쳤을 뿐이지 큰 그림의 서로 맞물린 요소들로 간주하지는 않았다. 뒤에서 보겠지만 패커는 브리스톨의 틴데일 홀 학장이 되었을 때 신학의 통전성을 실행하려 애썼다. 어쩌면 더 중요하게 그를 밴쿠버의 리전트 칼리지로 이끈 요인 중 하나도 바로 그곳에 시행되고 있던 통합된 기독교 신학이었다.

이제 우리는 다시 이야기(내러티브)로 돌아간다. 패커는 새로운 지도자로 브리스톨에 돌아가 미래의 사역자들을 위한 신학 교육을 개혁하게 된다.

새 출발?

브리스톨의
트리니티 칼리지

패커가 브리스톨의 틴데일 홀에 학장으로 부임한다는 발표는 1969년 8월 4일에 나왔다. 복음주의 진영에서 두루 환영받은 잘된 인선이었고, 이로써 패커는 자신의 기량을 마음껏 펼칠 수 있게 되었다. 그러나 자신의 미래에 대한 패커의 낙관은 금세 증발해 버렸다. 1971년 초에 사역자 양성의 방향에 대한 성공회의 일련의 결정이 브리스톨—특히 틴데일 홀—의 신학 교육의 미래에 암운을 드리웠다. 이 힘든 시절이 패커에게 중요했던 만큼 브리스톨에서 전개된 일을 자세히 살펴볼 필요가 있다.

브리스톨의 긴장: 클리프턴 신학대학과 틴데일 홀

1969년 여름, 브리스톨에는 성공회 인가를 받은 두 곳의 복음주의 신학대학이 있었다. 클리프턴 신학대학과 틴데일 홀은 둘 다 바이블 처치맨스 선교회와 연관되어 있었는데, 본래 클리프턴이 1930년대 틴데일 지도부와 선교회의 심각한 불화에서 생겨난 탓에 두 대학의 관계는 껄끄러웠다. 그런데 분열의 기억이 역사 속으로 희미해지자 왜 브리스톨에 두 곳의 복음주의 신학대학이 지척에 나란히 있어야 하는가 하는 의문이 제기되었다. 당연히 합병하는 게 좋지 않겠는가? 그래서 양쪽 기관의 상급 임원 둘―틴데일의 존 웨넘과 클리프턴의 알렉 모티어―이 1960년부터 합병을 논의했다.

그러나 1965년 2월에 벌어진 사건 때문에 브리스톨의 두 신학대학의 재결합에 대한 희망은 깨끗이 무산되었다. 클리프턴 신학대학의 학장과 교수진 사이에 논쟁이 격해져, 5인의 교수 중 셋이 야밤에 대학 평의회에 소환되어 즉결 해임되었다. 얼마 후 다른 두 교수도 동정의 표시로 사임했다. 이 사건은 교내를 훌쩍 넘어 특히 틴데일 홀에 경악과 곤경을 떠안겼다. 틴데일의 교수진은 대부분 클리프턴의 동료들과 학문적으로나 개인적으로나 좋은 관계로 지내던 터라 그들의 해임에 충격을 받았다. 이에 틴데일의 콜린 브라운 교수는 클리프턴의 처사를 공개 비난하는 문서를 작성하여 성공회 신학 위원회에 제출했다. 클리프턴과 틴데일의 관계가 심히 악화될 것은 불을 보듯 뻔했다.

그런데 이 균열의 소식이 국교회의 고위층에까지는 들어가지 않았다. 1968년 2월에 성공회는 *Theological Colleges for Tomorrow*(내일의 신학대학)라는 제하의 보고서를 발간했다. 보고서의 가장 충격적인 권고 사항은 신학대학의 재학생 수가 최소 80명은 되어야 하고 120명이 최적이라는 것이었다. 이런 규모의 대학이 생겨나려면 기존의 학교들을 합병하는 수밖에 없었다. 보고서의 주요 작성자인 버나드 디 번슨 경은 클리프턴과 틴데일이 둘 다 브리스톨이라는 동일 지역에 있는 복음주의 신학대학이므로 합병이 당연하고 문제될 게 없다고 단정했던 모양이다.

1968년 6월 18일에 두 기관의 교수진이 공동 회의로 모여 합병 가능성을 논의했다. 거기서 양측의 긴장이 격해져 틴데일 측에서 협상 종료를 요구했다. 그런데 이사회에 해당하는 양측의 대학 평의회는 이 갈등을 일고에 치지 않고 그냥 합병을 진행하기로 했고, 이 결정이 1968년 10월에 양교의 학내 공동체에 발표되었다. 틴데일의 반응은 매우 부정적이었다. 1965년에 클리프턴의 교수 해임을 비난했다는 이유로 콜린 브라운을 새 대학의 교수로 임용하지 않는다는 조항이 합병 계획에 명시되어 있어서 특히 더했다.

그해 10월 18일에 양측의 대학 평의회는 두 대학을 새 학장 마이클 본의 지도하에 1970년 9월까지 합병한다는 "의향서"를 공동 발표했다. 이때까지만 해도 그들은 패커를 새 대학의 학장 후보로 고려하지 않았다. 새 대학의 임원 명단에 저명한 학자나 신학자가 없는 게 눈에 띄었으므로 틴데일 홀의 교수진과 학생들 모두 이에 대한 불만이

고조되었다.

    결국 합병을 막는 결정타는 틴데일 홀의 운영에 계속 관여하고 있던 바이블 처치맨스 선교회에서 터졌다. 선교회 후원자들 사이에 합병에 대한 비판이 고조되자 선교회는 1969년 5월 임시 회의에서 이 학교를 지원하지 않기로 결정했다. 이 후원이 없이는 추진 자체가 불가능했으므로 합병은 중단되었다.[1]

    합병된 대학에 관한 여러 계획도 물거품이 되었다. 이제 틴데일 홀은 어떻게 되는 것일까? 자체적으로 살아남을 수 있을까? 미래가 몹시 불확실해 보였다. 합병 협상이 무산되자 아마도 부득이하게 틴데일 홀 학장은 1969년 12월말 부로 사임할 뜻을 밝혔다. 이제 틴데일에 새로운 학장이 필요했다. 그동안 대학의 핵심 후원자들 사이에 합병 협상에 대한 우려가 퍼지면서 학생 수가 급감했다. 누가 보기에도 위태로운 상태였다. 1969~1970년도에 등록한 학생은 28명에 불과했고, 재정 상황이 열악해져 상당한 손실이 예상되었다. 틴데일 홀은 시급하게 후원자들의 마음을 다시 돌려놓아야 했고, 그러려면 그들에게 존경받으면서 신학 실력도 뛰어나 학생들은 물론 교수진이 보기에도 대학의 미래에 꼭 필요하다고 여겨지는 학장을 뽑아야 했다.

    1969년 7월 21일 평의회 모임에 초청된 패커는 두 시간

동안 광범위한 토론에 응하여 의원들이 제시하는 구체적인 질문들에 답변했다. 다른 지원자들도 있었지만 평의회는 분명히 패커를 적임자로 보았다. 그들은 지체하지 않고 바이블 처치맨스 선교회 총회에 모든 지원자의 신상 정보와 더불어 패커를 총장으로 낙점할 의사를 명확히 알렸다. 총회는 이튿날 모여 이 청빙을 적극 지지했다. 틴데일 홀을 떠날 현직 총장은 8월 4일 학생들에게 보낸 통지문에 자신의 후임으로 패커가 부임할 것과 콜린 브라운을 포함한 현직 전임 교원이 전원 유임될 것을 알렸다.

개혁 학장: 틴데일 홀의 변화

패커는 개혁 학장이 되어 학내 구조 및 교과 과정을 일신할 뿐 아니라 후원자들을 위해 대학의 평판도 회복하기로 했다. 첫 번째 목표는 틴데일 홀 운영을 검토하고 개혁하여 상명하복의 전통을 최대한 없애는 것이었고, 두 번째 목표는 평판으로 학생들을 끌어 모을 만한 탁월한 교수진을 구성하는 것이었다. 틴데일 홀 학장으로 공식 취임할 1970년 1월 1일이 되기도 전부터 그는 이 두 가지 일에 착수했다. 우선 실무반을 꾸려 대학 운영의 개정을 관장하게 했는데, 1969년 10월의 첫 회의에서 그는 알렉 모티어를 구약학 교수로 내정했음을 발표했다. "1965년의 사건"이 터지기 전까지 클리프턴 신학대학의 부학장이었던 모티어는 당시에 런던 햄스테드의 세인트 루크스 교회에서 교구 사역을 하고 있었다. 이 지명은 학생회에 잘 받아들여졌고 틴데일의 위상과 매력을 끌어올리는 데도 도움이 되었다.[2] 그해 10월 31일부터 이틀간 실무반 2차 회의가 열렸다. 의제는 대학의 중심 목표들을 설정하고 내부 구조조정을 계획하여 평의회와 교수진과 학생들 사이에 두루 동반자 의식과 주인 의식을 고취하는 것이었다. 여기서 크게 세 가지 변화가 제안되었다.

첫째로, 대학 운영에 관여할 새로운 단체로 "틴데일 홀 협회"를 결성한다. 협회원이 되려면 협회비를 납부해야 하며, 대학 평의회 위원의 4분의 1을 이 협회가 직접 선출한다. 패커는 그러면 대학이 후원자들의 관심사에 늘 민감하게 반응하면서, 중앙 집권화와 획일화로 가려는 교단 당국의 압력에 저항할 수 있다고 보았다.

둘째로, 모든 전임 교원은 대학 평의회의 **당연직** 위원이 된다. 1968년에 발생한 평의회와 교수진 사이의 심각한 소통 단절이 재현되지 않게 하기 위해서다. 셋째로, 강의 요강과 목회 실습 프로그램을 검토하여 교단의 필요에 부합하게 하면서도 틴데일 특유의 강조점인 신학의 중요성을 고수한다.

이렇게 1969년 하반기 내내 대학의 미래를 함께 계획한 패커는 이듬해 1월 1일에 학장으로 공식 취임했다. 휘하의 교수진도 당시에 탁월하다고 인정받던 동료들이었다. 부학장 알렉 모티어는 히브리어와 구약학을 가르쳤고, 연구처장 콜린 브라운은 교회사와 역사신학과 종교철학을 가르쳤고, 앤서니 티슬턴은 신약신학과 성경해석학과 종교철학을 가르쳤고, 존 틸러는 예배학과 교회사를 가르쳤다. 영국의 신학대학에 이토록 밀도 높게 신학적 기량이 집결된 예는 전무후무하다. 지난 몇 년간의 역경이 다 수습된 지금, 틴데일의 미래는 어느 모로 보나 밝았다. 이제 시간만 지나면 모든 게 정착되면서 틴데일의 새로운 비전이 성공회 내에 더 널리 알려지고 그 진가를 인정받게 되리라.

그러나 패커가 새 직위에 미처 익숙해지기도 전에 지평에 불길한 먹구름이 일어나면서 틴데일의 미래는 예기치 않게 다시 불투명해졌다. 설상가상으로, 그러잖아도 점점 위태로워지던 패커와 마틴 로이드-존스 박사의 오랜 우정이 새로운 스트레스에 짓눌려 결렬되고 말았다.

마틴 로이드-존스와의 결별

패커가 1969년 10월 라티머 하우스 이사회에 마지막 보고서를 올릴 때 언급한 여러 사업이 결실을 보고 있었는데, *Growing into Union*(무르익는 연합)이라는 짤막한 책도 그중 하나였다. 이 책의 저자는 그레이엄 레너드, E. L. 매스컬, 콜린 O. 뷰캐넌, 패커 등 네 명이었다. 뷰캐넌과 패커는 복음주의자였고 레너드와 매스컬은 대표적인 성공회 고교회파 소속(즉 성공회의 천주교 계열)이었다. 훗날 패커는 그간 복음주의 성공회와 보수 성공회 고교회파 사이에 느껴지던 "교리 및 선포의 간극"이 지난 수십 년 내에 좁혀졌다는 "행복한 사실"을 언급했다.

그러나 복음주의자와 성공회 고교회파 인사가 그런 책을 공저한다는 것은 당시에 극히 이례적인 일이었다. 그럼에도 패커는 신학적으로 정통인 복음주의와 성공회 고교회파가 성공회와 영국 감리교의 연합 논의 배후에 깔려 있는 듯한 자유주의 사상에 함께 맞서야 한다고 보았다. 패커와 세 동료는 교회를 연합하려는 모든 계획에는 신학이 중요하며 특히 **정통** 신학이 필요하다고 강조했다. 패커는 영국 교회 내에 물밀 듯이 밀려드는 자유주의를 감안할 때 그런 전략이 필수라고 보았다. 즉 성경의 권위나 성례의 본질 같은 사안에 대한 진정한 불일치점에 주목하는 가운데, 성공회 내의 복음주의와 고교회파의 공통분모는 인정한다는 것이다.

"무르익는 연합"은 1970년 5월에 간행되었다. 개신교 개혁협회의 데이비드 새뮤얼 등 많은 전통주의 개신교인이 강경한 부정적 비평을 내놓았다. 가장 중요하고 타격이 큰 비판은 마틴 로이드-존스와 그 진영에서 나왔다. 로이드-존스는 이 책을 복음주의 신앙을 무너뜨리는 타협으로 보고 패커에게 청교도 대회의 폐지를 서면 통보했으며, 존 케이거와 데이비드 파운틴(둘 다 독립 교단 소속으로 청교도 대회 위원이었다)도 이를 지지했다. 패커의 결정적 역할로 창시된 대회지만 이런 상황에서는 지속할 수 없다고 본 것이다. 1970년 11월 웨스트민스터 친목회의 요청으로 이 대회는 형식을 적절히 손보고 명칭도 "웨스트민스터 대회"로 고쳐 이듬해에 재개했다.

패커는 여태 자신을 친구와 동지로 여기던 복음주의 단체들에게 어느새 기피 인물이 되었다. 심지어 그를 "더는 복음주의자로 간주할" 수 없다고 말하는 이들도 있었다. 지금이야 그게 교만하고 경솔한 판단으로 보이지만, 당시 로이드-존스 진영의 견해는 그만큼 완고했다. 사실은 부차적인 문제인데 그들은 한사코 절대적인 입장을 취했다.

그들 무리의 공공연한 배척에 패커는 마음이 아팠다. 그가 로이드-존스를 깊이 존경했기에 특히 더했다. 그들의 전략이 허사가 된 것도 별로 위안이 되지는 못했다. 패커를 제명한 많은 단체는 그의 후광 효과가 없어지자 실속 있는 인물들의 지원이 부족해졌다. 그러잖아도 성공회 내에 로이드-존스와의 관계를 고수해 온 영향력 있는 복음주의자는 비교적 소수였는데 그중 하나인 패커와도 로이드-존스가 스스로 공개적으로 절연했으니, 이제 국교회 전반과 특히 복음주의 성공회 내에서 로이드-존스의 영향력은 더 주변으로 밀려날 수밖에 없었다.

   소중한 우정이 깨져서 괴로웠지만 곧 패커 앞에 다른 걱정거리가 나타났다. 1970년 말에 틴데일 홀의 미래가 심히 불투명해진 것이다. 기껏 하나의 위기에서 벗어난 틴데일은 어느새 또 다른 위기에 빠져 있었다.

새로운 위기: 틴데일 홀은 사라질 것인가?

   틴데일 홀에 닥쳐온 위기를 이해하려면 1960년대 성공회 신학 교육의 기구한 운명을 살펴볼 필요가 있다. 1960년대에 들어설 때만 해도 성공회의 분위기는 밝았다. 1961년부터 1964년까지 사역자로 안수 받은 사람이 일차대전 이후 처음으로 매년 600명을 넘었고, 대체로 이 숫자는 더

증가할 것으로 예상되었다. 1964년의 한 유력한 보고서에서 사회학자 레슬리 폴은 1970년대에는 안수 받을 사람이 800명을 넘어설 것이라는 낙관적 예측을 내놓았다.[3] 결국 빗나갔지만 말이다.

증가하던 안수 후보자 숫자는 1960년대 말에 주춤하더니 오히려 하락세로 돌아섰다. 이렇게 의외로 학생 수가 격감하는 상황에서 성공회의 기존 신학대학이 모두 살아남을 수는 없었다. 이미 적자로 돌아서 파산 위기에 몰린 곳들도 있었다. 패커가 신학을 공부한 옥스퍼드의 위클리프 홀도 그중 하나였다.[4] 사역자로 부름받은 사람이 줄어드는 이 뜻밖의 반전에 대처하려면 성공회 신학 교육에 근본적 구조조정이 필요했다. 1968년 2월의 디 번슨 보고서를 토대로 결성된 공동 기획단은 가능한 미래 전략을 두 가지로 압축했다. 현 상황을 그대로 두어 학생 수의 결정을 시장의 수요에 맡기든지, 아니면 개개 신학대학의 미래를 중앙에서 결정하는 것이었다.

1970년 2월에 성공회 의회는 안수 후보자 감소와 관련하여 신학 교육의 미래를 논의했다. 다양한 문제가 제기되었지만 결과는 뻔했다. 개개 신학대학의 미래를 중앙에서 결정하기로 한 것이다. 어떤 대학은 합병되고 어떤 대학은 폐교될 것이다. 그해 4월에 패커가 전한 대로 신학대학 수는 21개에서 14개로 줄어들 것으로 예상되었다. 셋 중 하나는 기존의 모습대로 존재할 수 없다는 뜻이었다. 틴데일의 위기는 자명했다. 학생 수가 적어 1969~1970년도에 적자가 예상되었고 이듬해도 마찬가지였다. 경제적인 자생력이 없으니 그대로 지속될 수는 없고 폐교나 합병이 불가피했다.[5]

7개 복음주의 신학대학 중 다섯 학교의 위원회는 존 스토트를 반장으로 한 실무반을 꾸려 방안을 강구하기로 했다. 9월 25일에 스토트 일행이 내놓은 보고서에 따르면 브리스톨의 경우 실행 가능한 해법은 두 가지뿐이었다. 하나는 클리프턴과 틴데일과 달튼 하우스를 모두 하나로 합치는 것이었고, 또 하나는 클리프턴과 옥스퍼드의 위클리프 홀을 통합하고 틴데일과 달튼 하우스를 통합하는 것이었다. 다만 실무반은 클리프턴이 떠나가면 필시 틴데일 홀도 살아남지 못해 결국 브리스톨에 복음주의 신학이 완전히 없어지리라는 점을 적시했다. 그래서 그들은 브리스톨의 3개 대학을 통합하는 게 가장 현실적인 방안이라는 의견을 내놓았다.

이 보고서는 중요하지만 순전히 비공식이라서 성공회 내에 구속력은 없었다. 로버트 A. K. 런시(당시 세인트 알반스의 주교였고 훗날 캔터베리 대주교가 되었다)가 이끄는 공식 위원회는 브리스톨의 신학 교육이 완전히 종식되어야 한다며, 클리프턴은 옥스퍼드로 옮겨 가 위클리프 홀과 통합하고 틴데일은 노팅엄으로 이전 중인 런던 대학 신학부(나중에 "세인트 존스 칼리지 노팅엄 캠퍼스"가 되었다)와 통합하라고 권고했다. 브리스톨에는 신학대학을 남기지 않는다는 것이었다. 위원회는 클리프턴과 틴데일이 브리스톨에서 통합하는 방안도 신중히 검토했으나 성공 가망성이 희박했다고 밝혔다. "틴데일 홀의 교수진과 새 교과 과정은 훌륭하지만, 세인트 존스와 손잡고 노팅엄에 안정된 연합 대학을 이룬다면 교회에 더 큰 도움이 되리라 믿는다."

브리스톨의 신학 교육을 종식하라는 제안은 틴데일과 클리프턴 양쪽 모두에게 청천벽력과도 같았다. 틴데일 홀 평의회는 이튿날 회의에서 결정한 대로 즉시 노팅엄의 세인트 존스 칼리지에 서한을 보내 합병 권고안에 대한 의사를 타진했다. 그 결과 클리프턴과 틴데일과 위클리프와 세인트 존스는 4개교 대표단 회의를 열고, 틴데일이 노팅엄으로 이주하는 게 현실성 없는 방안이므로 브리스톨에 성공회의 복음주의 신학대학이 남아 있어야 한다는 합의에 도달했다.

하지만 최종 결정은 성공회 주교단에 달려 있었다. 충분히 고려한 끝에 그들은 1971년 2월에 결정을 발표했다. 틴데일 홀로서는 암담한 결과였다. 주교단은 1971년 10월 1일 부로 틴데일을 폐교하기로 결정했다. 다른 세 대학도 우선은 폐교할 예정이지만 앞으로 학생 수가 증가하면 다시 열라는 제안이 딸려 있었다. 틴데일에만 그런 단서가 없었다. 클리프턴에 대해서는 주교단도 런시 위원회의 권고를 지지하여, 옥스퍼드로 옮겨 가 위클리프 홀과 합병하게 했다.

그러나 브리스톨의 올리버 톰킨스 주교는 잉글랜드 남서부의 성공회 신학 교육이 종식되는 데 반대했다. 자신의 신학이 복음주의와는 다른데도 그는 브리스톨에 신학대학이 남아 있어야 한다며 결정의 재고를 촉구했다. 톰킨스가 막판에 열심히 로비한 결과로 몇 주 후에 주교단은 이전의 권고를 상당히 개정하여 이렇게 발표했다.

> 주교 의회의 판정에 따라 앞으로 브리스톨의 안수 후보자 교육은 틴데일 홀과 클리프턴과 달튼 하우스가 합의하여 클리프턴 교정에서 합병한다는 조건 하에서만 지속될 수 있다. … 그러므로 주교 의회는 3개 대학 운영진이 즉시 이 가능성을 타진하여 늦어도 1971년 5월 1일까지 주교 의회에 결정 사항을 제출할 것을 요청하는 바이다.

올리버 톰킨스는 지체하지 않고 그 과정에 착수했다. 패커를 비롯한 3개 대학 학장에게 즉시 편지를 보내, 합병을 협상할 공동 회의를 자신이 주재할 뜻을 밝힌 것이다. 단 그는 새 대학이 출범하려면 모든 교수진과 운영진이 사임해야 한다는 조건을 달았다. 기존 3개 대학의 현직자가 신설 기관에 전원 임용될 수는 없었다. 이 전제 조건 때문에 심란하긴 했지만 그래도 다들 거기에 동의하여, 마침내 브리스톨에 새 신학대학을 세우기 위한 협상이 시작되었다.

브리스톨에 신설된 트리니티 칼리지

신설 기관을 "트리니티 칼리지"로 칭한다는 비교적 단순한 문제에는 명백한 동의가 이루어졌다. 그러나 다른 사안들을 해결하는 데는 더 오래 걸렸다. 합병 대학의 재정 기반이나 교리적 성격의 문제는 그런 대로 정리되었다. 운영진은 대학처장, 연구처장, 여학생처장이라는 세 임원의 삼두체제로 입안되었다. 실무반은 세 직위를 맡을 적임자도 각각 생각해 두었음을 밝혔다. 대학처장으로는 클리프턴의 한 현직자가 거론되었고 연구처장과 여학생처장에는 각각 패커와 조이스 볼드윈(달튼)이 내정되었다. 기관을 총괄 지휘할 학장은 언급되지 않았고, 처장 셋 외에 교원 셋을 더 둘 예정이었다. 주교 의회는 5월 11일에 모여 이 계획안을 전격 승인했다. 다만 학장에 대한 논의는 계속되었다. 클리프턴의 일부 대표가 새 트리니티 칼리지에 운영 임원진만 아니라 학장도 반드시 있어야 한다고 보았기 때문이다.

  10월 6일에 결의안이 발표되었다. 성공회는 새로 연합한 신학대학을 브리스톨에 인가하고, 틴데일 홀에서 패커의 동료였던 알렉 모티어를 학장으로 세웠다. 패커는 부학장이 되어 신학 교육을 개발하고 국내외 유사 기관과 제휴하는 일을 맡았다. 이는 대학의 향후 방향을 이끄는 중대한 역할이었고, 아울러 그에게 글을 쓰고 연구할 시간도 허락되었다. 합병 결과 3개 대학 교원 중 과잉 고용된 사람은 하나도 없었다. 세 대학의 공동 교육은 일단 10월부터 시작되었고, 1972년 1월 1일 부로 장소를 클리프턴으로 완전히 옮겨야 했다. 연합 대학의 학생 수는 80명쯤 되었고 점점 증가하리라는 전망이 높았다.

  브리스톨 3개 대학 간의 통합 협상이 종료되자 패커와 그의 동료들에게 나름대로 안정기가 찾아왔다. 세 학교를 하나로 합쳐 나가는 실무는 진이 빠질 정도로 힘들었지만, 어쨌든 브리스톨의 신학 교육은 위기를 면했다. 1972년 중반에는 어느 정도 정상 상태가 회복되었다. 트리니티 칼리지가 생겨나 학생들을 끌어들이고 있으니 적어도 당분간은 미래를 과히 걱정할 필요가 없었다.

틴데일 홀에서 패커의 주도로 제시되었던 신학 교육의 비전이 모티어의 지도하에 다분히 새 연합 대학으로 이식되었다. 많은 젊은 복음주의자가 보기에 패커와 모티어는 복음주의 쪽에서 치열한 지성과 순전한 영성을 겸비한 대표 인물이었다. 둘의 공동 지도하에 각지의 대학 기독학생 연합에서 트리니티 칼리지로 진학하는 학생 수가 이전 3개 대학 때보다 많아졌다. 전망이 확실해 보였다.

패커는 이제 신학대학 학장은 아니었지만 새로운 상황 덕분에 읽고 생각하고 글을 쓸 시간이 더 많아졌다. 영국의 신학대학 학장은 행정 업무에 짓눌릴 수밖에 없는데, 패커는 거기서 대폭 벗어났으니 다시 마음껏 집필하고 사유할 수 있게 된 것이다. 1970년부터 1972년까지는 늘 얼마간의 압력 때문에 굵직한 연구나 저술 활동을 하기가 힘들었는데, 트리니티가 안정되자 그에게 다시 생각하고 강연하고 글 쓸 시간과 여유가 생겨났다. 아울러 그는 인근 성공회 교구인 시밀즈의 세인트 이디스 교회에서 사역하면시 신학을 목회 정황에 집목하는 데도 힘썼다.

어쩌면 더 중요하게 패커는 대학 평의회와 협상하여, 가을 학기와 봄 학기에는 교내 강의에 집중하되 여름 학기에는 업무에서 벗어나 북미에서 시간을 보낼 수 있도록 타협을 보았다. 길게는 한 번에 10주까지도 이어진 여러 차례의 북미 외유를 통해 그는 관계망과 신학 지평을 넓힐 수 있었다. 패커는 북미에서 점점 더 유명인사가 되었다. 저서를 통해서만 아니라 여러 신학대학원에서 직접 교수나 강사로 활동한 결과이기도 했다.

이런 새로운 상황에서 기인한 패커의 저서 중 하나가 그에게 여태 자신이 알던 누구보다도 훨씬 큰 국제적 명성을 안겨 주었다. 그 책이 바로 《하나님을 아는 지식》이다.

10

신학과 영성

《하나님을 아는 지식》

1950년대에 런던 웨스트민스터 교회의 사역을 통해 신앙인이 된 사람이 많은데, 당시 BBC에서 일하던 엘리자베스 브론드 기자도 그런 회심자 중 하나였다. 자연히 로이드-존스는 브론드에게 그 확실한 재능을 기독교 사역에 투입할 것을 권유했고, 그 결과 〈Evangelical Magazine〉(복음주의 매거진)이 창간되었다. 초대 편집장은 브론드였고 로이드-존스가 패커와 J. 엘윈 데이비스를 편집 고문으로 영입했다.

엘윈 데이비스는 그 당시 웨일스 복음주의 운동이라는 단체의 서기였고, 웨일스어 간행물인 〈Y Cylchgrawn Efengylaidd〉(복음주의 매거진)의 창간과 제작에 관여해 왔다. 당연히 그의 경험은 새로운 잡지의 출범에 요긴한 역할을 했다. 1959년 6월에 세 편집자는 회람을 통해 창간호가 9월에 발행될 것을 공고하면서, 새 잡지가 "교단을 비롯한 특정 단체나 이해관계와는 무관함"을 강조했다. 연 6회 발행된 이 잡지는 머잖아 발행 부수가 약 3천 부에 이르렀다.

패커가 이 잡지에 관여한 것은 그가 일관되게 취했던

"양면" 정책의 좋은 예다. 즉 그는 타 교단의 복음주의자들과 협력하면서 동시에 성공회의 삶과 사역에 몸담아 헌신했다. 브론드는 패커에게 "하나님"이라는 폭넓은 주제로 연재 기사를 써 줄 것을 부탁했다. 대상 독자층은 "말뿐인 종교에 질려서 … 실체를 원하며," 솔직하고 진지하게 생각해 보려는 이들이었다. 깊은 생각 끝에 패커는 1년에 다섯 편 정도의 글을 꾸준히 연재하기로 했다. 주제는 신자의 사고와 마음과 삶 속에서 하나님을 알아야 한다는 것이었다.

앞서 보았듯이 패커와 로이드-존스의 관계는 1970년 5월에 패커가 편집한 "무르익는 연합"이 간행된 뒤로 결렬되었다(9장의 "마틴 로이드-존스와의 결별" 단락을 참조하라). 이제 패커는 그쪽 진영에서 배척되었다. 브론드와 엘윈 데이비스는 로이드-존스와 친했으니 패커가 "복음주의 매거진"의 편집진에서 제명된 것도 불가피한 결과였을 것이다. 물론 스타 작가를 잃은 잡지를 독자들이 외면하리라는 것도 똑같이 불가피했다. "복음주의 매거진"은 얼마 못 가서 폐간되었다. 반면에 원래의 웨일스어 잡지인 〈Y Cylchgrawn Efengylaidd〉는 지금까지도 간행되고 있다.

이제 패커는 하나님에 대한 자신의 글 모음을 어찌해야 할지 묘연했다. C. S. 루이스의 유명한 책 《스크루테이프의 편지》가 한 가지 확실한 단서가 되었다. 그 책도 본래 어느 기독교 잡지에 연재되었던 것이었다. 당시에 패커는 옥스퍼드의 라티머 하우스에서 브리스톨의 틴데일 홀 학장으로 옮겨 갈 준비에 여념이 없어 그 글들을 책으로 묶을 기회가 별로 없었다. 게다가 IVF 측에서도 이 주제에 대한 패커의 책에는 관심이 없어 보였다. 이전에 패커의 두 저서 《근본주의와 성경의 권위 & 자유주의》와 《복음 전도란 무엇인가》를 펴낸 로널드 인칠리는 그에게 카리스마 운동을 다룬 책이라면 얼마든지 좋다는 의향을 밝혔다. 인칠리가 제대로 보았듯이 복음주의 진영 내에서 그 운동의 비중이 커지던 차였다. 결국 패커는 그의 뜻에 따랐고, 그리하여 1984년에 《성령을 아는 지식》이 간행되었다.

다행히 패커에게 다른 방안이 떠올랐다. 일찍이 1960년대에 성공회 복음주의 위원회와 존 스토트 위원장은 현 시대의 적절한 주제들을 알기 쉽게 다룬 시리즈 책자가 필요하다고 보았다. 그래서 시리즈 제목을 가칭 "기독교의 기초"로 정하고 수년에 걸쳐 각각 2만 단어 분량의 책을 두 달 간격으로 펴내기로 했다.[1] 출간을 맡은 호더 & 스토튼은 런던의 주요 출판사로서 소설과 참고 도서 시장에 주력했지만 비중 있는 기독교 서적을 펴낸 전통도 오래되었다. 시리즈의 각 권을 집필할 저자로 우선 스토트와 마이클 그린과 패커 등이 지목되었다. 그중 총 96페이지의 간결하고 이해하기 쉬운 《제임스 패커의 절대 진리》(1965년)는 성경의 영감과 계시의 특성을 다룬 책이었다.

패커는 마침 구상 중인 책도 호더 & 스토튼에 맡기면 좋겠다는 생각이 절로 들어 런던에 가서 에드워드 잉글랜드를 만났다. 당시 잉글랜드는 예리한 기획 편집자로 정평이 나 있었다. 1960년대 초에 그 출판사 내부에서 기독교 서적의 출간을 중단하자는 의견이 있었으나 잉글랜드의 잇단 성공작이 그런 생각을 잠재웠다. 그가 1965년 호더 & 스토튼에 입사한 직후에 기획한 두 책이 베스트셀러가 되었다. 리처드 범브란트의 《그리스도를 위한 고난》과 J. B. 필립스의 *Ring of Truth*(진리의 울림)는 둘 다 첫 해에 십만 부 이상 팔렸다. *Living Bible*(리빙 바이블) 역본이 대성공을 거둔 뒤로 잉글랜드는 아예 이 출판사의 이사로 선임되었다. 늘 신작 고전을 찾고자 예의 주시하던 그는 패커의 역작이라면 아주 뜻깊은 출간 기획이 되리라 보았다.[2] 다만 연재된 글을 다듬어 책의 일관성을 살려 줄 것을 요청했다. 그거라면 패커도 예상하던 바라서 기꺼이 손을 보아 1971년 8월 노스 웨일스에서 가족 휴가 중에 타자 원고의 퇴고를 마쳤다.

그렇게 간행된 《하나님을 아는 지식》은 영국에서도 크게 성공했지만 최대의 반향을 불러일으킨 곳은 북미였다.

패커는 북미에 이미 알려진 작가였고 여러 주요 신학대학원과 집회에서 강연도 했지만, 이 책은 그를 복음주의 진영에서 여태 그가 알던 수준을 뛰어넘는 명성의 반열에 올려놓았다. 이 책의 북미 판권을 취득한 사람은 미국 IVP의 제임스 사이어였다. 1972년 5월에 그는 스위스에 가서 오스 기니스와 함께 그의 역작 《제3의 종족》 원고를 마무리했다. 기니스의 작업실은 프란시스 쉐퍼가 설립한 라브리 공동체에 있었는데, 거기서 사이어는 생산적이고 즐거운 열흘을 그와 함께 보내며 원고의 최종 편집을 마쳤다.

귀국 길에 그는 런던에 들러 자신의 거래처인 영국 IVP와 호더 & 스토튼의 편집자를 만났다. 당시에는 두 출판사 모두 런던 도심의 베드포드 광장에 있었으므로 한 번 들르는 김에 양쪽을 다 잠깐씩 방문할 수 있었다. 이때 소개받은 에드워드 잉글랜드가 약 15분의 짧은 만남 중에 그에게 《하나님을 아는 지식》의 원고를 보여 주었다. 사이어는 즉시 잉글랜드에게서 이 책에 대한 선택권을 얻어 냈다. 일주일쯤 후에 호더 & 스토튼의 페이지 조판 교정쇄가 일리노이 주 다우너스 그로브의 IVP 사무실에 도착했다. 사이어는 그것을 짐 나이퀴스트 대표에게 보여 주었고, 잠시 원고를 숙독한 대표는 대작이 손에 들어왔다는 확신이 들어 사이어에게 이렇게 말했다. "당신이 에드워드 잉글랜드와 함께 보낸 15분이 오스 기니스와 함께 보낸 열흘보다 우리에게 더 가치 있을 겁니다." 오스 기니스의 《제3의 종족》도 중요한 책이 되어 아주 잘 팔렸지만 제임스 패커의 《하나님을 아는 지식》에 가려졌다. 이 책은 1992년까지 전 세계에서 백만 부가 넘게 팔렸다.

그렇다면 이것은 패커의 방향이 바뀌었다는 뜻일까? 여태 그는 신학이 기초라며 신학의 역할을 한결같이 강조하지 않았던가? 사실 신학 서적이 베스트셀러가 되는 경우는 거의 없다. 그런데 《하나님을 아는 지식》은 일련의 신학적 원리에 철저히 기초한 것이며, 그 원리들은—책의 제목 자체처럼—결국 패커가 적잖이 존경한 개혁가 장 칼뱅(1509~1564년)에게서 유래했다고 볼 수 있다. 새로워진 부분은 그 기본 원리들을 어떻게 삶에 **접목하고 적용할** 것인가에 대한 명쾌하고 설득력 있는 예증이었다. 그것이 이 책의 엄청난 매력이었다. 중요한 요점인 만큼 더 살펴볼 필요가 있다.

패커가 말하는 신학과 영성의 관계

신학과 영성의 관계는 대략 1980년 이후로 신학 교육의 가장 뜨거운 논점 중 하나가 되었다. 많은 신학생에게 학문적 신학이 자신의 신앙에 오히려 해롭게 여겨졌기 때문에 특히 더했다. 패커도 신학 교육자로 활동하는 내내 이 쟁점 전체를 심각하게 고민했다. 그는 "영성"이라는 단어를 쓸 수도 있었지만, 거기에 걸려 있는 위험을 생각해서 그게 썩 적합한 단어는 아니라고 보았다.

그렇다면 그가 선호한 용어는 무엇일까? 1970년대에 브리스톨의 트리니티 칼리지에서 강의할 때 그는 기독교 중에서 "하나님과 교제하는 삶을 사고하고 실천하는" 분야를 총칭하여 "영성신학"이라는 표현을 썼다. 그 구체적인 활동을 "영성"이라는 단어로 뭉뚱그리기는 했지만, 패커는 "영성"을 마치 신학과 별개인 양 취급하는 것을 부적절하고 무익하다고 보았다. 영성신학은 조직신학의 올바른 적용과 관계된 것이지 그 자체로 독립된 분야가 아니었던 것이다.

영성신학에 대한 패커의 관점을 가장 예리하게 잘 보여 주는 진술은 아마 그가 리전트 칼리지의 첫 상우 유통치(Sangwoo Youtong Chee) 신학 석좌교수가 되었을 때 취임 강연에서 했던 말일 것이다. 1989년 12월 11일 대학 채플에서 했고 이듬해에 간행된 이 강연의 제목은 "체계적(systematic) 영성의 입문"이었다. 제목 자체가 의미심장하다. "조직(systematic) 신학"과 "영성"의 긴밀한 연관성을 즉

시 연상시키기 때문이다. 그가 강연에서 쭉 고찰하고 설명한 것도 바로 이 연관성이다.[3]

밴쿠버의 청중에게 패커는 영성을 이렇게 정의했다. 영성이란 "하나님과의 교제를 추구하고 실천하고 가꾸려는 그리스도인의 활동 전반에 대한 탐구로서, 여기에는 공예배와 개인의 경건 생활뿐 아니라 그 결과인 그리스도인의 실생활도 포함된다." 이 정의에도 강조되어 있듯이 패커는 진리를 삶에 적용하는 것을 평생 한없이 중요하게 여겼다. "내가 생각하는 신학과 윤리학과 변증학은 늘 사람을 위한 진리였다. 나는 진리를 가르치기만 하고 적용하지 않아도 된다고 느껴진 적이 한 번도 없다. … 진리를 삶에 적용한다는 말은 삶 자체를 하나님과의 관계로 본다는 뜻이다. 바로 그것이 영성이다."

패커는 영성이 신학 교육의 필수 요소며 특히 목회자로 부름받은 이들에게 그렇다고 보았다. "영적 무기력과 탈진과 발육 부진과 기형에 대비되는 영적 건강이 어떤 상태인지를 확실히 알지 못하고서는 우리가 그리스도 안의 출생과 성장과 성숙에 대한 상담자와 영성 스승과 길잡이의 역할을 제대로 할 수 없기" 때문이다. 그렇다면 그런 건강의 규범은 어디서 올까? 패커의 답은 명확하다. 조직신학에서 온다. 하지만 패커는 즉시 이 용어의 의미를 한정하면서, 특히 조직신학의 본질에 대한 부실하면서도 영향력 있는 두 가지 관점을 배제한다. 하나는 본래 조직신학의 내용이 "하나님에 대한 그리스도인의 감정과 생각"이라는 자유주의 관점이다. 또 하나는 조직신학이 "하나님의 일과 길과 뜻에 대한 계시된 진리," 즉 성경에 나와 있는 대로여야 한다는 전통적 관점이다.

패커는 전자의 관점이 F. D. E. 슐라이어마허와 루돌프 불트만을 대변한다며 분명히 거기에 심각한 결함이 있다고 보았다. 그러나 그가 17세기 개신교의 스콜라주의 작가들 및 이차대전 이후 복음주의 신학 르네상스의 대다수 신학 작가들과 연관시킨 후자의 관점도 그의 우려를 자아냈다. 우려는 주로 이 관점의 **적용** 방식과 관계된다. 이에 대한 설명은 패커 자신의 말로 충분히 들어야 한다.

> 조직신학의 내용이 하나님에 대한 계시된 진리일 뿐이라는 개념이 과연 타당할지 나로서는 의문이다. 그런 진술에 흔히 수반되는 전제, 즉 이 내용도 다른 과학 데이터처럼 냉정하고 초연하게 분석적으로 연구해야 가장 좋다는 전제에도 나는 이의를 제기한다. 무엇으로부터 초연하다는 말인가? 물론 하나님을 신뢰하고 사랑하고 예배하고 순종하고 섬기고 영화롭게 하는 관계적 활동

으로부터 초연하다는 뜻이다. 그런 활동이 가능하려면 자신이 성경을 펴거나 하나님의 진리를 하나라도 묵상할 때마다 실제로 그분의 임재 안에서 그분의 음성을 듣는 것임을 깨달아야 한다. 그런데 앞서 말한 방식은 … 마치 경건의 요소가 개입되면 교리 연구에 방해가 될 뿐이라는 식이다. 이로써 … 하나님에 대한 개념을 바로 아는 것과 참되신 하나님 자신을 아는 것은 서로 괴리되고 만다.[4]

패커가 보기에 "조직신학의 내용은 모든 피조물을 통해 적극적으로 인간을 상대하시는 하나님"이다. 그래서 신학은 "경건 훈련"으로 인식되어야 한다. 그것은 "신학이란 하나님이 가르치시고 하나님을 가르치며 하나님께로 우리를 인도한다는 아퀴나스의 명언을 체험으로 검증하는 것이다." 그러려면 조직신학과 영성을 **서로 맞물리게 통합해야** 한다. "영성을 공부할 때는 신학이라는 평가의 틀 안에서 해야 한다. … 나는 영성과 신학을 확실한 서약의 교환과 상호 헌신을 통해 결혼시키고 싶다." 이 결혼을 가장 잘 보여 주는 책이 패커의 《하나님을 아는 지식》이다. 지금부터 그 책을 더 자세히 살펴보려 한다.

《하나님을 아는 지식》에 대한 몇 가지 고찰

이 기념비적인 책에서 패커는 장 칼뱅의 《기독교 강요》(1559년)에 제시된 일부 주제를 명백히 활용한다.[5] 첫째로, 기독교적 의미에서 제대로 "하나님을 안다"는 것은 인간 본능의 신 의식이 아니라 하나님과의 관계 속에서 싹트는 앎을 가리킨다. 둘째로, "하나님에 대한 지식이 기초이긴 하지만" 하나님을 바로 안다는 것은 "그분에 **대한** 지식 이상이다." 패커는 "설명을 통한 지식"과 "경험을 통한 지식"을 구분한다. 하나님을 의로우시고 지혜로우시고 자비로우신 창조주와 심판자로 바로 아는 것도 필요하지만, 패커는 그분을 참으로 아는 지식은 또한 "관계적 지식"이어야 함을 역설한다. "헌신과 신뢰와 믿음과 의지의 관계" 속에서 우리에게 주어지는 지식이라는 뜻이다.

끝으로, 하나님을 알려면 그분과 우리의 관계도 알아야 한다. 패커가 지적했듯이 칼뱅은 인간의 모든 지혜란 곧 "하나님과 우리 자신을 아는 지식"이며 이 둘은 서로 분리될 수 없다고 단언했다. 하나님을 알면 우리 자신을 알게 되고, 우리 자신을 참으로 알려면 하나님을 알아야 한다. 그러므로 "하나님을 안다"는 것은 하나님만 **따로 떼어서** 아는 게 아니라 "우리를 상대하시는 하나님을 아는" 것이다. "이 관계 속에서 그분은 우리에게 자신과 자신의 선물을 주어 우리를 풍요롭게 하신다." 하나님을 알려면 우리에게 은혜로 베푸시는 그분의 선물은 물론이고 애초에 우리에게 그런 선물이 필요하다는 사실까지 알아야 한다.

이런 분석에 기초하여 패커가 강조하는 결론은 이것이다. "하나님을 아는 지식"은 세 가지 요소—하나님이 어떤 분인지를 이해하고, 그분의 **속성**과 그분이 주시는 **선물**을 우리에게 적용하고, 이런 선물을 주시는 그분을 경배하는 것—로 구성되며, 우리는 이 셋을 하나로 합쳐서 더 큰 전체의 불가분한 단면들로 보아야 한다. 《하나님을 아는 지식》은 상호 연관된 이 3대 요소를 상세히 설명한 책이라 할 수 있다. 그의 전략은 우선 독자에게 하나님의 실체를 깨우쳐 주고, 이어 그런 통찰을 삶에 적용하게 하고, 끝으로 그 하나님께 경배로 반응하게 하는 것이다.

패커의 대중적 매력과 영향력을 십분 인식하려면 이 책 한 권의 엄청난 비중을 아무리 강조해도 지나치지 않다. 그렇다면 《하나님을 아는 지식》만의 특별한 접근 방식은 무엇일까? 독자마다 그 답이 다른 것 같다. 이 책에서 각자에게 직결되게 또는 위력적으로 다가오는 특정한 주제나 사고방식이 있을 것이다. 많은 사람이 내게 이 책의 투명한 산문을 언급했는데, 이는 위대한 진리들을 전달하는 패커의 문체가 명쾌하다는 뜻이다.[6] 전문 용어와 거창한 어조로 독자를 불편하게 하는 작가도 있고, 만연체 문장으로 독자를 산만하게 해서 핵심 메시지를 놓치게 하는 작가도 있다. 그런데 패커는 주제와 명확한 언어 구사에서 한 치도 벗어나지 않기 때문에 그의 말은 하나님의 세계를 보여 주는 창이 된다. 산만하게 하거나 방해하기는커녕 오히려 은혜의 통로가 된다. "평이해서" 효과적인 그의 문체 중 내가 가장 좋아하는 예는 하나님께 "알려진다"는 개념을 논한 이 부분이다.

> 그러므로 결국 가장 중요한 것은 내가 하나님을 안다는 사실이 아니라 그 배후의 더 큰 사실, 즉 **그분이 나를 아신다는** 사실이다. 나는 그분의 손바닥에 새겨져 있다. 그분이 나를 생각하지 않으시는 때는 없다. 그분을 아는 내 모든 지식은 먼저 한결같이 나를 아시는 그분의 지식에 의존해 있다. 내가 그분을 앎은 그분이 먼저 나를 아셨고 지금도 아시기 때문이다. 그분은 나를 사랑하시는 친구로서 나를 아신다. 단 한시도 그분은 내게서 눈길을 떼거나 주의를 돌리지 않으신다. 그러므로 그분이 돌보다 말다 하시는 순간은 전혀 없다.[7]

이런 문장의 운율과 억양은 설교자의 것이고 말의 중요

성을 아는 신학자의 것이다. 그래서 그는 청중의 주의를 설교자에게서 복음의 위대한 주제로 돌리려면 말을 아주 신중하고 사려 깊게 골라야 함도 알았다. 패커는 청교도 선조들의 신학적 소신만 본받은 게 아니라 청중의 마음과 생각 속에 소통하려던 그들의 열정까지도 본받았다.

패커는 자신이 평이한 언어—쉽고 간단명료한 진술—에 헌신했음을 종종 강조했다. 그는 설교를 둘러싼 17세기 잉글랜드의 격론을 잘 알았기에, 윌리엄 로드나 랜슬롯 앤드루스 같은 유수한 성공회 설교자들의 "난해하거나 화려한" 문체보다 청교도의 "평이한" 문체를 선호했다.[8] 감리교의 위대한 설교자 존 웨슬리는 웅변술과 고상한 어휘로 개념을 소통하려는 "미사여구"의 작가와 설교자를 자주 비판했다. 그는 글이든 말이든 문체가 평이해야 설교자가 말재주에 신경 쓰기보다 선포되는 메시지 자체에 집중할 수 있다고 보았다. 한 세기 후에 존 헨리 뉴먼도 설교자는 "할 말이 있고 그것을 어떻게 말해야 할지를 아는" 사람이라며 비슷한 지론을 폈다.[9] 패커의 《하나님을 아는 지식》은 영성신학의 탁월한 작품일 뿐 아니라, 굳이 미사여구를 쓰지 않고 청교도의 "평이한" 문체로도 심오한 영적 진리를 소통할 수 있음을 확증해 주었다.

이제 《하나님을 아는 지식》의 몇몇 주제와 패커가 어떻게 그것을 전체 작업 속에—하나님을 알고 그분께 알려진다는 굵직한 주제로 "구슬을 한데 꿰는" 데에—활용하고 발전시켜 나갔는지 살펴보자. 첫 번째 주제는 책 서문에 나온다. 패커는 발코니에서 신학하는 이들과 길에서 신학하는 이들이라는 존 맥케이의 은유를 언급한다.[10] 패커가 틀로 삼는 장치—중요한 신학 논의를 구축하는 방식—를 독자들은 급히 지나치는 경우가 많다. 그러나 잠시 멈추어 패커의 은유와 그가 제시하려는 대비를 음미해 볼 만하다.

개혁 신학자인 존 맥케이는 프린스턴 신학대학원 총장으로 재직하던 중에 "삶의 의미를 되찾고 모든 참된 삶과 사고의 기초를 회복한다"는 의미에서 기독교 신학의 의의를 되살리고자 *A Preface to Christian Theology*(1941년, 기독교 신학 서설)를 집필했다. 그는 그리스도인들이 주로 두 가지 관점으로 삶을 이해하고 세상 속에서 의미 있게 살아가려 한다고 보았다.[11] 그의 표현으로 하나는 "발코니"이고 또 하나는 "길"이다.

어떤 뜻으로 한 말일까? 맥케이의 주문대로 우리는 어떤 사람을 상상해 본다. 그는 온화한 저녁에 복층 저택 전면의 높다란 발코니에 앉아 저 밑의 거리를 지나가는 군중을 바라본다. 맥케이의 표현으로 "발코니 인간"은 일상생활의 고락 위로 붕 떠 있는 구경꾼이다. 그저 호기심에서 냉담하게 밑을 내려다볼 뿐이다. 신학도 이런 식으로 할 수 있다. 신앙생활에 참여하지 않고 위에 서 있기만 하는 것이다. 그러나 맥케이의 말대로 신학의 본업은 저 밑의 길바닥에서 이루어진다. 교회와 개개 그리스도인은 길에서 순례자로 살아간다. 그리스도인은 홀로 가는 나그네가 아니라 서로 "길동무"가 되어 여정 중에 진리와 의미를 찾기를 바라고 힘쓴다.

하본의 세인트 존스 교회에서 패커의 동료였던 윌리엄 리덤도 1967년 전국 복음주의 성공회 대회 중에 발표한 지역 교회의 역할에 대한 논문에서 맥케이와 비슷하게 말했다.

> 현실 세계에서 멀리 떨어져 있으면 교회는 죽는다. 지붕에서 외치거나 강단에서 중얼거려서는 안 된다. 발코니 종교는 이제까지로 족하며 더는 용납될 수 없다. 교회와 그리스도인은 밑으로 내려와 일상생활의 장 속으로 들어가야 한다.[12]

이것을 더 심화하여 패커는 길 가는 이에게 "닥쳐오는 문제는 비록 신학적인 측면도 있지만 본질상 실제적인 문제, '어느 길로 가서 어떻게 도달할 것인가'의 문제, 이해만 아니라 결정과 행동을 요하는 문제"임을 강조했다. 패커가 분명히 밝혔듯이 《하나님을 아는 지식》은 "나그네의 의문을 다룬 나그네를 위한 책"이다.[13]

이 책의 접근 방식을 이해하려면 "발코니 인간"과 "나그네"의 구분이 매우 중요하다. 그 차이의 중요성을 예증하고자 패커는 신정론, 즉 고난과 악에 대한 그리스도인의 반응이라는 단골 문제를 거론한다. 이것은 악의 기원에 대한 지적인 추론인가, 아니면 삶의 현실에 대응하여 고난과 악을 딛고 성장하기 위함인가? 악과 관련한 발코니 인간의 의문은 악이 어떻게 주권자 하나님의 선하심과 공존할 수 있는지를 이론적으로 설명하는 것이지만, 나그네의 의문은 어떻게 악을 이기고 선을 이루느냐는 것이다. 패커는 자신의 길동무들에게 주려고 이 책을 썼고, 자신도 이 길을 앞서간 이들의 지혜에 의지했다. 《하나님을 아는 지식》은 경험의 문제를 다룬 책이다. 추상적인 탁상공론이 아니라 하나님을 알고 그분께 알려지는 체험과 직접 맞물려 있다.

패커의 논의에는 늘 신학이 물씬 배어 있음을 어렵지 않게 볼 수 있다. 그런데도 표현 및 적용 방식은 훈시가 아니라 경험을 매개로 지혜를 나누는 식이다. 여기서 중요하게 지적할 점은 1970년대부터 많은 개혁 신학자가 경험을 주관론에 빠지는 오류로 보고 여간해서 고려 대상으로 치지 않았다는 것이다.[14] 패커는 애써 이 금기를 깼다. 경건을 체험하는 청교도의 풍성한 유산을 되찾는가 하면, 하나님을 아는 데 대한 칼뱅 신학이 경험을 내포하고 수반한다는 그 연관성을 신중히 예증하기도 했다.

요컨대 하나님을 안다는 의미에 대한 패커의 설명은 인지적, 경험적, 관계적이다. 앞서 보았듯이 결정적 요소는 이론 신학자와 성경 학자의 특권인 "정확한 개념"이 아니다. 패커에 따르면 "머릿속의 개념이 아무리 옳아도 마음으로는 그것이 가리키는 실체를 맛보지 못할 수 있다."[15] 하나님을 아는 지식은 과연 그분에 **대해** 아는 데서 시작하지만 거기가 끝은 아니다. 하나님을 참으로 알면 타인을 알고 사랑할 때와 비슷하게 우리 안에 다층적 변화가 일어날 수밖에 없다.

계시란 하나님이 우리에게 그분의 **뜻**만 아니라 내밀한 **마음**까지 열어 보이시는 것이다. 그래서 그것은 특권과 친밀함의 표시다. 우리가 잊어서는 안 될 사실이 있다. 하나님을 안다는 것은 지적, 의지적 관계 못지않게 감정적 관계이며 그렇지 않고서는 인격체 간의 친밀한 관계일 수 없다.[16] 이렇듯 패커는 하나님을 풍성하게 증언하는 성경의 실 가닥을 하나로 엮어, 새 예루살렘을 향해 가는 우리의 여정에서 신학과 예배와 기도와 영성과 전도의 개별적 정체를—궁극적 불가분성과 함께—이끌어 낸다.

《하나님을 아는 지식》은 국제적으로 패커의 평판을 굳혀 주었다. 명실공히 그는 신학과 영성을 생산적인 대화 속에 끌어들이고 종교개혁과 청교도의 유산을 오늘의 영적 관심사와 연결시키는 건설적인 작가가 된 것이다. 이처럼 독자층이 성공회나 영국을 벗어나 훨씬 더 넓어졌으니 그는 특정한 교단이나 국가 너머의 새로운 사역의 세계로 끌릴 수밖에 없었을 것이다. 자신의 말이 교파와 나라의 장벽을 뛰어넘을 수 있도록 말이다.

다음 장에서는 패커를 새로운 방향으로 이끈 사건의 전개와 그가 밴쿠버 리전트 칼리지의 교수가 된 경위를 살펴볼 것이다.

11

캐나다 이주

**밴쿠버의
리전트 칼리지**

《하나님을 아는 지식》의 대성공으로 패커는 당대 복음주의의 가장 비중 있는 신학 및 영성 작가 중 하나로 자리매김했다. 특히 1973년 7월 17일 케임브리지 틴데일 하우스에서 "틴데일 성경신학 강연"을 한 결과로 복음주의 진영에서 그의 명성은 계속 더해 갔다.[1] 강연 주제는 십자가가 이룬 일이 무엇이냐의 문제였는데, 많은 사람이 이 강연을 그리스도의 죽음을 대속 이론의 관점에서 가장 정교하게 변호한 사례로 평가한다. 이제 많은 비평가가 보기에 패커는 집필하고 강연하고 가르칠 시간이 더 많아질 북미의 자리로 끌릴 수밖에 없었다.

패커는 미국에서 지혜와 성숙의 인물로 점점 인기가 높아졌다. 특히 1970년대 미국 복음주의 내에 여러 뜨거운 논쟁이 터진 와중이었는데, 그중 가장 두드러진 것은 성경의 권위를 어떻게 정의하고 변호할 것이냐의 문제였다. 해럴드 린젤은 논란의 소지가 많은 *Battle for the Bible*(1976년, 성경을 위한 싸움)에서 성경의 무오성에 대한 헌신이 복음주의 정체성의 기준이 되어야 한다고 주장하면서, "복음주의"라는 용어를 버리고 "근본주의"로 대신해야 된다고까지 말했다.

패커는 이 신랄하고 다분히 비생산적인 논쟁에 휘말렸는데 영국 복음주의 작가 중에서는 그가 유일했다. 미국 복음주의 세계 바깥에 놓인 그의 위치는 분명히 이점이 되었다. 불화를 조장하는 성경의 무오성 논쟁을 일각에서는 미국 복음주의 신학과 기관의 향배를 장악하려는 시도로 보았다. 즉 북부의 복음주의 기득권 세력이 자기네 용어를 미국 전역의 복음주의 연맹에 강요하려는 시도였다. 패커는 이 논쟁에서 전혀 기득권이 없었으므로, 신학으로 가장한 권한과 위신의 세력 다툼에 개입하지 않고 진정한 신학적 사안에 집중할 수 있었다.

패커가 보기에 쟁점은 성경이 "완전한 진리"이므로 성경을 "전적으로 믿을 수 있다"는 것이었고, 따라서 "무오"(inerrancy)냐 "무류"(infallibility)냐 하는 용어 싸움은 설명의 문맥 속에서 보아야 했다. 패커는 1988년 가을, 밴쿠버 리전트 칼리지에서 강의할 때 이 문제를 언급했는데, 당시는 이 논란이 흐지부지 끝나 가던 때였다. "그래서 무오와 무류는 동의어가 되며 어감만 미묘하게 다를 뿐이다(전자는 **원전**으로서의 신빙성을, 후자는 **길잡이**로서의 신빙성을 강조한다). 두 단어 모두 굳이 쓰지 않아도 되고, 두 단어 모두 유익하게 쓰일 수도 있다."[2]

이런 과열된 신학 논쟁에 대한 패커의 우려는 따로 있었다. 우선 일부 주요 인사가 반대 의견에 위협을 느껴 상대편을 무조건 몰아내야 할 적으로 만들곤 했다. 아울러 패커는 복음주의자들이 논해야 할 진정한 신학 문제들이 있는데 이런 소모적 논쟁이 그것을 방해한다고 지적했다. 예컨대 그는 소통으로 본 계시, 이해 이론으로 본 해석학, 설교와 신학에 성경을 활용하는 법, 역사의 상대적 요소에 모든 시대의 최종 절대성이 부여되는 근거 등을 신학적으로 고찰해야 한다고 보았다.[3]

그런데 패커는 어느새 영국의 논쟁에도 말려들어 있었다. 복음주의를 대놓고 반박한 제임스 바의 《근본주의 신학》과 존 히크가 편집한 *The Myth of God Incarnate*(하나님 성육신의 신화)가 1977년에 간행되었다. 둘을 합하면 복음주의에 퍼붓는 맹공이 된다. 영국의 많은 복음주의자는 패커가 이런 위협에 맞서 주기를 바랐다. 그런데 어이없게도 일각에서는 패커를 오히려 문제의 일부로 보았다. 왜 그랬을까? 답은 성공회 교리위원회에 있다.

패커가 그 위원회의 위원이 되었을 때 위원장은 더럼 주교이자 저명한 종교철학자인 이언 T. 램지였다. 램지의 갑작스런 죽음으로 위원장직이 모리스 F. 와일즈에게로 승계되었는데, 그 직후에 그는 기독교의 전통적 가르침을 매우 회의적으로 바라보는 *The Remaking of Christian*

Doctrine(기독교 교리의 수정)이라는 책을 펴냈다. 학자인 다른 두 위원도 유서 깊은 기독교 정통을 강하게 비판했다. 데니스 나이넘은 기독교의 뿌리를 예수라는 인물과 딱히 연결시킬 필요가 없다고 주장했고, 제프리 램프는 속죄에 대한 전통적 관점들을 단호히 논박했다. 와일즈와 나이넘과 램프는 점점 더 회의적인 자기네 입장에 맞추어 기독교 신앙의 핵심 교리들을 완전히 고쳐야 한다고 보았다.

패커는 위원회에서 명백히 소수파다 보니 결정이나 선언에 영향을 미칠 수 없었다. 위원회의 1976년 보고서인 *Christian Believing*(기독교의 믿음)은 C. S. 루이스가 말한 "순전한 기독교"—합의된 광의의 기독교 정통—의 기본 특성이 결여된 모호한 타협안으로 널리 간주되었다. 패커가 처해 있던 불가능한 상황을 모른 채 일각에서 그가 성경적 정통을 대변하지 못했다는 말이 나왔다. 하지만 패커는 거의 재량이 없었다. 그 위원회에서 복음주의를 대변하는 것만도 그는 옳다고 확신했다. 다수파는 보고서에 위원들이 이미 믿고 있는 바를 기술하기로(믿어야 할 바를 규정하는 게 아니라) 정해 놓았다. 따라서 결과는 불가피했다. 패커는 이제 그곳이 불편해졌다. 자신의 신학적 견해가 더는 존중되지 않는다고 느껴졌기 때문이다.

카리스마 운동

카리스마 운동의 기원은 대체로 찰스 폭스 파럼의 사역으로, 그리고 1906~1908년 로스앤젤레스의 아주사 거리 선교회에서 있었던 일로 거슬러 올라가지만, 그것이 서구 기독교에서 세를 굳힌 것은 1970년대에 와서였다. 패커는 그 전개 과정을 예의 주시하면서 그것이 복음주의에 시사하는 바를 면밀히 분석했다. 영적 은사의 재발견은 오순절주의라는 운동과 연관되어 있으며, 대체로 이는 명백한 카리스마 성향을 보여 준 현대 최초의 운동으로 간주된다. 그러나 카리스마 운동이 복음주의 내에 본격적인 영향을 미친 것은 1960년대부터였다. 대중의 이목이 거기에 쏠린 사건은 캘리포니아의 밴 나이스에서 발생했다. 현지 성공회 교회의 교구 사제인 데니스 베넷이 회중에게 자신이 성령으로 충만해져 방언을 했다고 말한 것이다. 반응은 당혹감부터 격분까지 다양했다. 현지 성공회 주교는 즉시 산하 교회들에서 방언을 하지 못하게 금했다.

그러나 곧 분명해졌듯이 다른 사람들도 베넷과 똑같은 경험을 했다. 저명한 복음주의 신학자이자 패커의 친구인 필립 E. 휴즈는 그 현상을 직접 목격했고, 북미의 〈크리스채너티 투데이〉지와 영국 복음주의 잡지 〈더 처치맨〉(1962년 9월호)에 자신의 경험을 공개했다. 휴즈는 "살아 계신 하나님의 숨결이 점잖은 구식 주요 교단들과 특히 성공회 내의 마른 뼈 가운데서 역사하고 계신다"라는 확신을 고백했다.⁴ 그 순간부터 성령은 영국 복음주의의 의제로 굳어졌다.

다만 처음에는 이런 현상에 대해 영국에 얼마간 혼란이 있었다. 보고되는 새로운 경험이 케직의 성결 교훈에 기초하여 설명될 수 있다고 보는 이들은 이를 기존의 영성이 더 강화된 것으로 해석했다. 마틴 로이드-존스는 1962년 10월 8일 웨스트민스터 펠로십 모임에서 이 주제를 토론에 부쳤다. 상당수의 성공회 소장파 성직자가 이미 모종의 카리스마 쇄신을 경험한 것이 곧 확인되었고, 특히 켄트 질링엄의 세인트 마크스 교회는 쇄신의 중요한 구심점이 되었다.

질링엄의 세인트 마크스에서 섬겼던 세 사람을 포함해서 성공회 성직자 넷이 1963년 4월 9일 런던에서 마틴 로이드-존스와 회동했다.⁵ 당시 로이드-존스는 성공회 복음주의 진영에서 많은 사람에게 깊이 존경받고 있었다. 네 사람의 경험을 귀담아 듣고 나서 그는 1949년 여름에 헤브리디스 제도를 방문했을 때 자신에게 벌어졌던 비슷한 일을 그들에게 들려주었다. 그들이 "성령의 세례를 받았다"는 게 그의 결론이었다.

의심할 여지없이 카리스마 운동은 그리스도인의 삶과 경험에서 성령이 하시는 역할을 재발견함으로써 교회에 새로운 활력을 불어넣었다. 그러나 성령의 역할이 새롭게 강조되면서 긴장과 논란도 뒤따랐다. 가장 두드러진 예로 평소 그리스도인의 삶에서 성령 체험이 중요한지 여부가 있었고, 말씀과 성령의 관계도 빼놓을 수 없었다. 패커는 1960년대 말 이후로 이 중요한 논의에서 신학적으로 중대한 목소리를 냈고, 때로는 유일한 목소리였다고 말할 수밖에 없다.[6] 패커의 전략은 앞서 이미 본 바와 같다. "무르익는 연합"의 간행에 개입한 데서 분명히 볼 수 있듯이, 그는 교회 직제의 문제에서 서로 차이가 있더라도 기독교의 기본 정통에 헌신된 이들과는 가능한 한 어디서든 협력했다(9장의 "마틴 로이드-존스와의 결별" 단락을 참조하라). 패커가 보기에 분명히 카리스마 운동은 1970년대 초에 성년에 이르렀고, 복음주의자들이 이 운동을 진지하게 대하고 긍정적으로 볼 필요가 있었다.

고전 복음주의와 카리스마 운동 사이의 신학적, 경험적 괴리를 이으려는 패커의 열망과 역량은 이 운동의 세가 불어날수록 새삼 빛을 발했다. 평소에 영성과 복음주의적 협력을 중시한 그는 이 새로운 운동을 진지하게 대했으나, 복음주의의 다른 고위 인사들은 이를 일시적인 신학의 유행으로 보고 일축하는 경향이 있었다. 1970년대 영국에서 이처럼 다리를 놓으려고 열심히 애쓴 이들은 패커를 위시해 소수에 불과했다. 반면에 성공회 내의 많은 중견 복음주의자는 이 운동과 특히 "성령 세례" 문제를 적대적으로 보는 편이었다.

1974년의 고위급 절충 대회에 존 스토트를 비롯한 다수의 유수한 복음주의자가 모여 1967년 전국 복음주의 성공회 대회(7장의 "전국 복음주의 성공회 대회(1967년)" 단락을 참조하라) 이후의 경과를 토의했다. 패커도 참석하여 킬 이후의 전개 상황을 조사한 내용을 발표하면서 카리스마 운동의 성장과 관련된 사안들을 강조했다. 그는 카리스마 계열이 아닌 복음주의자들도 분명히 이제 카리스마 운동 내에 "필수 복음주의"가 충분히 있음을 인식할 때가 되었다고 역설했다. 따라서 양측의 매우 긍정적인 관계가 가능해진 만큼 이제부터 중요한 사안들에서 그들과 협력하는 게 바람직하다는 것이었다.[7]

패커의 연설에 기초하여 존 스토트는 실제로 복음주의와 카리스마 운동 진영의 연계를 강화할 길을 모색할 때가 되었다고 판단했다. 그래서 패커와 존 베이커(브리스톨의 틴데일 홀에서 수련한 유명한 칼뱅주의자)에게 토론 문건의 작성을 의뢰했다. [스토트와 패커 등] 성공회 복음주의 위원회의 대표적인 복음주의자들과 [마이클 하퍼와 데이비드 왓슨 등] 카리스마 계열의 인사들이 일명 "복음과 성령" 그룹을 결성했다. 이 그룹은 18개월에 걸쳐 나흘간의 회담을 벌인 끝에 결국 공동 성명을 발표했다. 1977년 제2차 전국 복음주의 성공회 대회에서 카리스마 문제가 분열의 원인이 되지 않은 데는 이 성명의 역할이 결정적이었다는 게 중론이다. 이제 그 대회에 대해 살펴보자.

노팅엄: 제2차 전국 복음주의 성공회 대회

1974년에 존 스토트 등 복음주의 지도자들은 1967년 킬에서 열린 전국 복음주의 성공회 대회의 성과를 굳히고 그 영향력을 확대하기 위한 조치가 필요하다고 보았다.[8] 이에 성공회 복음주의 위원회, 교회 협회, 교회 목회 보조 협회는 킬 10주년을 기하여 제2차 대회를 열기로 합의했다. 이제 킬은 성공회 내 복음주의의 기류를 결정적으로 변화시킨 전기로 인식되었다. 다만 다음과 같은 인식이 깊어진 것도 제2차 대회가 열리는 배경으로 작용했다. 즉 일각의 바람만큼 킬을 통해 전국 성공회 내에서 복음주의의 영향력이 더 커지지는 못했다는 것이다. 킬의 가장 큰 전술적 성과는 성공회와 감리교의 연합 논의를 저지한 것인데, 이는 성공회 고교회파와의 동맹을 통해서만 실현되었다. 하지만 고교회파 측에서 그 논의를 반대한 이유는 패커 같은 복음주의자들이 제시한 이유와는 근본적으로 달랐다.

1967년 킬 대회 때는 라티머 하우스와 긴밀히 연계된 소그룹이 스토트와 패커의 주도 하에 전략적 방향을 제시했지만, 1977년의 후속 대회 때는 훨씬 큰 규모의 기획위원회가 결성되었다. 패커는 이번 대회로 인해 초점이 흐려져 지역 교회들에서 킬 대회의 비전을 추진하는 데 오히려 방해가 될 것으로 보았으나, 소수 의견에 그쳤다. 대다수는 제2차 대회가 꼭 필요하다는 입장이었다. 이견은 두 번째 기획 회의에서도 불거졌다. 패커는 이번 대회에서 윤리 같은 중요한 특정 주제 하나에 집중해야 한다고 보았으나, 스토트는 대회가 충분히 힘을 받으려면 무리하지 않는 선에서 최대한 다양한 사안을 다루어야 한다는 입장이었다. 결국 스토트의 의견 쪽으로 결정되었다. 끝으로 패커는 그렇게 폭넓은 사안을 고찰할 거라면 대회의 보고서를 채택하는 게 별 의미가 없다고 말했다. 이번에도 그는 소수파였다. 대회를 주관할 실행 위원회가 결성되고 존 스토트가 위원장이 되었다. 대회는 1977년 4월 14일 목요일부터 18일 월요일까지 이스트 미드랜즈의 노팅엄 대학교 스포츠 홀에서 열리기로 정해졌다. 의미심장하게도 패커는 실행 위원이 아니었다.⁹ 처음부터 그는 이 행사의 주변부에 놓였던 것 같다.

노팅엄 대회는 참석자가 많아서 킬 대회의 두 배에 달했다. 논의의 초점은 행사의 학습 안내서 격인 세 권의 책자—"주 그리스도," "변화하는 세상," "하나님의 백성"—의 내용이었다. "그리스도의 주재권"을 세심한 표현으로 변호하고 적용한 패커의 글도 수록되었다.¹⁰ 탄탄하고 해박하고 설득력 있는 이 신학적 고찰은 패커의 가장 값진 글 중 하나로 꼽힌다. 그러나 특히 해석학에 대한 앤서니 티슬턴의 논문에 비해 거의 주목받지 못했다. 성경에 명시되지 않은 현대의 특유한 의문들에 억지로 성경으로 답하는 게 위험한 시도임을 강조한 티슬턴의 글은 대회에서 채택된 최종 성명서의 기조를 이루었다. 그의 이름이 명시되지는 않았지만, 현대의 성경 해석 및 적용과 관련된 많은 조항에 그의 견해가 암시되었다.

노팅엄 대회는 성공회 복음주의자들이 일련의 굵직한 신학적, 실제적 사안을 고찰할 기회가 되었다는 점에서 유익했다. 다만 이제 와서 보면 편의와 기회라는 이유 외에 성공회 교인이 동시에 복음주의자여야 할 설득력 있는 근거를 제시하지는 못했다고 할 수 있다. 패커도 "성공회 복음주의의 정체성 문제"가 있음을 인식하고, 대회의 여파가

가라앉은 후에 이 문제를 지금도 자주 인용되는 중요한 소책자에 담아냈다.[11] 그러나 노팅엄 대회의 일부 소장파는 패커가 결정적으로 중요하게 여긴 사안들의 의의를 배격하거나 경시하는 듯하여 그의 우려를 키웠다. 예컨대 당시 영향력 있는 전도 사역으로 요크 시와 학생들 세계에 알려져 있던 데이비드 왓슨은 "종교개혁은 교회에 발생한 사상 최대의 비극 중 하나였다"라고 공언했다.[12] 또 대회 측은 성명서 어디에도 39개조의 지속적 역할을 언급하지 않았다. 하지만 패커 등 다른 참가자들에게 39개조는 성공회가 처음부터 정통 신학에 헌신되어 있다는 고백이었다.

아울러 패커는 보수 복음주의 정체성의 핵심 표지 중 하나가 이 대회에서 옆으로 밀려난 것 같아 걱정되었다. 역사적으로 복음주의는 한때 형벌 대속의 교리만을 그리스도의 십자가에 대한 정당한 해석으로 간주했다. 그런데 19세기 말과 20세기에 그 교리에 대한 비판이 고조되었다. 패커는 1973년의 틴데일 강연에서 이 문제에 답하며(이번 장 서두를 참조하라) 그리스도의 죽음의 대속적 성격을 재천명했다. 하지만 노팅엄 대회에서 밝혀졌듯이 속죄를 전통 복음주의 관점에서만 보는 데 점점 반감을 표하는 복음주의자가 많아졌다. 최종 성명서에 그 점이 명확히 기술되어 있다.

속죄에 대해서라면 그리스도의 죽음과 부활이 구원의 복음의 핵심임을 우리 모두가 즐거이 인정한다. "성경대로 그리스도께서 우리 죄를 위하여 죽으시고 … 사흘 만에 다시 살아나사." 하지만 이와는 별개로 우리는 속죄에 대한 성경의 다양한 표현을 강조한다. 그리스도께서 우리를 대신하여 죽으셨다는 진리를 십자가에 대한 설명의 핵심으로 보는 이들도 있지만, 그 진리를 똑같이 매우 중시하면서도 상대적으로 성경의 다른 은유들의 의미를 더 강조하는 이들도 있다.[13]

이후에 바뀐 패커의 진로를 보면서 쉽게 이런 생각이 들 만도 하다. 복음주의 성공회의 신세계는 정말 자신의 자리가 아닌 것 같아 그가 영국을 떠나 자신의 역할이 지속될 만한 곳을 찾아갔다고 말이다. 하지만 그보다는 성공회 내 복음주의의 달라지는 기류와 의제에 점점 더 단절감이 들어 다른 사역의 제의를 수락하기가 쉬워졌다고 보는 게 더 정확할 것이다. 그가 어느 길을 택하든 지금과 같지는 않을 것이다. 그에게 사역의 새로운 장이 필요했다. 그런 사역의 가장 확실한 자리는 필라델피아의 웨스트민스터 신학대학원처럼 개혁주의 전통에 뿌리를 둔 미국 학교나 시카고 바로 북쪽의 트리니티 복음주의 신학대학원처럼 처음부터 복음주의를 표방한 학교에 있었다. 그러나 결국 그의 인생행로를 바꾸어 놓은 부름은 캐나다 서부에서 왔다.

밴쿠버의 리전트 칼리지

명문 복음주의 신학대학원으로 우뚝 선 밴쿠버 리전트 칼리지의 기원은 1960년대 말로 거슬러 올라간다. 일단의 저명한 복음주의자가 평신도 중심의 새로운 신학교가 필요함을 인식했는데, 그중에는 기독교 형제교단과 연계된 사람이 많았다.[14] 이 비전이 싹트는 데 많은 요인이 작용했다. 많은 사람이 프란시스 쉐퍼의 라브리 공동체를 기독교 학문의 중심지로 예찬했지만, 복음주의 정체성을 지키면서도 주요 대학교 내에 자리해 있다면 더 영향력이 크리라는 아쉬움도 있었다.[15] 리전트 칼리지는 평신도 교육에 구심점을 두고 1968년에 북미 최초의 신학 "대학원"으로 설립되었다. 첫 교육은 이듬해 여름 학기에 브리티시컬럼비아 대학교 캠퍼스의 세인트 앤드루스 홀에서 56명의 학생을 대상으로 출범했다.

1970년에 리전트 칼리지는 제임스 휴스턴을 초대 학장으로 임명하고, 위 대학교 부지의 장로교 사역 학교인 유니언 신학대학 지하에 사무실과 강의실을 마련했다. 휴스턴은 자신이 어떤 기관을 만들고 싶은지를 정확히 알았다. 첫째로, 새 칼리지는 쉐퍼의 라브리와 달리 캠퍼스에 위치하여 그 대학교와 공식으로 제휴한다. 둘째로, "성경학교"가 아니라 신학 "대학원"이어야 한다. 셋째로, 노선은 초교파 복음주의다. 이 비전은 분명히 많은 사람의 주목을 끌었다. 학교의 평판과 학생 수는 급성장했고, 1972년에 개설된 기독교학 석사 과정은 이 학교의 명물이 되었다.

휴스턴의 두 번째와 세 번째 목표는 1972년까지 이루어졌다고 볼 수 있다. 1974년에는 마침내 첫 번째 목표도 달성되었다. 브리티시컬럼비아 대학교와의 제휴가 이루어졌고, 밴쿠버 웨스브룩 몰의 새 부지로 이전하여 그 대학교의 남학생 기숙사였던 건물 두 채를 사무실과 강의실로 인수한 것이다. 이제 휴스턴은 교수진을 확충할 수 있게 되었다. 첫해의 주전 교원 셋은 신약학 조교수 워드 개스크와 구약학 조교수 칼 E. 아머딩, 그리고 "학문간 융합 및 환경학" 분야를 가르친 휴스턴 자신이었다. 평신도 학생들과 잘 통하면서 교파를 뛰어넘어 가르칠 수 있는 신학자가 하나 더 필요했다.

1974년에 휴스턴은 클라크 H. 피녹을 리전트 칼리지 최초의 조직신학 및 기독교 신학 조교수로 임용했다. 탁월한 인선이었다. 캐나다인으로서 맨체스터에서 F. F. 브루스에게 수학한 뒤 뉴올리언스 침례 신학대학원에서 신약학 및 조직신학 교수로 재직한 피녹은 휴스턴이 리전트 칼리지에 장려하려 한 국제 경험을 갖춘 인물이었다. 그는 *A Defense of Biblical Infallibility*(1967년, 성경 무오성의 변호), *Set Forth Your Case*(1967년, 논거를 제시하라), *Evangelism and Truth*(1969년, 전도와 진리), *Biblical Revelation: The Foundation of Christian Theology*(1971년, 성경의 계시: 기독교 신학의 기초) 등 계시와 변증 분야의 중요한 저서를 통해 북미 복음주의를 선도하는 소장파 신학자로 입지를 굳혔다. 그의 평판이 더해 갈수록 리전트 칼리지에 더 많은 학생이 모여들었다. 그런데 1977년에 피녹은 온타리오 주 맥매스터 신학교에 발탁되어 동부로 옮겨 갔다.

이제 휴스턴이 피녹의 후임자로 부를 만한 사람은 누구일까? 리전트의 교수진에는 물론이고 학생을 끌어들일 만한 국제적 명망과 잠재력 면에서도 큰 공백이 생겨났다. 이 분야에서 리전트의 탁월한 명성을 이어 갈 만큼 국제적 인지도와 존재감을 갖춘 신학자를 시급히 찾아야 했다. 휴스턴의 생각은 막연히 1940년대로 돌아갔다. 당시 패커는 옥스퍼드 학부생으로서 형제교단의 한 지역 교회에 다녔는데, 마침 휴스턴이 속해 있던 옥스퍼드 동부의 교회였다. 청년 시절 이후로 패커는 아주 유명해졌다. 그가 캐나다로 올 마음이 있을까? 알아보는 방법은 하나뿐이었다. 캐나다 현지 시각으로 새벽 3시가 막 지났을 때 휴스턴은 국제 전화를 걸었다.

패커는 그때의 일이 기억에 선했다. 1976년의 어느 아침에 브리스톨 트리니티 칼리지의 서재에서 일하고 있는데 11시 10분에 전화벨이 울렸다. 발신자인 휴스턴은 패커에게 클라크 피녹이 곧 비우게 될 리전트 칼리지의 신학 교수직에 관심이 있느냐고 물었다. 리전트라면 패커도 아는 곳이었다. 그 기관에 방문했다가 학풍에 전적으로 공감한 적이 있었다. 특히 성직자와 평신도 사이의 장벽을 허물고자 은근히 힘쓰는 게 마음에 들었다. 그는 휴스턴에게 취지를 서한으로 보내 줄 것을 요청하면서 일단 가능성을 신중히 고려해 보겠다고 답했다. 대서양 저편으로 와 달라는 청빙을 받은 게 이번이 처음은 아니어서 패커는 외교적으로 부드럽고도 단호하게 거절하는 데 꽤 익숙해져 있었다. 이번 청빙도 똑같이 점잖게 사양할 생각이었다.

일주일 후에 휴스턴의 편지가 도착했다. 편지를 읽다가 문득 패커는 이 제안이 정말 좋은 기회가 될 수도 있겠다는 생각이 들었다. 앞서 살펴본 여러 이유로 그는 영국에서 자신이 처한 상황에 좌절해 있었고, 이후 몇 년 내로 그것이 개선될 가망은 보이지 않았다. 게다가 휴스턴이라면 그가 1940년대 말 옥스퍼드에 함께 있을 때부터 알고 존경하던 사람이었다. 휴스턴은 리전트 칼리지의 교수진이 모두 대등한 동료라는 개념을 중시했는데, 이는 패커가 합병 당시 트리니티 칼리지의 조직에 반드시 흡수하려던 모델이었다.

리전트 칼리지의 교수가 되면 이는 여태 그를 성공회와 초교파 복음주의 둘 다에 집중하게 해 준 양면 전략과도 잘 맞아든다. 웨스트민스터 신학대학원 같은 미국의 교단 신학교로 가면 이 전략을 실행하기가 어려울 것이다. 여태 그가 영국에서 성공회 신학대학에 임용되어 그곳을 초교파 사역의 기지로 삼았듯이, 리전트로 간다면 초교파 학교에 임용되어 그곳을 성공회 사역의 기지로 삼을 수 있을 것이다.

게다가 패커는 캐나다와 특히 밴쿠버를 좋아했다. 캐나다는 그에게 문화적으로 영국과 미국의 중간쯤 되어 보였다. 북미의 어딘가로 이주해야 한다면 그는 미국보다 캐나다를 선호했다. 패커의 어머니와 아버지는 각각 1965년과 1972년에 돌아가셨으므로 이제 국내에서 그에게 집안에 대한 책임은 더 없었다. 자녀의 교육은 조정하면 될 것이었다. 그러나 아마도 결정적인 요인은 리전트 칼리지로 옮기면 글을 쓸 시간이 더 많아진다는 것이었다. 이는 중요하게 고려할 사항이었다. 교회를 격려하고 떠받치고 깨우치는 책들을 쓰는 일을 패커가 자신의 소명에서 빼놓을 수 없다고 확신했기 때문이다.

많은 생각 끝에 패커는 휴스턴에게 편지를 보내, 그의 제의를 꼭 받아들이고 싶으나 1979년까지는 움직일 수 없다고 말했다. 1977년에 노팅엄 대회가 있었으니 그는 그 후로 충분히 오랫동안 기다렸다가 이주를 발표해야 한다는 생각이 들었다. 영국을 떠난다는 자신의 결정이 그 대회에서 있었던 일에 대한 암묵적인 비판으로 해석되기를 원하지 않았기 때문이다.

휴스턴은 이 긍정적인 반응(확답은 아니지만)에 고무되어 즉시 리전트의 교수 채용 절차에 착수했다. 패커는 그즈음 북미를 방문했을 때 24시간 동안 조용히 리전트에 머문 적이 있었다. 나중에 알고 보니 (당시 스위스의 세인트 크리스초나 신학대학원에서 가르치고 있던) 클라우스 보크뮤엘도 리전트에 교수로 오려고 면접을 보던 중이었다. 패커에게 한 것과 거의 똑같은 방식으로 휴스턴이 그에게도 접촉했던 것이다. 처음에 리전트 칼리지 이사회는 재정 형편 때문에 패커와 보크뮤엘 중 하나를 선택할 수밖에 없었는데, 논의 끝에 둘 다 임용하는 쪽으로 바뀌었다.

제의를 받아들이려는 패커의 마음에 쐐기를 박아 준 결

정적 요인이 있었다. 패커도 알던 유명한 복음주의자 해리 S. D. 로빈슨이 리전트에서 멀지 않은 쇼네시의 세인트 존스 교회 교구 사제로 임명된 것이다. 패커가 밴쿠버 이주를 망설인 이유 중 하나는 자신이 사역하기에 적합한 성공회 교회가 딱히 없어서였다. 그런데 로빈슨이 패커에게 그 교구의 명예 부제직을 제의함으로써 마침내 소명과 관련해서는 모든 요건이 충족된 듯했다. 다만 패커는 아내 키트도 타국 이주에 찬성하는지를 확실히 하고 싶었다.

패커가 직위를 수락하기로 최종 결정한 때는 1978년 리전트 칼리지의 여름 학기 중이었다. 키트와 함께 밴쿠버에 초대되어 3주를 지내는 동안 그는 조직신학 기초 과목을 가르쳤다. 아내에게 밴쿠버를 직접 경험해 보고 거기에 정착할 수 있을지 판단할 기회를 주기 전에는 분명히 자신도 확약을 할 수 없었다. 이 현지 체험의 시기가 결국 수락 과정의 마지막 단계가 되었다. 밴쿠버에서 행복하게 살 수 있겠다는 키트의 답을 듣고 나서야 패커는 학교 측의 제의를 정식으로 받아들였다. 여름 학기를 마치면서 그는 이듬해 가을에 다시 돌아와 리전트 칼리지의 전임 교원이 될 것을 발표했다.

패커의 삶에 새로운 시기가 열렸다. 아마 이때가 황금기였을 것이다. 그의 발표를 밴쿠버에서는 기쁘게 맞이했고 영국에서는 깜짝 놀라며 슬퍼했다. 그러나 결과적으로 옮기기를 잘했을 뿐 아니라 올바른 결정이었다. 패커는 리전트 칼리지에서 승승장구했다. 영성과 사역과 성경에 신학을 접목하려는 열정을 품고 보수 복음주의의 대표 신학자로서 자신의 평판을 굳혀 나갔다.

패커가 흔히 "보수" 신학자로 지칭되는 만큼, 여기서 다시 내러티브를 중단하고 그 말이 무슨 뜻인지 살펴볼 필요가 있다.

보수주의

"좋은 것을 취하고"

◆

패커는 보수적인 기독교 사상가였다. 하지만 그렇게 말하기는 쉬워도 여기에는 신중하고 세심한 설명이 필요하다. "보수"라는 개념에서 연상되는 문화적, 정치적 색깔은 패커를 그렇게 지칭하는 참뜻을 이해하는 데 도움이 되지 않는다. 물론 패커는 "보수 그리스도인"이자 "보수 복음주의자"로 자처했다. 특정한 견해—예컨대 가정의 역할이나 여성의 사역에 대한—를 보아도 그는 보수 사상가로 분류될 만하다. 그러나 패커는 자신이 이런 견해를 고수한 근거가 보수 이념에 있지 않고 성경 해석에 있다고 보았다.

여기서 이해의 가장 좋은 출발점은 이 문제에 대한 패커의 전반적 사고의 밑바탕이 된 "범사에 헤아려 좋은 것을 취하고"(살전 5:21)라는 성경 본문이다. 이 본문은 범사에 무비판적으로 인정하고 수용하라고 말하지 않고, 걸러 내고 제련하는 비판 과정을 거쳐 "좋은" 것과 정말 중요한 것을 잡아내서 지키라고 말한다. 영국의 철학자 로저 스크러튼은 우리 시대의 가장 유능하고 사유가 깊은 보수 철학자 중 하나다. 영향력 있는 저서 *Conservatism*(보수주의)에서 그는 보수 사고방식의 기저에 깔린 두 가지 주제를 "좋은 것들일수록 창조하기보다 파괴되기가 더 쉽다는 소신, 그리고 정치적으로 공작된 변화에 맞서 그 좋은 것들을 지키려는 의지"라고 짚어 냈다.[1] 동일한 소신과 의지를 패커의 저작에서도 똑똑히 볼 수 있다.

패커는 그것이 종종 "위대한 전통"을 실천하고 탐구하고 소통하는 것으로 표현된다고 보았다. "전통"이란 단어의 라틴어 어원(traditio)에는 "넘겨주다, 물려주다, 전수하다"와 같은 중요한 개념이 담겨 있다. 그런 의미로 보면 전통은 철저히 성경적인 개념이다. 바울은 자신이 다른 사람들에게서 받은 기독교 신앙의 핵심 교훈을 독자들에게 전수한다고 말했다(고전 15:1-4). "전통"이란 단어에는 서로 관련된 두 가지 의미가 있다. 하나는 남에게 교훈을 전수하는 행위고, 또 하나는 그렇게 전수되는 교훈 자체다. 요컨대 과정과 교훈 둘 다를 전통이라 볼 수 있다. "네게 부탁한 아름다운 것을 지키"는 일의 중요성이 특히 목회 서신에 강조되어 있다(딤후 1:14).

그런데 여기서 더 따져 보아야 할 문제가 있다. 야로슬라프 펠리칸이 예일 대학교에 역사신학자로 있던 시절에 그것을 깔끔하게 표현했다. "전통은 죽은 자의 살아 있는 믿음이지만 전통주의는 산 자의 죽은 믿음이다. 전통주의가 전통에 오명을 뒤집어씌운다는 말도 덧붙여야겠다."[2]

펠리칸의 말마따나 우리는 과거에 대대로 말하거나 실천한 것이라면 무엇이든 인정하고 따라 해야 할 것만 같아 <u>스스로 과거의 노예가 되기가 너무 쉽다</u>. 그러면서 그것을 자신이 전통에 충실하다는 표시로 또는 전통적 성경 해석의 신빙성을 인정한다는 뜻으로 생각한다. 그러나 과거의 신학자들과 교회 지도자들도 과오를 범했다. 그들이 습관을 들인 사고와 행동은 당시의 문화 정황에서는 잘 통했지만 현대의 사뭇 다른 상황에서는 때로 무용지물이다. 단적인 예로 칼뱅이 1540년대와 1550년대에 제네바에서 펼친 사역은 여러모로 정말 혁신적이고 창의적이었지만, 그때의 조직과 시행을 지금도 고수할 이유는 없다. 많은 학자가 보기에 그런 사역은 그 시대의 제네바라는 특수한 정황을 염두에 두고 창안된 것이다.

과거의 유산에 비판적이면서도 건설적으로 접근할 수 있는 길을 모색해야 한다. 이제 보니 틀렸거나 부적합하다 싶은 부분은 걸러내고, 좋고 옳고 유익한 부분은 지켜야 한다. 이 일을 잘못하면 어느새 우리는 부질없고 무의미하게 과거에 갇혀 버린다. 그러나 이 일을 잘하면 성경 해석 등 과거의 소중한 신학적 유산을 향유할 수 있어 오늘 우리의 사역과 사고가 풍성해진다.

패커가 하본의 세인트 존스 교회에서 부제로 사역하던

1950년대 초로 돌아가 보자. 당시 이 교회는 보수 복음주의 전통 안에 굳게 서 있었고, 그것이 여러 모습으로 분명히 드러났다. 예컨대 윌리엄 리덤은 강해 설교에 헌신했고 전도를 중시했다. 이 교회와 전통 개신교의 일치된 노선은 **시각적으로도** 나타났다. 당시의 세인트 존스는 "검은 가운"의 교회로 알려져 있었다. 성직자가 설교할 때 성직자용 예복 대신 장 칼뱅 등 16세기 제네바의 개혁가들처럼 검은 가운을 입었기 때문이다.

그러나 21세기의 성공회 복음주의자 중에는 검은 가운을 입는 사람이 거의 없다. 그 전통의 유익한 용도가 다했다고 보는 것이다. 한때는 그것이 중요했을 수 있지만 1960년대부터는 오히려 부채로 간주되었다. 과거에 갇힌 채 급변하는 문화 정황에 적응하지 않으려 한다는 가시적 표시인 셈이다. 그러나 강해 설교에 헌신하고 전도를 중시하는 부분은 그 전환기에도 계속 복음주의의 필수 요소였다. 그러므로 우리는 과거의 어떤 면이 필수이고 어떤 면이 없어도 되는지를 분별해야 한다. 한때 자산이었던 전통적 관행이 언제부터 부채로 변하는지를 물어야 한다.

패커 자신의 관점은 1992년에 쓴 "보수주의의 위안"에 밝혀져 있다. 복음주의가 견실해지는 데 전통이 어떤 역할을 할 수 있는지를 아주 알기 쉽게 설명한 글이다.[3] 그가 제대로 지적했듯이 "보수주의"라는 단어에는 두 가지 "어감" 내지 의미가 있다. "자신이 받은 유산에서 참으로 값지다고 여겨지는 부분은 무엇이든 지키려는 단호한 의지"일 수도 있고, "오래된 관습이라는 이유만으로 오래된 관습에 집착하는" 고집일 수도 있다.[1] 이렇듯 보수주의를 보는 패커의 관점은 스크러튼과 비슷하다. 여기에는 "우리의 지성을 구사하여 비판적으로 분별할 책임이 뒤따르며, 필요하다면 문화의 시류에 역행하기도 해야" 한다.

패커에게 보수주의란 전통주의, 즉 "뒤만 바라보는 고인물"이 아니다. 안전한 과거로 회귀하려는 무난하되 잘못된 시도가 아니라, 살아 있는 전통에 닻과 뿌리를 두고 현재를 제대로 유의미하게 살려는 시도다. 그러려면 과거를 존중하되 숭배하지는 않으면서, 재고하고 걸러내는 과정이 필요하다. 그래야 소중하게 지킬 값진 부분을 찾아내 인증할 수 있다. 기독교의 과거는 성경과 씨름해 온 오랜 역사이기도 한데, 이는 가능한 해석을 고민하는 우리에게 **유익할** 수 있으나 결코 **규범**은 아니다. 예나 지금이나 모든 성경 해석은 성경 본문 자체에 비추어 평가되어야 한다. "우리는 초대 교부로부터 현재에 이르기까지의 귀중한 자원을 모아 성경을 책임감 있게 이해할 수 있다. 그러나 그런 해석(전통)들이 결코 최종 답은 아니며 늘 성경을 기준으로 더 검토되어야 한다."[5]

펠리칸처럼 패커도 전통주의의 위험을 인식했다. 그 위험이란 "하나님의 것이 아닌 인간의 개념과 관습을 절대화하는 것인데, 인간의 것이기에 일시적이고 변할 수밖에 없다."[6] 이렇게 "문화에 맞서는 전통주의"는 충실한 기독교 신앙으로 비쳐지기 쉽지만, 사실은 문화의 변화라는 현상을 외면하는 데 불과하다. 전통주의는 특정한 신학 용어나 진술 자체를 곧 기독교 정통으로 보는 "어휘 만능의 심리"를 낳는다(이 대목에서 패커는 단어의 본뜻보다 "무오"라는 말 자체에 사활을 걸었던 성경의 무오성 논쟁을 염두에 두었다).

이런 무익한 전통주의를 배격한 패커는 오늘의 교회가 과거의 지혜롭고 좋고 참된 것을 분별하여 기쁘고 즐겁게 원용할 수 있다고 보았다. "전통 덕분에 우리는 우리보다 앞서 성경을 고찰한 많은 거장의 도움을 받을 수 있다."[7] 우리 신앙의 역사적, 공동체적 차원을 재발견하면 기독교의 과거의 위대한 보화와 자원을 지금 마음껏 누릴 수 있어 현대 복음주의의 삶과 증언이 풍성해진다. 패커의 말대로 우리는 "과거에 대대로 신실하셨던 하나님에게서 진리와 지혜를 양분으로 받을" 수 있다.

이렇듯 패커는 개인주의에 빠지거나 현재의 신학적, 문화적 규범에 과도히 의존하는 데 대한 대응책으로 전통의 회복을 예찬했다. 그러면서 여기에 오해의 소지가 있음도 인식했다. 그가 강조했듯이 전통을 중시하는 것은 "전통주의"와 같지 않다. 전통주의는 향수에 젖어 뒤만 바라보는 기독교 신앙이다. 1950년대나 1920년대나 1820년대나 1730년대에(관점에 따라 복음주의 역사에서 "황금기"로 여겨지는 어느 시대에든) 복음주의자들이 말하고 실천한 그대로 우리도 무조건 따라해야 한다고 우기면, "성령을 소멸하여 교회가 무력하고 무능해질 수" 있다.

패커가 아주 분명히 밝혔듯이 전통을 중시한다 해서 복음주의에서 강조하는 성경만의 최고 권위와 모순되는 것은 아니다. 전통의 역할은 교회를 **지원하는** 것이지 권위로 교회를 **지배하는** 게 아니다. 패커의 입장은 루터와 칼뱅으로 대변되는 16세기 종교개혁 본류와 맥을 같이한다.[8] 강경한 비판으로 전통의 역할을 일체 거부한 "급진 종교개혁"이나 "재세례파" 운동과는 다르다. 패커가 보기에 전통이 하는 일은 호령하는 게 아니라 돕고 안내하는 것이다. "성경의 의미를 진술하려는 인간의 모든 시도에서 최종 권위는 성경에 있어야 하며, 인간의 그런 시도가 모여서 된 전통은 우리를 지배하는 게 아니라 지원하는 역할을 한다." 결국 모든 성경 해석은 성경 자체에 비추어 평가되어야 하며, 과거에 교회—복음주의도 포함해서—가 성경을 오해했음을 인정해야 한다.

우리 모두는 좋고 지혜롭고 건전한 전통의 수혜자면서 부실하고 어리석고 불건전한 전통의 피해자다. 바로 여기서 성경의 절대적인 "최종 권위"가 알곡과 쭉정이를 갈라내야 한다. 그래서 사도 바울은 "범사에 헤아려 좋은 것을 취하고"(살전 5:21)라고 권면했다.

패커가 초기의 역작《근본주의와 성경의 권위 & 자유주의》(1958년)에 지적했듯이 기독교의 과거는 복음주의의 현재에 자원을 공급한다. 성경을 해석하여 그 속의 많은 보화를 풀어내려 할 때도 우리는 과거의 지혜에서 배울 수 있다.

성령은 처음부터 교회에서 역사하여 본연의 보냄 받으신 임무를 수행하셨다. 즉 하나님의 백성을 인도하여 계시된 진리를 깨우쳐 주셨다. 이렇게 교회가 성경을 이해하려 애쓴 역사는 한 편의 성경 주석과도 같아서, 그것을 경멸하거나 무시하면 성령을 욕되게 할 수밖에 없다. 성경의 권위라는 원칙을 내세워 교회사 책을 읽고 배우지 못하게 금한다면 이는 복음주의가 아니라 재세례파의

오류다.⁹

이렇듯 패커는 전통을 무비판적으로 수용할 게 아니라 평가해야 한다고 보았다. 전통은 우리의 성경 해석에 영향을 미쳐 어떤 개념은 부각시키고 다른 개념은 흐릿하게 하기가 너무 쉽다. 패커의 말대로 모든 개신교인은 성공회, 침례교, 오순절, 세대주의, 개혁교단, 루터교, 감리교, 메노나이트 같은 전통 안에 있다 보니 눈이 뜨여 있는 부분과 감겨 있는 부분이 따로 있다. "모든 전통은 눈가리개 역할을 한다. 평소에 늘 보라고 배운 부분은 거기에 우리의 시선이 집중되어 똑똑히 보이지만, 우리가 놓치는 부분은 다른 전통 쪽에서 더 잘 파악한다."¹⁰ 그러므로 상이한 전통의 그리스도인들이 대화를 통해 서로 맹점을 찾아내서 고치도록 도와 주고, 우리의 삶과 생각 속에 성경 전체가 조명되고 적용되게 해야 한다.

역사가인 패커는 전통이 어떻게 선입견으로 작용하여 성경을 특정한 방식으로 해석하게 하는지를 알았다. 그런데 우리는 그 "빤하거나 자명해" 보이는 성경 해석의 설득력이나 개연성도 사실은 전통에서 왔음을 모른다. 유서 깊은 성경 해석법이라 해서 반드시 옳은 것은 아니다! 어쩌면 똑같이 중요하게 패커는 과거의 논쟁이 어떻게 현대의 성경 해석에 두고두고 악영향을 미치는지도 지적했다. "많은 개신교인은 천주교의 성례주의를 반박하다 못해 아예 성례를 불신하고 사실상 그 중요성을 부인하는 지경에까지 이르렀다."

패커에 따르면 전통을 긍정적이면서도 비판적으로 대하면 다음 세 가지 방식으로 바람직한 성경 해석 및 신학적 고찰의 길이 열린다.[11]

❶ **우리 자신의 생각에서 해방된다.** 우리는 다른 시각을 접하며 자극을 받아야 한다. "앞서 말한 방식대로 과거와 현재의 성도에게서 배우는 훈련이 필요하다. 그래야 우리의 편향된 생각에 균형이 잡히고, 현 생각의 좁은 반경에서 벗어나 더 넓은 시각과 더 무르익은 지혜 속으로 들어갈 수 있다."

❷ **오늘의 사고방식에 갇히지 않는다.** 패커는 과거에 주목하면 "옛것이라고 무조건 열등하게 보는 속물근성"에서 해방되어 과거의 풍성한 성경 해석에 새로이 깨어난다고 역설했다. "어제의 위대한 스승들과 늘 벗삼아 지내면" 다른 데서는 얻지 못할 지혜에 눈뜨게 된다.

❸ **자신의 전통의 한계에서 벗어난다.** 이 논지를 전개하던 초기에 패커는 "우리를 빚어낸 전통은 우리를 풍요

롭게 했을 뿐 아니라 좁아지게 하는 효과도 있었다"라고 강조했다. 자신이 물려받은 성공회의 유산으로 이를 예증하면서 그는 좋은 것을 귀히 여기되 약점도 파악할 것을 독자들에게 권고했다. 그러려면 과거와 현재의 여러 다른 시각도 귀담아 들어야 한다.

패커는 북미 복음주의를 깊이 알고 경험했기에 개인주의의 위험을 인식했다. 그는 개인주의가 위험하리만치 피상적이고 덧없는 형태의 기독교를 낳는다고 보았다. 패커에게 전통이란 바로 이런 개인주의를 퇴치하는 방책이기도 했다. 개인주의에 물든 북미 복음주의는 역사에 "속해" 있거나 뿌리박고 있다는 확실한 의식이 없어 보일 때가 많다. 그러니 휘청거리기 쉬운 것은 너무도 당연하다.

패커의 말대로 북미의 복음주의자는 "영적 독불장군이 되어 교회와 그 유산에 교만하게 또는 성급하게 등을 돌린" 예가 너무 많다. 기독교 신앙의 공동체적, 역사적 성격을 재발견하면 신앙 공동체 전체가 지도자 개인의 카리스마에 현혹될 위험이 줄어든다. 아울러 기독교의 과거의 지속적인 중요성을 인정하기 때문에 교회가 견실해져 격동기에도 잘 헤쳐 나갈 수 있다.

보수주의를 보는 패커의 관점은 복음주의자에게 역사

속 기독교와의 연속성을 재발견하게 해 준다. 이것은 특히 미국 복음주의의 여러 문제에 조응하는 중요한 전략이다. 그중 가장 두드러진 문제는 역사적 뿌리를 잃었다는 점인데, 이 때문에 북미의 많은 복음주의자가 천주교나 정교회로 돌아섰다(복음주의 기관인 CCC의 대표였던 피터 길퀴스트, 유명한 칼뱅주의 변증가 프란시스 쉐퍼의 아들인 프랭크 쉐퍼 등이 그런 경우다).

기독교 교회와 특히 복음주의는 이런 관점으로부터 얻을 게 많다. 이런 보수주의는 과거를 존중하면서도 과거와의 비판적인 대화를 권장한다. 원칙적으로 과거의 지혜에서 힘써 배우면서도 과거의 견해를 무턱대고 기계적으로 답습하지는 않는다. 신학을 보는 관점도 개인주의적이지 않고 공동체적이다. 그러면서도 공동체가 신앙의 기초를 배우고 표현하는 방식에 개개인이 영향을 미칠 여지가 허용된다. 보수주의는 철저히 성경에 근거해 있지만, 동시에 성경과 신실하게 씨름해 온 기독교의 오랜 역사도 함께 품는다. 패커가 비판적으로 구분했듯이 전통은 우리를 "지배하는" 게 아니라 "지원할" 뿐이다. 그렇게 보면 루터와 칼뱅과 조나단 에드워즈 같은 작가들은 **성경 자체의 위상을 밀쳐 내거나 훼손하지 않으면서** 우리의 신앙에 유익한 통찰과 양분을 준다. 성경의 권위는 건재하며, 지혜로운 해석자일수록 그 권위를 높이고 드러낸다.

패커의 관점에 힘입어 우리는 전통의 개념을 둘러싼 복음주의 진영 내의 몇 가지 우려를 논하고 해결할 수 있다. 특히 그는 일각에서 난제로 여기는 두 가지 쟁점을 다루었다. 첫째로, 전통은 인간이 만들어 내거나 꾸며낸 것일 수 있으며 따라서 하나님의 말씀과 반대된다는 것이다. 물론 신약에 이런 부류의 전통이 언급되어 있으며, 그 개념 자체는 물론이고 결과까지도 철저히 배격된다. 이런 부적절한 전통은 패커의 비판적인 접근 방식을 통해 식별되고 걸러질 수 있다.

둘째로, 전통에는 "전통주의"의 어감이 딸려 온다. 이는 과거에 대대로 생각하고 행동한 대로 우리도 똑같이 따라 해야 한다는 역사의 망령이다. 그러면 복음주의는 16세기나 18세기나 19세기의 세계관 속에 갇혀 버린다. 그래서 "전통"에 조금이라도 권위를 부여하면 자칫 복음주의는 죽은 이들과 함께 걷는 몽유병 환자로 치부될 위험이 있다. 지금은 기독교에 대한 대중 인식의 중요성을 민감하게 의식하는 시대인 만큼—확산되는 "구도자 중심"의 예배가 그 증거다—전통을 중시하면 극도의 위화감을 줄 수 있다. 그러나 패커가 역설했듯이 전통을 제대로 존중하면 과거의 뿌리와 이어질 뿐이므로 교회가 과거의 자원을 누리되 그 안에 갇히지는 않는다. 이전의 C. S. 루이스처럼 패커도 고전 정통에는 시대와 문화를 뛰어넘는 특유의 매력이 있다고 보았다.[12]

물론 비판적 고찰의 과정을 어떻게 적용할 것인가의 문제는 남아 있다. 패커는 교회의 삶에 전통을 책임감 있게 활용하려면 비판적 고찰이 선행되어야 한다고 보았다. 이런 "보수"의 예로 성직 수행과 성윤리 관련의 다양한 현안에 대한 그의 견해를 들 수 있다. 2002년에 패커는 동성간의 연합을 축복한다는 뉴 웨스트민스터 교구의 정강 개정을 계기로 캐나다 성공회를 떠났는데, 이는 전통적 입장에 대한 성경의 근거가 워낙 탄탄하므로 성경을 그렇게 무시하는 교단에는 자신이 잔류할 수 없다는 소신의 표출이었다.[13] 이 문제를 사실상 "해석의 차이"로 보는 이들도 있었지만, 패커가 보기에는 "죄의 정당화"라는 선을 넘어간 것이었다. 이 판단의 근거를 그는 신약 전체에 대한 해석에 두면서 특히 창조와 죄와 중생과 성화에 대한 신약의 관점에 초점을 맞추었다.

그런데 여성 안수의 문제에서는 달랐다. 패커 자신은 거기에 반대했지만, 영국이나 캐나다의 성공회에서 여성을 사제로 안수하는 것 때문에 자신이 교단을 탈퇴해야 할 정도는 아니라고 보았다. 1991년에 패커가 쓴 "여성을 장로로 세우지 말자"라는 제목의 글이 〈크리스채너티 투데이〉지에 게재되었다.[14] 그는 성공회를 포함한 수많은 주류 교단에서 여성을 장로로 안수하는 근본적인 이유가 "성경의 권위를 조금이라도 존중해서라기보다 세속적, 실용적, 사회적 요인에 더 기인한다"라고 지적했다. 그러면서 신약에 "명실상부한 남자의 장로직"이 그려져 있으니 여성을 "대리 남자"로 만들 게 아니라 계속 신약의 비전에 충실하자고 역설했다.

비교적 여학생 수가 많던 리전트 칼리지에서 그 글은 굳이 말하자면 잘 받아들여지지 않았다. 당시 리전트의 신약학 교수이던 고든 피는 성경적 평등 기독인회(CBE)에서 주도적 역할을 했고, 나중에 *Discovering Biblical Equality: Complementarity without Hierarchy*(2004년, 성경적 평등의 발견: 위계 없는 보완)라는 책을 집필했다. 패커를 비판한 이들에 따르면, 첫째로 그는 신약에 다른 방향을 가리키는 대목들이 있는데도 몇 구절에만 근거하여 "보편적 교회 직제"를 제정한 셈이고, 둘째로 여성을 남성의 감독 하에 사역하게 함으로써 본인의 원칙과 실천 사이에 모순을 드러냈다.[15] 이 비판자들에게 패커는 성직 전통주의자로 비쳐졌다.

그러나 이런 복잡하고 논란이 많은 사안들에 적용하기

힘들다는 이유로 패커가 예찬하는 전통의 가치를 부정하는 것은 어쩌면 불공정하다. 로저 스크러튼도 보수주의의 잠재력을 분석하면서 비슷하게 지적했다. 그는 러셀 커크의 《보수의 정신》(1953년)이 보수주의를 지적으로 설득력 있게 변호했다고 호평하면서,[16] 그 책의 기저에 깔린 초월적 질서에 대한 굳은 신념이 T. S. 엘리엇의 시에 영감을 주는 것만큼이나 똑같이 여러 정치사회적 관점을 떠받칠 수도 있다고 말했다.[17]

스크러튼의 말대로 보수주의를 소신과 과정 둘 다로 보는 게 아마 최선일 것이다. 즉 정말 중요하고 좋은 것을 잃지 않고 지키려는 의지와 그것을 가려내는 여과의 과정이다. 그렇게 지켜낸 것을 우리 삶에 필요한 대로 적용할 수 있다. 그런 측면에서 패커는 사유하는 종교 보수주의의 명쾌한 예를 제시한 셈이며, 이것은 앞으로 더 개발되고 확장될 수 있다. 스크러튼이 지적했듯이 이런 보수주의는 "뒤틀린 기억 속의 낡은 생활 방식"에 대한 향수나 새로운 생활 방식에 대한 "공감의 결여"라고 조롱당하기가 너무 쉽다. 그러나 패커가 밝혔듯이 보수주의를 제대로 이해하면 그것을 삶과 사고의 기초로 삼아 정말 중요한 것들을 인정하고 중시할 수 있게 된다. 다만 일각에서 난공불락이라 여기는 난제는 결국 남는다. 즉 하나의 문화 정황 속에서 수립된 좋고 귀한 원리를 어떻게 다른 시대의 문화 정황 속에서 제대로 실행할 것인가의 문제다.

그래도 패커의 관점은 우리에게 과거의 가치를 일깨워 준다는 점에서 여전히 중요하다. 덕분에 우리는 현재의 사상만큼이나 과거의 사상도 중시해야 함을 깨닫는다. 그런 점에서 캐나다 경영개발 센터의 헨리 민츠버그의 현명한 말을 생각해 보는 것도 유익하다.

> 오늘의 경영 서적은 현재의 최신 "유행" 쪽으로 심각하게 편향되어 있다. 이는 과거의 모든 훌륭한 작가에 대한 모독일 뿐 아니라 중요한 옛것 대신 시시한 새것만 번번이 접해야 하는 독자에게 특히 해롭다.[18]

여태 보았듯이 패커의 관점은 영성과 신학의 문제에서 검증되지 않은 "시시한 새것"을 조심하고 "중요한 옛것"을 찾는 게 언제나 값진 일임을 잘 보여 준다.

앞장에서 우리는 패커가 리전트 칼리지의 교수가 된 경위를 살펴보았다. 이제 다시 그 내러티브로 돌아가 그가 거기서 어떻게 신학 활동을 전개해 나갔는지 알아보려 한다.

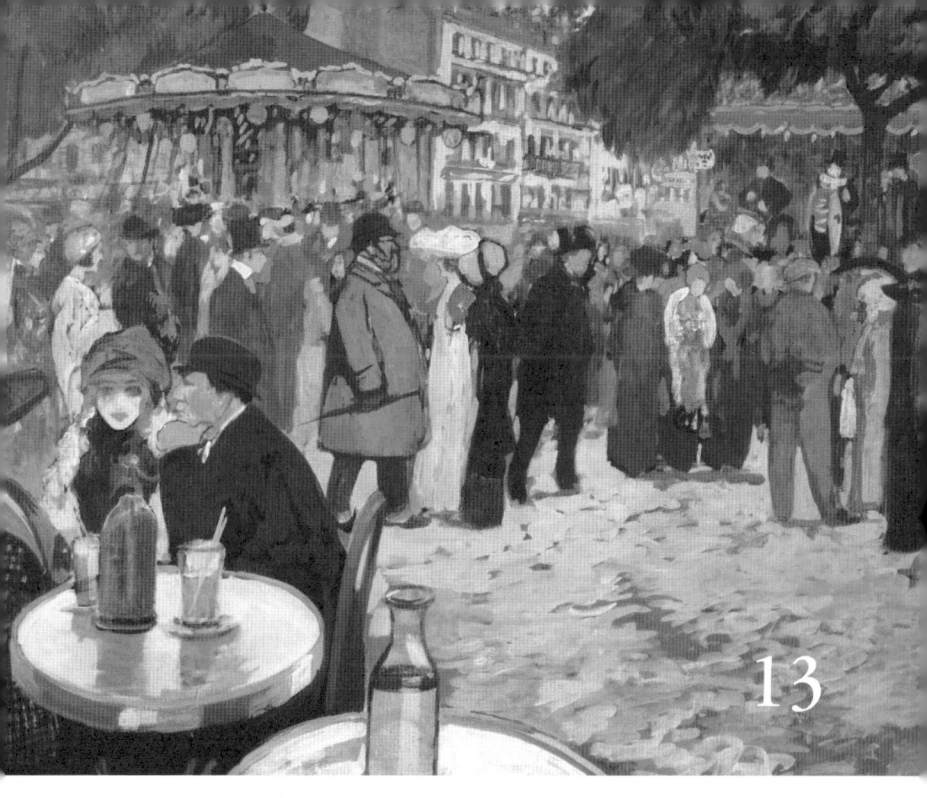

13

풍요로운 결실

밴쿠버 사역

패커는 1979년 9월부터 밴쿠버의 리전트 칼리지에서 가르쳤다. 그즈음 학교 평판이 치솟아 그 학년도의 재학생 수는 140명이었다. 한편으로 리전트는 변화 과정에 있었다. 제임스 휴스턴을 뒤이은 칼 아머딩 학장이 학교의 매력과 위상을 높이려고 몇 가지 대책을 마련했는데, 그중 가장 두드러진 것은 목회학 석사 과정의 도입이었다.

1970년대 중반까지만 해도 리전트는 강의실을 빌려 쓰는 작은 기관이었는데, 1980년대 말에는 지역 최대의 신학대학원이 되었다. 대학교 캠퍼스의 주요 부위에 본관 건물도 따로 지었다. 의심할 여지없이 패커는 학교의 명성을 유지하는 데 중요한 역할을 했다. 그의 존재는 리전트를 북미와 그 너머로까지 상당히 알려지게 했고, 학생을 유치하는 데도 큰 매력으로 작용했다. 1985년에 학교는 일대 전기를 맞았다. 리전트를 공공연히 주요 경쟁자로 여기던 (밴쿠버 신학교 등) 여타 캐나다 학교들의 격렬한 반대를 딛고 북미 신학교 협회(ATS)의 공식 인가를 받은 것이다.

인원이 급증하면서 기존 건물에 점점 과부하가 걸렸다. 공식 인가를 취득한 1985년에는 학생 수가 450명에 육박

했다. 개조된 남학생 기숙사 건물 두 채로는 그 대식구를 도저히 감당할 수 없어 분명히 새 건물이 필요했다. 브리티시컬럼비아 대학교와의 신중한 협상 끝에 적당한 건축 부지가 확보되고(기존 남학생 기숙사 부지 외에도 거기에 인접한 웨스브룩 몰과 유니버시티 길 교차 지점의 공터가 더해졌다) 기금도 조성되었다. 1989년에 준공된 건물은 대학의 새로운 힘과 학풍을 보여 주는 상징물이 되었다. 작은 공원을 마주하고 대학교 캠퍼스 동쪽 측변의 주요 부지에 자리한 이 웅장한 건물은 리전트가 더 큰 대학촌에 둘러싸여 있다는 물리적 증거이기도 하다.

연혁이 더해 가고 정체성이 또렷해지면서 리전트 칼리지의 특수성이 표현되는 방식도 바뀌었다. 본래 수여한 학위는 기독교학 석사였다. 케임브리지 대학교의 철학신학 교수 재닛 마틴 소스키스, 옥스퍼드 대학교의 도덕신학 및 목회신학 교수 나이젤 비거 등 많은 원로 학자가 자신의 출발점을 그 학위로 거슬러 올라간다. 리전트는 평신도를 위한 신학교를 표방했고, 학생들을 도와 신앙을 실생활과 통합하게 했다. 1980년부터 목회학 석사—사역자에게 꼭 필요한 학위—를 수여할 자격을 얻었지만, 실제로 대다수 졸업생은 변호사나 의사나 경영자나 작가가 되었다.

패커는 영국에서는 장래의 성직자를 교육하는 데 주로

집중했지만, 똑똑하고 생각이 깊은 평신도를 교육하는 데도 쉽게—또한 열심히—적응했다. 학생들은 일관성 있고 만족스러운 세계관을 정립하여 삶에 적용하고 싶어 했다. 그런 학생들에게 《하나님을 아는 지식》에 나타난 패커의 접근 방식은 의미 있고 유익했다. 패커가 주로 가르친 분야는 역사신학과 조직신학이다. 네 개의 주요 과목을 개설했는데 모두 그가 브리스톨의 트리니티 칼리지에 있을 때 세심하게 개발하여 완성한 교안에 직접 기초한 것이다.

- **조직신학 1** 하나님을 아는 지식
- **조직신학 2** 하나님과 세계와 인간에 대한 교리
- **조직신학 3** 기독론과 구원론
- **조직신학 4** 교회론과 종말론

리전트 칼리지에서 패커는 특히 여름 학기에 다른 과목들도 가르쳤다. 이런 빠듯한 교육 프로그램 외에 패커와 키트는 학생들을 목양하는 사역에도 가담했다. 교내 "공동체 소그룹"이 웨스트 34번가 2398번지 그들의 집에서 매주 모였고, 키트는 교내 부인들의 그룹에서도 활동했다.

본래 패커는 역사신학 및 조직신학 교수로 리전트에 임용되었다. 그런데 그의 명성이 어찌나 큰 자산이던지 10년

후인 1989년 12월 11일에 그는 첫 상우 유통 치 신학 석좌 교수로 공식 취임했다. 이 직책(리전트 내부에서는 으레 "치 교수직"으로 불렸다)은 점점 비중이 커지던 밴쿠버 중국 사회의 두 유지가 자기네 아버지를 기려 기부한 것이었다. 리전트에서 기부금으로 마련된 직책은 이때가 처음이었다. 이 기부는 광둥어를 쓰는 기독교계의 중요성이 커지고 있다는 확실한 반증이기도 했다. 그즈음 리전트의 다른 개발 사업들에도 그 점이 반영되어, 예컨대 1985년에는 중국어 학위 프로그램이 도입되었다. 패커는 1996년에 70세로 은퇴할 때까지 쭉 치 석좌교수로 있었다.

청교도 전통의 고전 개혁 신학자라는 패커의 명성은 두터운 지지층을 끌어들이는 중요한 요인이었지만, 다른 많은 사람은 영성에 대한 그의 관심을 귀히 여겼다. 패커는 자주 제임스 휴스턴과 협력하여 복음주의 영성에 대한 세미나와 강좌를 열었고, 나중에 유진 피터슨이 영성신학 교수로 리전트에 재직하던 1993년부터 1998년까지는 피터슨과도 협력했다. 중심 주제는 현대 그리스도인의 삶을 위한 과거 자원의 재발견이었다.[1] 많은 사람이 보기에 분명히 리전트 칼리지는 복잡하고 종종 모순된 상황 속에서 참으로 그리스도인답게 살아가려 애쓰는 평신도의 필요를 혁신적이고도 전통적인 접근 방식으로 잘 채워 주었다. 내가 많은 개인적 대화를 통해서 알고 있거니와 1990년대의 리전트 칼리지 여름 학기는 숱한 평신도와 목회자에게 영혼을 재충전하는 오아시스와도 같았다. 패커와 피터슨과 휴스턴의 강연이 자주 표제로 등장했다.

교육하고 목양하는 패커의 중요한 역할은 교내를 넘어 자신과 대학의 영향권 밖으로 뻗어 나갔다. 1979년 가을부터 1980년 말까지 리전트에 충분히 정착한 패커는 꽉 찬 강연 활동을 재개했다. 주요 시리즈 강연으로 켄터키 주 윌모어 소재 애즈베리 신학대학원의 라이언 강연(1982년), 시애틀 소재 루터란 성경 연구소의 스테일리 강연(1982년), 텍사스 주 포트워스 소재 사우스웨스턴 신학대학원의 데이-히긴보텀 강연(1985년), 앨라배마 주 버밍엄 소재 비슨 신학교의 종교개혁 유산 강연(1994년) 등이 있다. 또 패커는 서스캐처원 주 레지나의 캐나다 신학대학원(1981년), 캘리포니아 주 에스콘디도의 웨스트민스터 신학대학원(1982년부터), 콜로라도 주 덴버의 컨서버티브 침례 신학대학원(1982년), 하와이 성경 연구소(1983년) 등 다수의 신학교에서 강연했다. 미시시피 주 잭슨의 리폼드 신학대학원(1985년부터)과 버클리의 뉴 칼리지(1985년부터)에는 객원 교수로 출강했다(대개 장기간 체류하거나 수시로 다녔다).

패커는 특히 리전트 칼리지의 교수로서 주로 긍정적이

고 건설적인 역할을 했지만 여러 논쟁에도 연루되었다. 그중 일부는 그가 전통적인 복음주의 정통의 수문장이라는 세간의 인식을 더 굳혀 주었고, 일부는 전통 복음주의의 관점과 실행을 패커가 유연하게 해석하여 이후에 그대로 더 널리 받아들여진 경우다. 전자의 한 예는 이미 보았듯이 패커가 1991년에 쓴 "여성을 장로로 세우지 말자"라는 글이다. 이 글은 변화하는 문화 정황 속에서 해당 문제에 대한 복음주의의 여러 정당한 의견을 그가 인정하지 않으려 했다는 점에서 많은 사람을 놀라게 했다. 그러나 어떤 이들은 가까운 데에 더 좋은 예가 있다고 말할 것이다. 바로 만인 구원론과 조건적 불멸설(구원받은 신자만 불멸한다는 견해-역주)을 둘러싸고 복음주의 내에서 고조되던 논란에 대한 패커의 대응이다.

조건적 불멸설에 대한 논쟁

초기의 글 "오늘의 만인 구원론 문제"에서 패커는 "만인 구원론"이라는 단어의 두 가지 의미를 명확히 구분했다. 하나는 예수 그리스도만이 유일하신 구주라는 "기독교의 진리가 만인에게" 해당하므로 구원이 만인에게 필요하다는 의미고, 또 하나는 "하나님과 교제하도록 창조된 아담이 타락하여 잃어버린" 그 교제가 만인에게 회복된다는 의미다.² 패커가 지적했듯이 전자의 의미는 기독교에 세계 종교의 자격을 부여하고 선교의 지적인 근거를 확실히 제공하지만, 후자의 만인 구원론은 기독교 신앙의 독특성과 진정성과 신빙성을 무너뜨리고 전도의 동기를 앗아간다.

그런데 1988년에 유수한 보수 복음주의자 둘—존 스토트와 라티머 하우스의 사서였던 필립 E. 휴즈—이 각각 책을 펴내면서 논란은 격화되어 약간 다른 문제로 옮겨 붙었다. 책을 통해 그들은 지옥과 영벌의 전통적 의미에 대해 여태 속으로만 품고 있던 의혹을 제기하면서, 영혼 소멸설(구원받지 못한 비신자는 존재가 소멸된다는 견해-역주)을 복음주의의 진지한 대안으로 잠정 지지했다.³ 휴즈는 웨스트민스터 신학대학원의 신학 교수이자 〈Westminster Theological Journal〉(웨스트민스터 신학 저널)의 편집 위원이었고, 이런 직위 때문에 미국에서 보수 복음주의 정통의 한복판에 놓여 있었다.

본인이 밝혔듯이 스토트는 이런 견해를 공표할 때 약간 망설였다. "참된 성경 해석으로 여겨져 온 오랜 전통을 깊이 존중하는" 마음과 "전 세계 복음주의 진영의 연합"을 높이 평가하고 중시하는 마음 때문이었다.⁴ 마침 영국의 중견 보수 복음주의자인 존 웨넘―패커가 브리스톨 틴데일 홀에 처음 갔을 때 그곳 부학장이었다―도 자신의 사견이 이미 1934년에 그쪽으로 바뀌었다며, 복음주의 학생 세계에서 정통의 보루로 널리 인정되던 베이즐 앳킨슨의 영향을 일부 받았음을 고백했다.⁵ 웨넘이 일찍이 1973년에 공언한 바에 따르면 복음주의자는 "조건적 불멸설의 주장이 논박되기 전에는 자신에게 영벌의 개념을 옹호할 의무가 있다고 생각해서는 안 된다."⁶

휴즈와 스토트와 웨넘은 과거에 패커가 특히 라티머 하우스와 관련하여 긴밀히 협력하던 동료였다. 그래서 그에게는 이 상황이 쉽지 않았다. 그들을 개인적으로 존중하는 마음과 그들의 견해가 틀렸다는 자신의 근본적인 믿음이 서로 충돌했기 때문이다. 이 문제에 대한 패커의 반응은 1990년 8월 31일 금요일 호주 멜버른에서 복음주의 연맹을 상대로 강연할 때 나왔다. "영벌의 문제"라는 주제의 연례 레온 모리스 강연이었다.⁷

여러모로 흥미로운 강연이었고, 특히 넌지시 다음의 문제를 제기했기 때문에 그랬다. 복음주의를 주로 규정하는 것은 성경을 사랑하는 마음과 성경을 그리스도인의 사고와 삶의 중심으로 삼겠다는 결단인가, 아니면 성경을 고찰한 결과인 어떤 특정한 지적인 산물이 거기에 추가되거나 아예 그것으로 대체되는가? 다시 말해서 복음주의자는 단순히 성경을 모든 교리 진술의 출발점이자 궁극적 판단 기준으로 삼는 게 아니라 특정한 성경 해석에 헌신되어 있는가? 복음주의자는 성경보다 높은 인간의 권위란 없다고 보는데, 그렇다면 어떻게 인간의 권위—위원회나 영향력 있는 설교자 같은—를 성경의 권위 위에 두지 않으면서 서로 상충되는 다양한 성경 해석의 신빙성을 평가할 수 있을까?[8]

1989년 5월에 전국 복음주의자 협회와 트리니티 복음주의 신학대학원이 공동 주최한 회담에서도 그런 문제를 다루었는데, 그때 패커가 제시한 논지도 1년 후 멜버른에서 한 말과 사실상 똑같다. 존 앵커버그와 존 웰던은 영벌을 믿는 게 복음주의자 여부를 판가름하는 리트머스 시험지라며 패커의 글에 동의했다. "영벌의 교리는 복음주의와 비복음주의의 생각을 가르는 분수령이다."[9] 이렇듯 패커는 진정한 복음주의 신앙의 시금석으로 언급되었다.

그런데 그토록 동의하며 그를 언급하고 칭송하던 이들 중 다수가 머잖아 그를 복음주의에서 완전히 벗어났다고 비난하게 된다. 이 불명예의 원인은 패커가 "복음주의자와 천주교인이 함께"라는 문서에 관여한 데 있었다.

복음주의와 천주교의 협력에 대한 논란

   1990년대 북미에서 일단의 원로 복음주의자는 자신들이 개인 차원에서 원로 천주교인들과 제한적인 협력 가능성을 논해야겠다는 결론에 도달했다. 빌 클린턴이 1992년에 42대 미국 대통령으로 선출된 일을 많은 미국인이 공공 영역에서 기독교에 대한 적대감과 세속주의가 발흥하고 있다는 징후로 보았다. 지금은 대체로 그것을 기우였다고 보지만 그때는 충분히 현실성 있어 보이는 조짐이었다. 이에 일부 원로 복음주의 개신교인과 천주교인은 서로 간에 진지한 대화가 필요하다고 보았다. 패커도 이런 논의에 앞장섰다.

   왜 그랬을까? 16세기 개신교 종교개혁의 유산에 푹 젖어 있는 선도적인 복음주의 신학자가 천주교와의 대화와 잠재적 협력을 주장하다니, 언뜻 앞뒤가 몹시 어긋나 보인다. 그런데 패커는 영국에서 자유주의를 비판하는 성공회 고교회파(천주교 계열)와 연대했던 경험을 북미에도 이식할 수 있다고 확신했다. 복음주의가 종교개혁을 버리거나 천주교 교리를 지지할 리는 만무했다. 물밀듯이 밀려드는 세속주의 앞에서 패커는 복음주의자와 천주교인이 개인 자격으로 대화하고 협력하는 게 요긴하다고 보았다. 서로의 차이를 인정하면서 이런 현실에 함께 참여하고 대응할 방도를 모색하는 것이다.

북미 기독교가 사면초가에 빠져 있을 수 있다는 인식을 제고하고 가능한 진로를 모색한 두 권의 책이 있다. 우선 리처드 존 뉴하우스의 *Naked Public Square*(1984년, 벌거벗은 공론장)는 미국의 공공 생활에서 종교가 조직적으로 배제되고 있음을 예증한 연구서로 널리 호평 받았다. 루터교에서 천주교로 개종한 뉴하우스는 미국의 공공 생활이라는 "벌거벗은 공론장"에 그리스도인의 증언이 필요함을 강조했다. 이 책은 교단을 초월하여 헌신된 그리스도인들에게 널리 받아들여졌다. 찰스 콜슨의 *Kingdoms in Conflict*(1987년, 두 나라의 충돌)는 논의를 더 발전시켰다. 워터게이트 사건의 여파로 복음주의 기독교로 개종하고 레이건 행정부의 참모를 지낸 그도 비슷한 논지로 말했고, 그것이 그의 책 《이것이 교회다》(1992년)에 더 상술되어 있다.

미국 문화가 점점 더 세속화되어 낯선 미답의 영토로 들어서고 있다는 인식에 대한 반응으로 1990년대 북미 복음주의 내에서 크게 두 가지 가능한 전략이 등장했다. 이 싸움에서 천주교가 동맹군이 될 수도 있지만, 신학적인 타협과 복음주의 정체성의 희석이 없이도 그런 동맹이 유지될 수 있을까? 종교개혁의 유산은 어떤가? 미국의 복음주의 운동에 속한 많은 사람에게 그 유산은 여태 중요했고 어쩌면 결정적인 요소였다.

첫 번째 전략은 종교개혁의 의제와 관련된 변함없는 교리 차이 때문에 복음주의자가 천주교인을 아예 상대하지 않는 것이었다. 이 방법의 장점은 교리의 순수성을 온전히 지킬 수 있다는 것이다. 1990년대 초의 많은 복음주의자는 천주교를 기독교의 기형으로 보았다. 그나마 기독교로 간주할 수 있다면 말이다. 하지만 그러면 물밀듯이 밀려드는 세속주의 앞에서 외부와의 협력은 배제되는 셈이다.

두 번째 가능한 전략은 복음주의자가 다른 중대한 차이는 그대로 두고 제한된 범위의 사안에서만 천주교인과 협력하는 것이었다. 서로의 차이를 명백히 인정하고 그대로 두기 때문에 이 방법에서도 교리의 순수성은 지켜진다. 그러면서도 여러 도덕적, 사회적, 정치적 사안에서 협력하면서 세속주의와 자유주의와 타종교에 맞서 함께 기독교 정통을 수호할 수 있다. 다만 16세기 종교개혁의 핵심적 교리 차이를 어떻게 처리할 것인가의 문제는 미결로 남는다. 그냥 무시하거나 실리적 차원에서 대충 넘어갈 것인가?

"복음주의자와 천주교인이 함께"라는 문서는 두 전략 중 후자의 선언으로, 콜슨과 뉴하우스의 활동에 기초하여 1994년 3월에 발행되었다. 그들은 개인 자격의 복음주의자와 천주교인을 모아 점차 네트워크를 형성했다. 공공 영역에서 힘을 합해 증언한다는 개념에 동조하는 이들이었다. 이 네트워크는 결코 종파나 종파적 관심사를 대변하려던 의도가 아니라, 점점 더 적대적인 듯한 공공 영역에서 그리스도인 개개인이 어떻게 힘을 합할 것인지를 모색하는 실무반의 성격이었다. 나아가 이 논의는 미국에만 해당되었다. 영국의 복음주의가 처해 있던 문화 정황은 약간 달랐으므로, 세속주의에 잠식당한다는 느낌이나 공공 영역의 명백한 세속화 조짐이 미국만큼은 없었다.

윌리엄 에이브러햄(퍼킨스 신학교), 오스 기니스(트리니티 포럼), 리처드 마우(풀러 신학대학원), 마크 놀(휘튼 대학), 토머스 오든(드류 대학교), 팻 로버트슨(리전트 대학교) 등 다수의 대표적인 복음주의자가 "복음주의자와 천주교인이 함께"의 성명을 공개 지지했고 패커도 그중 하나였다. 이번 1994년에 천주교를 대하는 패커의 기본 원칙은 일찍이 1970년을 전후하여 영국 성공회 내의 천주교 계열을 대할 때와 여러모로 똑같았다(9장의 "마틴 로이드-존스와의 결별" 단락을 참조하라). 그의 사상이 달라진 게 아니라, 복음주의자가 다른 그리스도인들을 어떻게 대해야 하는가에 대한 기존 입장의 연장선이었을 뿐이다. 이것은 패커가 말한 "풀뿌리 연합군"의 탁월한 예다. 그에 따르면 "복음주의자와 천주교인이 함께"라는 문서는 "공동의 적(불신, 죄, 문화적 배교)을 지목하면서 이렇게 호소한다. 교리 차이가 허용하는 만큼까지는 그리스도인들이 협력하여 그런 적을 반격해야 한다고 말이다."[10]

패커는 삼위일체와 성육신과 속죄와 거듭남을 똑같이 믿는 복음주의자와 천주교인이라면 이 성명을 토대로 서로 연합하고 협력하여 점점 더 세속화되는 사회에 다가갈 수 있다고 보았다. "기독교의 분열에 대해 (제대로) 다 말하고 나도 하나님의 자비로 엄청난 공통분모가 남아 있다"라는 C. S. 루이스의 말을 그런 맥락에서 재천명한 셈이다.[11] 패커는 그 "공통분모"를 살려 내는 게 중요하며, 그러려면 역사 속의 특정한 신학적 진리 주장을 하나도 잃거나 타협하지 않으면서 굵직하고 중요한 문화적 사안들에서 확실한 수렴점을 찾아야 한다고 보았다. 그는 이 문서가 복음주의와 천주교의 종파 간 연합을 요구한다는 식으로 해석되는 데 적잖이 놀랐다. "복음주의자와 천주교인이 함께"는 양측의 신자들이 제한적이나마 전략적인 목적 하에 개인 자격의 협력에 동의한 비공식 문서다. 패커에게는 그 점이 아주 분명해 보였다.[12]

그는 서구 세계의 교회와 사회의 당면한 필요에 부응하려면 그런 초교파적인 협력이 필요하다고 보았다. 그를 이런 결론으로 떠민 요인은 크게 두 가지였다. 첫째로, "작금의 문화가 극심하게 세속주의와 이교로 치닫기" 때문에 "성경과 그리스도를 사랑하는 모든 사람의 동맹"이 어떤 식으로든 요구된다. 문화의 세속화가 고조되는 상황에 맞서 그리스도인들의 연합된 증언이 필요하다. 패커가 강조했듯이 그가 주창한 것은 종파 간의 공식 협력이 아니라 개개인의 초교파적인 동맹이다. 이런 식의 비공식 제휴는 복음주의 자체 내에도 이미 존재했다.

둘째로, 과거에 분열할 때는 "개신교도 천주교도 각각 그 자체 내에서는 비교적 동질적이었지만" 지금은 그렇지 않다. 오히려 기독교 내에 등장한 새로운 분열이 현저히 더 중요하다. 이 분열의 한쪽에는 "성경의 그리스도를 그리고 역사 속의 신경과 고백을 존중하는" 신학적 보수주의자(패커는 "보호주의자"라는 단어를 선호했다)가 있고, 반대쪽에는 "신학적 자유주의자와 급진주의자"가 있다. 이는 개신교와 천주교의 공통된 현상이다. 그러니 양쪽 종파의 보수주의자끼리 동맹을 맺어 내부는 물론 더 넓은 외부의 자유주의와 급진주의에 맞서 싸우지 못할 까닭이 무엇인가? "구원과 교회에 대한 내부적 차이 때문에 북미 환경을 다시 기독교화하려는 공동의 노력이 막혀서는 안 된다." 다시 말하지만 본래 패커가 1960년대 영국의 정황에서 도출한 "연합군" 개념이 이때도 똑같이 적용되었다(9장의 "마틴 로이드-존스와의 결별" 단락을 참조하라).

그 문서(와 특히 패커의 지지)는 미국의 많은 원로 복음주의자들의 격렬한 비판을 불러일으켰다. 그들은 패커가 개신교와 복음주의를 배신했다고 보았다.[13] 그들의 주장대로라면 천주교와 개신교는 완전히 대척점에 있어, 결과적으로 어느 쪽에서도 서로를 조금이라도 순전하거나 올바른 기독교로 정당하게 인정할 수 없었다. 따라서 개신교인은 천주교인을 기독교인이 아니거나 기독교를 대적하는 사람으로 간주해야 했다(반대도 성립된다). 이것은 그들의 최종 통보라서 그 뒤로는 더는 논의가 불가능했다. 이런 대화를 부당하게 여긴 그들은 결국 이 일에 일체 관여하지 않았다. 이제 논의는 나머지 사람들의 몫으로 남았고, 그래서 반대하는 사람들이 빠진 상태에서 대화가 지속되었다.

그렇다면 개인 차원의 이런 접근 방식을 천주교인과의 협력으로 제한해야 할 이유가 있을까? 정교회는 어떤가? 당시 북미의 정교회는 그리스 등 동유럽 국가에서 온 이민들로 인하여 점점 세가 커지고 있었다. 1995년 봄에 패커는 정교회 그리스도인들이 주최한 에이큰 대회에 초청받았을 때 이 전략을 한 단계 더 끌고 나갔다. 이 대회의 목적은 고전 기독교 신앙에 든든히 뿌리내린 "에큐메니컬 정통"이 현대를 변화시킬 통합 비전의 기초가 될 수 있을지를 알아보기 위함이었다. 패커는 이 문제에 사뭇 긍정적으로 반응하며, "'위대한 전통의 기독교'와 안팎으로 협력한다"는 자신의 정책을 더 발전시켰다.

은퇴: "마지막 성전"

마침내 패커는 1996년 여름에 첫 상우 유통 치 신학 석좌교수로 리전트 칼리지에서 은퇴했다. 그러나 공식 은퇴로 리전트 칼리지와의 관계가 끝난 것은 아니고 이사회 신학 교수로 추대되어[14] 그 후로도 20년간 특히 여름 학기에 계속 가르쳤다. 그해에 복음주의 기독출판협회에서 그에게 기독교 출판 업계에 남달리 공헌한 점을 기려 조던 평생 공로상을 수여했다. 은퇴 기간 내내 다른 상도 많았다. 예컨대 2012년에는 개혁 신앙으로 교회나 학계나 공공 생활에 탁월하게 기여한 인물에게 수여하는 바빙크 상을 받았다. 리전트 칼리지도 2006년에 그를 더욱 기려, 그의 신학적 유산을 이어 갈 목적으로 "J. I. 패커 신학 교수직"을 신설했다.

물론 패커에게 "은퇴"란 리전트 칼리지의 행정 보직과

공식 교수직에서 물러난다는 의미에 불과했다. 그는 계속 학내 공동체의 활동적인 일원이었고, 새로운 자유를 활용하여 이전에는 일정에 끼워 넣기 힘들었던 강연 및 집필 청탁을 수락했다.[15] 〈크리스채너티 투데이〉지의 신학 고문과 집필진으로 계속 활동했고, 2001년에 새로운 번역으로 간행된 ESV 성경의 제작과 보급에도 막중한 역할을 했다.[16] 캐나다 시민이었던 그는 은퇴 기간에도 쭉 밴쿠버에 거주했다.

그런데 은퇴한 후에 패커는 자칭 "마지막 성전(聖戰)"인 교리교육 사역에 착수했다. 몇 년 전에 나는 패커의 놀랍도록 폭넓은 집필과 방대한 강의를 돌아보면서 그의 구심점과 업적을 한 단어로 요약해 보려 했다. 결국 내가 뽑은 단어는 적극적으로 신학을 수행하며 기독교 사상의 소통과 실행에 힘쓴다는 뜻의 "신학하는 사람"이었다. 패커도 그 호칭에 반대하지는 않았지만, 더 좋은 말이 있을 것 같다며 자신을 "마지막 때의 교리문답 교사"라고 표현했다. 교회에 촉구하여 교리교육이라는 잃어버린 예술을 되찾게 하는 게 "패커의 마지막 성전"이라던 그의 말, 2010년에 그가 풍자조로 했던 그 말을 우리는 진지하게 대해야 한다.

패커는 어떻게 그런 결론에 도달했을까? "교리교육"은

많은 사람에게 생경한 단어이며 일부 독자에게는 당혹감마저 안겨 줄 것이다. 그러나 패커는 이를 교회가 꼭 회복하고 존중해야 할 사역, 즉 새 신자를 기독교의 기본에 뿌리내리게 해 주는 사역으로 보았다. 그렇다고 새 신자를 기독교 신앙의 터전에서 살아가도록 돕는 일만은 아니고, 교리교육은 성숙한 신자를 양육하는 제자도이기도 하다. 즉 "하나님의 백성을 복음 안에서 그리고 거기에 내포된 교리와 헌신과 의무와 기쁨 안에서 자라 가게" 하는 행위다. 따라서 교리교육이 본연의 결과를 내면 "그리스도인은 자신의 믿음을 아는 사람, 묻는 이들에게 믿음을 설명할 수 있고 회의론자들에 맞서 믿음을 수호할 수 있는 사람이 된다. 또한 믿음을 삶에 적용하여 전도하고, 교회에서 교제하며, 상황에 따라 다양한 모습으로 하나님과 인간을 섬길 수 있는 사람이 된다."[17]

일찍이 1977년에 패커는 교리교육의 중요성에 대한 자신의 생각을 《제임스 패커 기독교 기본진리》에 담아냈다.[18] 형식과 내용에 대한 그때의 생각은 거의 달라지지 않았고, 달라진 것은 교리교육의 중요성에 대한 인식이다. 교리교육은 그에게 늘 **중요했지만** 21세기에 서구 문화가 변화하면서 이제 더 **필수**가 되었다. 이에 힘입어 그리스도인은 신앙 속으로 더 깊이 들어가야 한다. 복음을 **떼고** 진도를

나가는 게 아니라 복음 **안에서** 여정을 지속해야 한다.[19]

패커는 기독교를 이상하다 못해 이질적이거나 적대적이라고 여기는 서구 문화의 정황에서 교회가 살아남고 형통하려면 교리교육이 반드시 필요하다고 보았다. 그가 1940년대에 케직의 성결 교훈과 씨름하면서 깨달았듯이, 탄탄한 신학의 인도와 보호를 받지 않으면 "선의의 생각과 마음도 자꾸 곁길로 빗나갈 수밖에 없다." 진술된 기독교 진리는 삶의 적용과 불가분의 관계다. 패커는 교리교육에 실패하면 그리스도인의 "발육 부진"으로 인해 교회가 허약해질 수밖에 없다고 보았다. 그런 교회는 신앙을 제대로 증언하지도 못하고 실천하지도 못한다.

패커는 자신이 무엇을 믿고, 왜 믿으며, 그 믿음이 어떤 차이를 낳는지를 아는 사람이었다. 신학자는 제한된 교리 분야의 편협한 전문가가 되기 쉽지만, 교리교육 교사는 "기독교 진리 전체를 포괄적으로 설명하여" 우리를 "하나님의 진리와 지혜에 온전히" 눈뜨게 해 준다. 예전에는 신학자는 거의 다 교리교육 교사였는데, 19세기에 학문의 전문화가 등장하면서 신학도 구성 요소를 통합하려는 시도 없이 분화되고 말았다. 패커에 따르면 그리스도인은 기독교 신앙을 크게 하나로 통합할 수 있어야 하고,[20] 다른 사람에게도 그것을 깨닫고 그 안에서 자라 가게 해 주어야 한다. 그래서 패커는 교회의 삶에서 교리교육을 재발견하는 데 헌신하여, 북미성공회(ACNA)에서 간행된 *To Be a Christian: An Anglican Catechism*(그리스도인이 되려면: 성공회 교리교육)이라는 문서의 신학 편집 위원으로 섬겼다.

이 "마지막 성전"은 패커의 생각이 달라져서 생겨난 결과가 아니라 평생 추구해 온 일의 초점을 그쪽에 맞춘 것뿐이다. 즉 성경에 근거한 신학을 그리스도인 개개인과 교회 전체의 삶에 적용하는 일이다. 그가 늘 인식했듯이 구체적인 정황이나 문제와 씨름하는 일은 중요하다. 그렇다면 서구 문화 속에서 교회가 처한 상황이 달라진 만큼, 이제 복음에 대한 열정을 다시 불붙이는 것만으로는 부족하고 복음의 풍부한 지적인 내용을 회복해야 한다.

노년의 삶

2016년 7월 19일 화요일에 리전트 칼리지와 세인트 존스 교회에서 패커의 90회 생일을 며칠 앞당겨 합동으로 축하연을 열었다. 친구들과 동료들이 아낌없이 축하해 준 즐거운 행사였고, 재즈 밴드의 연주로 더욱 활기를 띠었다. 행사의 압권은 리전트 칼리지의 학내 저널 〈Crux〉(크럭스)에서 패커가 교회와 학계에 기여한 평생의 공로를 기려

특집호를 낸다는 발표였다. 그해 11월에 텍사스 주 샌안토니오에서 열린 복음주의 신학협회 연례 모임에서는 신학자와 에큐메니컬 지지자와 성직자로서 공헌한 그에게 상이 수여되기도 했다.[21]

그러나 그즈음 패커는 건강이 계속 나빠졌다. 이미 왼쪽 눈에 발생한 황반변성이 2015년 크리스마스 무렵에 오른쪽 눈에도 생겨나 더는 글을 읽거나 쓸 수 없었다. 그의 비범한 집필 및 강연 사역은 막을 내렸다. 어쩌면 그의 일부 말기 저작에 예고된 바였는지도 모른다. 거기에 그는 인간의 약함과 노화, 그리고 그것을 신학적으로 어떻게 해석할 것인가의 문제를 (종종 감동적으로) 솔직히 다루었다.[22]

그중 한 책에서 패커는 1940년대 초에 글로스터의 크립트 중등학교에서 자신의 교장이었던 데이비드 그윈 윌리엄스를 회고했다. 약간 결례지만 제자들 사이에서 그는 "빌"로 통했다. 꽤 오래 전에 패커는 윌리엄의 건강에 대해 물어 보았다가 "아주 침울하다"는 답을 들었다. 기독교 신앙을 다 잃고 "죽을 날만 기다리고 있다"는 것이었다. 자신의 옛 역할 모델이 소망을 잃어버렸다는 소식은 패커에게 복음의 가장 놀라운 특징 중 하나를 일깨워 주었다. 바로 소망의 삶을 낳고 지속시켜 주는 복음의 능력이었다. "소망의 불씨가 꺼지면 삶은 한낱 생존으로 축소되어 본연의 모습에서 멀어진다."[23] 그런 확고한 소망을 패커는 노년기를 의미 있게 살아가는 비결로 보았다.

   2018년 9월 20일 목요일 오후에 나는 패커의 밴쿠버 자택에서 그를 마지막으로 만났다. 리전트 칼리지에서 내가 맡았던 시리즈 강연이 그날 오전에 끝났는데, 밴쿠버 발 런던 행 비행기는 저녁 늦은 시간이라서 오후에 시간이 있었다. 패커는 폐렴을 앓고 있긴 했지만 내가 집으로 방문해도 될 만큼 상태가 양호했다. 우리는 즐거운 오후를 보내며 옥스퍼드 시절과 그의 오랜 영국 생활을 회고했고 신학에 대한 대화도 나누었다. 그의 사고는 여느 때처럼 예리했고, 평생 그를 그토록 활기차게 했던 신학의 굵직한 주제들을 언급할 때는 눈빛이 반짝였다. 내가 떠날 때가 되어 우리는 서로 끌어안았다. 다시는 만나지 못할 줄을 그때 둘 다 알았던 것 같다.

epilogue

코로나 팬데믹이 전 세계를 휩쓸면서 2020년 3월에 세상의 속도가 느려진 듯했다. 많은 국가 및 지역 정부는 취약한 보건 체계에 미치는 바이러스의 파급력을 줄이고자 사람들의 이동과 활동을 제한했다. 캐나다의 모든 주처럼 브리티시컬럼비아도 주민들에게 물리적 거리 두기를 실천하고 여행을 자제할 것을 촉구했다. 각급 학교가 문을 닫으면서 리전트 칼리지도 크게 각광받는 여름 학기를 포함해 모든 교육을 온라인으로 전환했다.

그즈음 패커는 이미 사실상 집 밖을 출입할 수 없었다. 몸이 점점 더 약해져 밴쿠버 세인트 존스 교회의 일요일 아침 7시 반 예배에도 11월부터 나가지 못했다. 리전트 칼리지와 세인트 존스의 친구들이 꾸준히 그와 키트를 방문했고 음식도 자주 가져다 주었다. 패커는 집에서 자꾸 실족하는 바람에 어떤 때는 머리 부상을 입어 한동안 어눌해지기도 했다. 6월에는 유독 심한 낙상으로 밴쿠버 종합병원에 입원해 고관절 수술을 받은 뒤 브리티시컬럼비아 대학병원으로 옮겨져 회복했다.

그러나 분명히 패커는 점차 기력이 쇠해 갔다. 7월 12일 일요일에 패커의 주치의는 키트에게 그가 며칠밖에 더 살지 못할 것 같다고 말했다. 이튿날 그는 웨스브룩 몰이 내려다보이고 길 건너편으로 리전트 칼리지가 한눈에 들어오는 병실에서 세인트 존스의 댄 기포드 교구 사제와 함께 성찬식을 했다. 66회 결혼기념일인 7월 17일 금요일 아침에 키트가 댄 기포드와 함께 병실에 갔을 때 패커는 의식이 없었다. 그 상태로 그는 오전 11시 40분에 편안히 운명했다. 얼마 후 병원에서 나온 키트와 댄은 길 건너 리전트로 갔고, 마침 빌 라이머—리전트의 전설적인 서점 운영자—가 사무실에서 일하고 있기에 그에게 패커의 죽음을 알렸다. 1시간 후에 리전트 칼리지의 제프 그린먼 학장이 대학 공동체 전체에게 그 소식을 전했다.

조문이 쇄도했다. 〈크리스채너티 투데이〉지는 복음주의의 사상적 지도자들이 애정을 담아 패커의 비중을 되짚은 추모 글을 연달아 게시했고, 그가 남긴 유산을 포괄적으로 정리해서 소개했다. 가장 감동적인 추모사 중 하나는 리전트 칼리지의 초대 학장으로서 1970년대 말에 패커를 리전트 교수로 처음 임용했던 제임스 휴스턴의 말이었다. 7월 23일 세인트 존스 교회에서 거행된 장례식에서 그는 조사를 통해 패커를 자신의 "가장 오래된 친구"로 지칭하면서 1940년대 말에 옥스퍼드에서 같이 지냈던 시절을 회고하고 그의 "남달리 명쾌한 지성"을 칭송했다.

코로나 방역 대책이 시행 중이었으므로 미리 초대된 조문객 50명만 마스크를 착용하고 장례식에 입장하여 띄엄띄엄 떨어져 앉았다. 단체로 부르는 찬송은 허용되지 않았다. 그래도 복음의 메시지인 소망은 선포되었다. 패커의 리전트 동료인 크레이그 게이가 패커의 도움으로 탄생된 ESV 역본으로 낭독한 바울의 유명한 말을 통해 아마 가장 강력하게 선포되었을 것이다.

> 내가 확신하노니 사망이나 생명이나 천사들이나 권세자들이나 현재 일이나 장래 일이나 능력이나 높음이나 깊음이나 다른 어떤 피조물이라도 우리를 우리 주 그리스도 예수 안에 있는 하나님의 사랑에서 끊을 수 없으리라 (롬 8:38~39).

패커가 남긴 유산은 무엇일까? 세월이 흘러야만 알 수 있으리라. 다만 이 짧은 책에 몇 가지 가능성을 제시했다. 패커의 저작에서 기독교 신앙의 지성적인 깊은 비전을 본 사람이 많다. 그 뿌리는 한편으로 성경이고 또 한편으로 성경을 고찰한 오랜 전통과 특히 청교도주의다. 그를 과거의 풍요로운 신앙으로 이어지는 관문으로 보는 사람도 많다. 지혜의 보물 상자를 열어 내용물을 탐색하도록 도와주는 사람처럼 말이다. 그러나 가장 오래도록 남을 그의 유산은 아마도 수박 겉핥기에 안주하지 말고 우리의 신앙 속으로 더 깊이 들어가야 한다던 그의 소신일 것이다. 우리는 이 길을 앞서간 이들에게서 배울 수 있다. 그들이 부르는 대로 뒤따라 우리도 패커가 그토록 명징하게 지칭한 "사상 최대의 것"을 발견하고 탐색할 수 있다.

주

추천도서

찾아보기

| 주 |

1 여정의 시작

1. 그의 명작인 다음 글을 참조하라. "Tecs, Thrillers, Westerns," *Christianity Today*, 8 (1985년 11월), p. 12.

2. J. I. Packer, *Keep in Step with the Spirit* (Downers Grove, IL: InterVarsity Press, 1984), p. 129 (《성령을 아는 지식》홍성사).

3. J. I. Packer, "In Quest of Canonical Interpretation," 출전: Robert K. Johnston, *The Use of the Bible in Theology: Evangelical Opinions* (Atlanta: John Knox Press, 1985), pp. 35~55. 인용 부분은 39페이지에 나온다.

4. J. I. Packer, *Puritan Portraits* (Fearn, Ross-shire: Christian Focus, 2012), pp. 79~80 (《청교도 인물사》기독교문서선교회).

5. John Pawson, *Sermons* (Leeds: Edward Baines, 1809), pp. 6~7.

6. Michael A. G. Haykin, "'Dissent Warmed Its Hands at Grimshaw's Fire': William Grimshaw of Haworth and the Baptists of Yorkshire," *Perichoresis*, 7, 1 (2009), pp. 23~37.

7. J. I. Packer, *A Quest for Godliness: The Puritan Vision of the Christian Life* (Wheaton, IL: Crossway Books, 1990), p. 12 (《청교도 사상》기독교문서선교회)

8. J. I. Packer, *A Kind of Noah's Ark? The Anglican Commitment to Comprehensiveness*, Latimer Study No. 10 (Oxford: Latimer House, 1981), p. 2.

2 고서와 깊은 지혜

1. C. S. Lewis, "On the Reading of Old Books," 출전: *Essay Collection: Faith, Christianity and the Church* (London: HarperCollins, 2002), p. 440.
2. J. I. Packer, "Living Truth for a Dying World: The Message of C. S. Lewis," *Crux*, 34, 4 (1998), pp. 3~12. 인용 부분은 3페이지에 나온다.
3. J. I. Packer, "On from Orr: The Cultural Crisis, Rational Realism, and Incarnational Ontology," *Crux* 32, 3 (1996), pp. 12~26.
4. C. S. Lewis, *An Experiment in Criticism* (Cambridge: Cambridge University Press, 1961), pp. 140~141 (《오독: 문학 비평의 실험》 홍성사).
5. Lewis, *An Experiment in Criticism*, p. 139.
6. Anthony C. Thiselton, *The Two Horizons: New Testament Hermeneutics and Philosophical Description with Special Reference to Heidegger, Bultmann, Gadamer, and Wittgenstein* (Exeter: Paternoster, 1980), pp. 15~16 (《두 지평: 성경 해석과 철학적 해석학》 IVP).
7. John Stott, *The Contemporary Christian: An Urgent Plea for Double Listening* (Leicester: InterVarsity Press, 1992), p. 13 (《시대를 사는 그리스도인》 IVP). 스토트가 《두 지평》을 활용한 예는 다음 책을 참조하라. John Stott, *I Believe in Preaching* (London: Hodder & Stoughton, 1982), pp. 137~138 (《존 스토트 설교의 능력》 크리스천다이제스트).

8. J. I. Packer, "Infallible Scripture and the Role of Hermeneutics," 출전: D. A. Carson & J. D. Woodbridge 편집, *Scripture and Truth* (Grand Rapids, MI: Zondervan, 1983), pp. 325~356. 다음 책을 참조하라. Thiselton, *The Two Horizons*, pp. 303~310.
9. 이 주제에 대한 훌륭한 평론들은 다음 책을 참조하라. Darren Sarisky 편집, *Theologies of Retrieval: An Exploration and Appraisal* (London: Bloomsbury, 2017).

3 사역 준비 기간

1. 미국에서는 탁구를 "table tennis"라 하지 않고 "ping pong"이라 한다.
2. J. I. Packer, "The Puritan Treatment of Justification by Faith," *The Evangelical Quarterly*, 24.3 (1952), pp. 131~143.
3. BCMS는 1930년 10월 브리스톨의 코텀 파크에 달튼 하우스라는 여자 대학도 설립했다.

4 역사에서 배우다

1. Martyn Lloyd-Jones, "Can We Learn From History?," 출전: J. I. Packer 편집, *Puritan Papers*, 5, 1968~1969 (Phillipsburg, NJ: Presbyterian & Reformed Publishing, 2005), pp. 215~216.
2. Packer, *A Quest for Godliness*, p. 21 (《청교도 사상》기독교문서선교회).
3. Packer, *Puritan Portraits*, p. 23 (《청교도 인물사》기독교문서선교회). "청교도"라는 단어의 대중적 의미에서 본다면 패커가 거

론한 모든 작가를 청교도로 볼 수 있다. 그러나 역사가들은 성경 해석, 교회의 정치 형태, 성례 등의 사안에서 그들의 견해가 사뭇 다르다 못해 상반되기까지 함을 지적할 것이다.

4. Packer, *Puritan Portraits*, pp. 23~26.
5. Packer, *A Quest for Godliness*, p. 28.
6. Packer, *A Quest for Godliness*, p. 215.
7. James Henley Thornwell, *Collected Writings*, 전4권 (Richmond, VA: Presbyterian Committee of Publication, 1870~1873), 제1권, p. 34.
8. Packer, *A Quest for Godliness*, p. 12.
9. John Owen, "Mortification of Sin in Believers," 출전: W. H. Goold 편집, *The Works of John Owen*, 전24권 (Edinburgh: Banner of Truth, 1967), 제6권, p. 9 (《죄 죽이기》크리스천다이제스트).
10. Packer, *A Quest for Godliness*, p. 15.
11. Packer, *A Quest for Godliness*, p. 14.
12. Packer, *A Quest for Godliness*, p. 13.
13. Packer, *A Quest for Godliness*, p. 77.
14. John Piper, *Desiring God: Meditations of a Christian Hedonist* (Sisters, OR: Multnomah Press, 1986) (《하나님을 기뻐하라》생명의말씀사).
15. John Piper, "A Personal Encounter with Jonathan Edwards," *The Reformed Journal*, 28, 11 (1978), pp. 13~17.

5 신학 교육자: 브리스톨의 틴데일 홀

1. J. I. Packer, 스티븐 버라버스의 *So Great Salvation: The History and Message of the Keswick Convention*에 대한 서평, *Evangelical Quarterly* (1955), 27, pp. 153~167.
2. J. I. Packer, "'Keswick' and the Reformed Doctrine of Sanctification," *Evangelical Quarterly* 2, no.3 (1955), pp. 153~167.
3. Alister Chapman, *Godly Ambition: John Stott and the Evangelical Movement* (Oxford: Oxford University Press, 2012), pp. 43~44.
4. Chapman, *Godly Ambition*, pp. 39~48.
5. A. G. Hebert, *Fundamentalism and the Church of God* (London: SCM Press, 1957).
6. J. I. Packer, *"Fundamentalism" and the Word of God* (Grand Rapids, MI: Eerdmans, 1958), p. 29 (《근본주의와 성경의 권위 & 자유주의》개혁주의출판사)
7. Packer, *"Fundamentalism" and the Word of God*, p. 136.
8. Billy Graham, *How to be Born Again* (Dallas, TX: Word, 1977), p. 162 (《기꺼이 거듭나는 삶》21세기북스).
9. Packer, *A Quest for Godliness*, p. 293 (《청교도 사상》기독교문서선교회).
10. J. I. Packer, "Puritan Evangelism," *Banner of Truth* (1957년 2월 4일), pp. 4~13.
11. Packer, "Puritan Evangelism," pp. 4~13.
12. J. I. Packer, "The Puritan View of Preaching the Gospel," 출

전: *How Shall They Hear: A Symposium* (London: Evangelical Magazine, 1960), pp. 11~21.
13. J. I. Packer, *Evangelism and the Sovereignty of God* (Downers Grove, IL: InterVarsity Press, 2012), p. 35 (《복음 전도란 무엇인가》 생명의말씀사).
14. Packer, *Evangelism and the Sovereignty of God*, p. 18.
15. Packer, *Evangelism and the Sovereignty of God*, p. 23.
16. Packer, *Evangelism and the Sovereignty of God*, p. 21.
17. Packer, *Evangelism and the Sovereignty of God*, pp. 34~35.
18. Packer, *Evangelism and the Sovereignty of God*, p. 99.

6 성경: 권위와 해석과 번역

1. Alister E. McGrath 편집, *The NIV Thematic Study Bible* (London: Hodder & Stoughton, 1998).
2. 이 작업에 패커가 어떻게 관여했는지에 대해서는 다음 책을 참조하라. Leland Ryken, *J. I. Packer: An Evangelical Life* (Wheaton, IL: Crossway Books, 2015), pp. 258~262.
3. "J. I. Packer: A Balanced Bible Study Diet," *Bible Study Magazine* (2009년 11~12월).
4. J. I. Packer, "Reading the Bible Theologically," 출전: *English Standard Version Study Bible* (Wheaton, IL: Crossway Books, 2008), p. 2567.
5. J. I. Packer, "Revelation and Inspiration," 출전: Francis Davidson, Ernest F. Kevan & Alan M. Stibbs 편집, *The New*

Bible Commentary (London: Inter-Varsity Fellowship, 1954), pp. 12~18.

6. 이런 접근 방식의 탁월한 예로 다음 책을 참조하라. Vaughan Roberts, *God's Big Picture: Tracing the Storyline of the Bible* (Downers Grove, IL: InterVarsity Press, 2002) (《하나님 나라 관점으로 성경 꿰뚫기》규장).

7. 일례로 다음 글을 참조하라. Packer, "Hermeneutics and Biblical Authority," *The Churchman*, 81 (1967), pp. 3~12.

8. J. I. Packer, "Evangelical Foundations for Spirituality," 출전: Marcus Bockmuehl & Helmut Burkhardt 편집, *Gott Lieben und seine Gebote halten: In memoriam Klaus Bockmuehl* (Basel: Brunner Verlag, 1991), pp. 149~162.

9. J. I. Packer, "In Quest of Canonical Interpretation," 출전: Robert K. Johnston, *The Use of the Bible in Theology: Evangelical Opinions* (Atlanta: John Knox Press, 1985), p. 47.

10. Packer, "In Quest of Canonical Interpretation," p. 45.

11. Packer, "In Quest of Canonical Interpretation," p. 47.

12. Packer, "In Quest of Canonical Interpretation," p. 53.

13. Packer, "Reading the Bible Theologically," p. 2567.

14. J. I. Packer, *Concise Theology: A Guide to Historic Christian Beliefs* (Wheaton, IL: Tyndale House, 1993), pp. 134~135 (《성경과 신학을 아는 지식》아가페문화사).

15. J. I. Packer, *Beyond the Battle for the Bible* (Westchester, IL: Cornerstone Books, 1980), pp. 144~145.

16. Packer, "In Quest of Canonical Interpretation," p. 48.

17. J. I. Packer, "The Comfort of Conservatism," 출전: Michael Horton 편집, *Power Religion* (Chicago: Moody, 1992), pp. 283~299.

7 다시 옥스퍼드로: 라티머 하우스

1. John Stott, *Basic Christianity* (London: Inter-Varsity Fellowship, 1958), p. 7 (《기독교의 기본 진리》생명의말씀사).
2. Chapman, *Godly Ambition: John Stott and the Evangelical Movement*, pp. 53~77.
3. J. I. Packer, "A Strategic Priority" (미간행 문서, 1958년 12월), p. 1.
4. 배경에 대해서는 다음 책을 참조하라. Eric James, *A Life of Bishop John A. T. Robinson* (London: Collins, 1987). 이런 반응에 대한 분석은 다음 책을 참조하라. David L. Edwards 편집, *The Honest to God Debate: Some Reactions to the Book "Honest to God"* (London: SCM Press, 1963).
5. J. I. Packer, *Keep Yourselves from Idols: A Discussion of "Honest to God" by John A. T. Robinson* (London: Church Book Room Press, 1963).
6. John A. T. Robinson, *Honest to God* (London: SCM Press, 1963), p. 67 (《신에 솔직히》대한기독교서회).
7. Packer, *Keep Yourselves from Idols*, p. 5.
8. Robinson, *Honest to God*, p. 7.
9. Robinson, *Honest to God*, p. 114.

10. Packer, *Keep Yourselves from Idols*, p. 17.
11. Packer, *Keep Yourselves from Idols*, p. 17.
12. 다음 책에 인용되어 있다. Edwards 편집, *The Honest to God Debate*, p. 93.
13. 상황의 복잡한 배경에 대해서는 다음의 탁월한 논문집을 참조하라. 당시 우세하던 다양한 형태의 복음주의를 기술하기 어려운 요인도 함께 볼 수 있다. Andrew Atherstone & John G. Maiden 편집, *Evangelicalism and the Church of England in the Twentieth Century* (Woodbridge, Suffolk: Boydell Press, 2014).
14. 이것을 잘 설명한 다음 책을 참조하라. Diarmaid MacCulloch, *Thomas Cranmer: A Life* (New Haven, CT: Yale University Press, 1996).
15. J. I. Packer & R. T. Beckwith, *The Thirty-Nine Articles: Their Place and Use Today* (Oxford: Latimer House, 1984), pp. 51~52.
16. J. I. Packer, *The Thirty-Nine Articles* (London: Church Pastoral Aid Society, 1961).
17. Oliver O'Donovan, *On the Thirty-Nine Articles: A Conversation with Tudor Christianity* (Exeter: Paternoster Press, 1986), p.115.
18. 당시의 이런 접근 방식에 대한 좋은 예는 다음 글을 참조하라. Geoffrey W. Bromiley, "The Purpose and Function of the Thirty-Nine Articles," *The Churchman*, 73, 2 (1959), pp. 60~65.
19. Alister Chapman, "Secularisation and the Ministry of John R.

W. Stott at All Souls, Langham Place, 1950~1970," *Journal of Ecclesiastical History*, 56 (2005), pp. 496~513. 다음 글도 참조하라. Alister Chapman, "The International Context of Secularization in England: The End of Empire, Immigration, and the Decline of Christian National Identity, 1945~1970," *Journal of British Studies* (2015), pp. 163~189.

20. Peter Webster, *Archbishop Ramsey: The Shape of the Church* (Farnham: Ashgate, 2015), p. 47.

21. 이에 대한 설명으로 다음 책을 참조하라. Iain H. Murray, *D. Martyn Lloyd-Jones: The Fight of Faith, 1939~1981* (Edinburgh: Banner of Truth, 1990), pp. 501~506.

22. 일차 자료의 자제한 내용은 다음 책을 참조하라. Murray, *Lloyd-Jones*, pp. 528~532.

23. "원칙 선언문"이 다음 책에 전재되어 있다. Murray, *Lloyd-Jones*, pp. 536~537. 특히 제5원칙에 주목하라("현재 WCC 산하 교단에 속해 있는 사람은 반드시 먼저 교단을 탈퇴해야 한다").

24. J. I. Packer, *The Evangelical Anglican Identity Problem: An Analysis*, Latimer Study No. 1 (Oxford: Latimer House, 1978). Packer, *A Kind of Noah's Ark?* 교회의 본질에 대한 패커 초기의 관점은 다음 글을 참조하라. J. I. Packer, "The Nature of the Church," 출전: C. F. H. Henry 편집, *Basic Christian Doctrines* (New York: Rinehard & Winston, 1962), pp. 214~217.

25. Packer, *A Kind of Noah's Ark?*, p. 10.

26. Packer, *A Kind of Noah's Ark?*, p. 36.

27. 1966년 3월 31일에 이 집회에 대한 보고서가 라티머 하우스

이사회 모임에서 제출되었다.
28. "Latimer House Study Groups General Report No. 1," 1967년 11월.
29. 이에 대한 유익한 고찰로 다음 글을 참조하라. Andrew Atherstone, "The Keele Congress of 1967: A Paradigm Shift in Anglican Evangelical Attitudes," *Journal of Anglican Studies*, 9, 2 (2011), pp. 175~197.
30. "Face to Face with Dr J. I. Packer," *Tyndale Hall Topic* (1967), pp. 1~4. 관련 자료는 4페이지에 나온다.
31. 1969년 2월 12일에 짐 패커가 콜린 브라운에게 한 말.
32. 1968년 10월 30일에 J. 스태포드 라이트에게 보낸 편지.
33. "Face to Face with Dr J. I. Packer," p. 4.
34. 다음 책을 참조하라. Colin Buchanan, *St John's College Nottingham: From Northwood to Nottingham* (Nottingham: St John's College, 2013).
35. 훗날 그린과 패커는 1987년부터 1992년까지 밴쿠버의 리전트 칼리지에 함께 교수로 재직했다.
36. 이사들이 후보자 셋을 천거하여 10월 22일 런던 랭엄 플레이스의 올 소울즈 교회에서 열린 차기 이사회 모임에 초청했다. 결국 12월에 존 웨넘이 라티머 하우스 소장으로 선출되었다.

8 신학 그리고 교회의 삶

1. 자세한 내용은 다음 책을 참조하라. Alister E. McGrath, *Thomas F. Torrance: An Intellectual Biography* (Edinburgh: T.

& T. Clark, 1999).

2. 그런 글의 예로 나는 특히 다음 둘을 꼽는다. "What did the Cross Achieve? The Logic of Penal Substitution," *Tyndale Bulletin*, 25 (1974), pp. 3~45. "On from Orr: The Cultural Crisis, Rational Realism, and Incarnational Ontology," *Crux*, 32, 3 (1996), pp. 12~26.

3. Kate Crehan, *Gramsci's Common Sense: Inequality and its Narratives* (Durham, NC: Duke University Press, 2016), pp. 3~41.

4. 예컨대 다음의 알찬 연구서를 참조하라. Glenn T. Miller, *Piety and Intellect: The Aims and Purposes of Ante-Bellum Theological Education* (Atlanta: Scholars Press, 1990).

5. Edward Farley, *Theologia: The Fragmentation and Unity of Theological Education* (Philadelphia: Fortress Press, 1983), pp. x, 7《신학 교육의 개혁》부흥과개혁사). 5년 후에 팔리는 다음 책에 이 주제를 더 발전시켰다. *The Fragility of Knowledge: Theological Education in the Church and University* (Philadelphia: Fortress Press, 1988).

6. 특히 후기의 다음 두 글을 참조하라. "An Introduction to Systematic Spirituality," *Crux*, 26, 1 (1990), pp. 2~8. "Evangelical Foundations for Spirituality," pp. 149~162.

7. 탁월한 비판적 연구서로 다음 책을 참조하라. Donald J. Payne, *The Theology of the Christian Life in J. I. Packer's Thought: Theological Anthropology, Theological Method, and the Doctrine of Sanctification* (Eugene, OR: Wipf & Stock, 2006). 페

인이 11페이지에 지적했듯이 패커는 "경건," "영성," "거룩함," "신앙심" 등의 단어를 서로 혼용한다.

8. 패커의 글 "An Introduction to Systematic Spirituality"와 "Evangelical Foundations for Spirituality"를 참조했다. 두 편 모두에 그의 신학 개념이 명쾌히 제시되어 있다.
9. Packer, "An Introduction to Systematic Spirituality."
10. Packer, "Evangelical Foundations for Spirituality,"
11. Packer, *Puritan Portraits*, p. 81 (《청교도 인물사》기독교문서선교회).
12. Packer, "Evangelical Foundations for Spirituality,"
13. 패커의 분석이 여기서 제기될 수 있는 모든 질문에 답이 되지는 않는다. 예컨대 다음 책에 제시된 우려를 참조하라. Payne, *The Theology of the Christian Life in J. I. Packer's Thought*.
14. J. I. Packer, "The Nature of the Church," p. 217.
15. Packer, "Evangelical Foundations for Spirituality."
16. Packer, *Concise Theology*, pp. 35~7 (《성경과 신학을 아는 지식》아가페문화사).
17. Packer, "On from Orr."
18. James Orr, *The Christian View of God and the World as Centering in the Incarnation* (Edinburgh: Andrew Elliot, 1893) pp. 263~264.

9 새 출발: 브리스톨의 트리니티 칼리지

1. 이런 복잡한 전개를 나의 다음 책에 상술했다. A. McGrath, *To*

Know and Serve God: A Biography of James I. Packer (London: Hodder & Stoughton, 1998) (《제임스 패커의 생애》 기독교문서선교회).
2. 1969년 10월 26일에 리처드 제임스가 알렉 모티어에게 한 말.
3. Leslie Paul, *The Deployment and Payment of the Clergy: A Report* (London: Church Information Office, 1964).
4. 다음 글을 더 참조하라. Andrew Atherstone, "Rescued from the Brink: The Collapse and Resurgence of Wycliffe Hall, Oxford," *Studies in Church History*, 44 (2008), pp. 354~364.
5. 이런 복잡한 전개에 대한 자세한 내용은 다음 책을 참조하라. McGrath, *To Know and Serve God*.

10 신학과 영성: 《하나님을 아는 지식》

1. Chapman, *Godly Ambition*, pp. 85~86.
2. Edward England, *An Unfading Vision: The Adventure of Books* (London: Hodder & Stoughton, 1982) pp. 152~153.
3. Packer, "An Introduction to Systematic Spirituality," pp. 2~8.
4. Packer, "An Introduction to Systematic Spirituality," p. 6.
5. J. I. Packer, "On Knowing God," *Tenth: An Evangelical Quarterly* (1975년 7월), pp. 11~25.
6. 여기서 "투명하다"(pellucid)라는 단어는 빛을 투과하거나 뭔가를 또렷이 보여 준다는 뜻의 라틴어 동사 perlucere에서 유래되었다.
7. J. I. Packer, *Knowing God* (London: Hodder & Stoughton, 1975),

p. 45 (《하나님을 아는 지식》IVP)
8. 다음 글을 참조하라. Mary Morrissey, "Scripture, Style and Persuasion in Seventeenth Century English Theories of Preaching," *Journal of Ecclesiastical History*, 53, 4 (2002), pp. 686~706.
9. John Henry Newman, *The Idea of a University* (London: Longmans, Green, & Co, 1852), p. 224.
10. Packer, *Knowing God*, p. 7.
11. John A. Mackay, *A Preface to Christian Theology* (London: Nisbet, 1941), pp. 29~54. 맥케이의 접근 방식을 내가 활용한 예는 다음 책을 참조하라. Alister McGrath, *The Landscape of Faith: An Explorer's Guide to the Christian Faith* (London: SPCK, 2018), pp. 42~44 (《믿음을 찾아서》두란노)
12. William Leathem, "Renewing the Local Church," 출전: J. I. Packer 편집, *Guidelines: Anglican Evangelicals Face the Future* (London: Falcon, 1967.), pp. 183~209. 인용 부분은 198~199페이지에 나온다.
13. Packer, *Knowing God*, pp. 7~8.
14. 과도한 이성주의적 접근의 예는 다음 글을 참조하라. John Woodhouse, "Experiencing Confusion," *The Briefing*, 1992년 2월 18일.
15. Packer, *Knowing God*, p. 42.
16. Packer, *Knowing God*, p. 43.

11 캐나다 이주: 밴쿠버의 리전트 칼리지

1. Packer, "What did the Cross Achieve? The Logic of Penal Substitution," pp. 3~45.
2. 인용문은 제12강 "Notes on Biblical Inerrancy"의 유인물 사본에 나와 있다.
3. J. I. Packer, "Battling for the Bible," *Regent College Bulletin*, 9, 4 (1979년 가을).
4. P. E. Hughes, "Editorial," The Churchman, 76 (1962): pp. 131~5. 소책자 형태로 증쇄된 이 사설은 약 3만9천 부가 판매된 것으로 추산된다.
5. 이 네 사람은 존 콜린스, 마이클 하퍼, 데이비드 맥키네스, 데이비드 왓슨으로 각자 이후에 전개된 영국 카리스마 운동에서 중요한 인물이 되었다.
6. 패커가 초기에 쓴 다음 글을 참조하라. J. I. Packer, "The Holy Spirit and the Local Congregation," *The Churchman*, 78 (1964), pp. 98~108.
7. 패커의 중요한 작품인 다음 책을 카리스마 운동에 바치는 "성년식 선물"로 볼 수도 있다. 이 책은 그 운동을 인정한다는 표시이자 앞으로 더 고찰해 보자는 제안이다. *Keep in Step with the Spirit* (Downers Grove, IL: InterVarsity Press, 1984) (《성령을 아는 지식》 홍성사).
8. Chapman, *Godly Ambition*, pp. 101~103.
9. 실행 위원회는 존 스토트(위원장), 데이비드 질렛(서기), 가스 그리넘, 돈 어빙, 개빈 리드, 마이클 세이워드, 레이먼드 터비로 구성되었다.

10. J. I. Packer, "Jesus Christ the Lord," 출전: J. R. W. Stott 편집, *Obeying Christ in a Changing World* (London: Collins, 1977), pp. 32~60.
11. Packer, *The Evangelical Identity Problem*.
12. Teddy Saunders & Hugh Sansom, *David Watson: A Biography* (London: Hodder & Stoughton, 1992), p. 186.
13. *The Nottingham Statement* (London: Falcon, 1977), p. 13.
14. 눈에 띄는 인물로 F. F. 브루스, E. 마셜 셰퍼드, 제임스 M. 휴스턴, 워드 개스크, 칼 E. 아머딩 등이 있다.
15. 리전트 칼리지의 배경에 대한 중요한 설명으로 다음 두 논문을 참조하라. Kenneth V. Botton, "Regent College: An Experiment in Theological Education," 박사학위 논문, Trinity Evangelical Divinity School, 2004. Charles E. Cotherman, "Awakening the Lay Evangelical Mind: Francis Schaeffer, James Houston, and the Christian Study Center Movement in North America," 박사학위 논문, University of Virginia, 2017, 특히 pp. 102~153. 나도 이 학교의 구전 역사를 연구해 보았는데, 기원에 대해서나 비전의 정확한 초점에 대해서나 다양한 설명을 접할 수 있었다.

12 보수주의: "좋은 것을 취하고"

1. Roger Scruton, *Conservatism: An Invitation to the Great Tradition* (New York: St Martin's Press, 2017), p. 127.
2. Jaroslav Pelikan, *The Vindication of Tradition* (New Haven, CT:

Yale University Press, 1984), p. 65.

3. Packer, "The Comfort of Conservatism," pp. 283~99.
4. Packer, "The Comfort of Conservatism," pp. 284~5.
5. Packer, "The Comfort of Conservatism," p. 289.
6. Packer, "The Comfort of Conservatism," p. 293.
7. Packer, "The Comfort of Conservatism," pp. 288~9.
8. 다음 두 책을 더 참조하라. Stephen R. Holmes, *Listening to the Past: The Place of Tradition in Theology* (Grand Rapids, MI: Baker Academic, 2002). Daniel H. Williams, *Evangelicals and Tradition: The Formative Influence of the Early Church* (Grand Rapids, MI: Baker Academic, 2005).
9. Packer, *"Fundamentalism" and the Word of God*, p. 48 (《근본주의와 성경의 권위 & 자유주의》개혁주의출판사).
10. J. I. Packer, *Truth & Power: The Place of Scripture in the Christian Life* (Downers Grove, IL: InterVarsity Press, 1999), p. 110 (《하나님의 대변자》아가페출판사).
11. Packer, Truth & Power, pp. 116~118. 다음 글도 참조하라. Packer, "Comfort of Conservatism," pp. 291~2.
12. 비슷한 논지의 다음 글을 참조하라. Robert Wilken, "The Durability of Orthodoxy," Word and World, 2 (1988), pp. 124~32.
13. 자세한 내용은 다음 글을 참조하라. J. I. Packer, "Why I Walked: Sometimes Loving a Denomination Requires You to Fight," *Christianity Today*, 2003년 1월 1일.
14. J. I. Packer, "Let's Stop Making Women Presbyters,"

Christianity Today, 1991년 2월 11일. 여기서 패커가 말하는 "장로"란 "지역 회중을 감독하는 공식 직분(대개 전문 성직)"을 뜻한다.

15. 일례로 다음 글을 참조하라. Grace Ying May & Hyunhye Pokrifka Joe, "A Response to J. I. Packer's Position on Women's Ordination," *Priscilla Papers*, 11, 1 (1997), pp. 1~10.

16. Russell Kirk, *The Conservative Mind: From Burke to Eliot*, 개정 3판 (Chicago: Regnery, 1960) (《보수의 정신》지식노마드).

17. Scruton, *Conservatism*, pp. 127~55, 특히 pp. 143~4.

18. Henry Mintzberg, Bruce Ahlstrand & Joseph Lampel, *Strategy Safari: A Guided Tour Through the Wilds of Strategic Management* (New York: Free Press, 1998), p. 8 (《전략 사파리》비즈니스맵).

13 풍요로운 결실: 밴쿠버 사역

1. 다음 글을 참조하라. Chris Armstrong, "The Rise, Frustration, and Revival of Evangelical Spiritual Ressourcement," *Journal of Spiritual Formation and Soul Care*, 2, 1 (2009), pp. 113~21.

2. J. I. Parker, "The Problem of Universalism Today," *Theolog. Review: Australian Journal of the Theological Students Fellowship*, 5/3 (1969년 11월), pp. 16~24.

3. Philip E. Hughes, *The True Image: The Origin and Destiny of Man in Christ* (Grand Rapids, MI: Eerdmans, 1988).

4. David L. Edwards & John R. W. Stott, *Essentials* (London:

Hodder & Stoughton, 1988), pp. 312~339 (《복음주의가 자유주의에 답하다》포이에마). 인용 부분은 319페이지에 나온다. 나중에 스토트는 자신이 영혼 소멸설 쪽으로 기울기는 하지만 결국은 이 문제에 대해 불가지론의 입장임을 분명히 했다.

5. John Wenham, *Facing Hell: The Story of a Nobody. An Autobiography 1913~1996* (Carlisle: Paternoster Press, 1998), pp. 229~257.

6. J. W. Wenham, *The Goodness of God* (London: InterVarsity Press, 1974), p. 41.

7. J. I. Packer, *The Problem of Eternal Punishment*, Leon Morris Lecture, 1990 (Camberwell: Evangelical Alliance (Victoria), Inc., 1990).

8. 나도 이 문제를 탐색한 바 있다. Alister E. McGrath, *Christianity's Dangerous Idea: The Protestant Revolution* (San Franciso: HarperOne, 2007), pp. 199~213 (《기독교 그 위험한 사상의 역사》국제제자훈련원).

9. John Ankerberg & John Weldon, "Response to J. I. Packer," 출전: Kenneth S. Kantzer & Carl F. H. Henry, *Evangelical Affirmations* (Grand Rapids, MI: Zondervan, 1990), pp. 137~148.

10. J. I. Packer, "Crosscurrents among Evangelicals," 출전: Charles Colson & Richard J. Neuhaus 편집, *Evangelicals and Catholics Together: Toward a Common Mission* (Dallas: Word, 1995), pp. 147~174. 패커의 중요한 다음 글도 참조하라. "Why I Signed It," *Christianity Today*, 1994년 12월 12일, pp. 34~37.

11. C. S. Lewis, *Christian Reflections* (London: Bles, 1967), p. vii (《기독교적 숙고》홍성사).
12. 리처드 랜드와 래리 루이스는 1995년 4월에 그 성명에서 자신의 서명을 철회했다. 자신의 행동이 본의 아니게 남침례교가 그 문서를 공식 지지한다는 인상을 주었기 때문이다. 당시 랜드와 루이스는 각각 남침례교 산하 그리스도인의 삶 위원회와 국내선교회에서 섬기고 있었다. 둘 다 개인적으로는 이 문서를 계속 지지함을 밝혔다.
13. (특히 패커를 겨냥한) 신랄한 비판은 다음 책을 참조하라. R. C. Sproul, *Faith Alone: The Evangelical Doctrine of Justification* (Grand Rapids, MI: Baker Books, 1995), pp. 183~92 (《오직 믿음으로》생명의말씀사). 1996년 4월에 창설된 "고백하는 복음주의자 연맹"에서도 비슷한 우려를 표했다. 다음 책을 참조하라. James Montgomery Boice & Benjamin E. Sasse, *Here We Stand: A Call from Confessing Evangelicals* (Grand Rapids, MI: Baker Books, 1996) (《복음주의의 회복과 고백》생명의말씀사).
14. 패커와 제임스 휴스턴은 은퇴 후에 관례적인 "명예 교수"가 아닌 "이사회 교수"라는 호칭의 예우를 받았다.
15. 1996년 이후 패커의 활동은 다음 책에 가장 잘 나와 있다. Ryken, *J. I. Packer*.
16. 패커가 이 작업에 어떻게 관여했는지에 대해서는 다음 책을 참조하라. Ryken, *J. I. Packer*, pp. 258~262.
17. J. I. Packer, *Taking God Seriously: Vital Things We Need to Know* (Wheaton, IL: Crossway Books, 2013), p. 11 (《하나님께 진지하라》디모데).

18. J. I. Packer, *I Want to be a Christian* (Eastbourne: Kingsway Publications, 1977) (《제임스 패커 기독교 기본진리》 아바서원).
19. 다음 글을 참조하라. Joel Scandrett, "'To Be a Christian': J. I. Packer and the Renewal of Evangelical Catechesis," *Crux*, 52, 1 (2016), pp. 4~12.
20. J. I. Packer & Gary A. Parrett, "The Lost Art of Catechesis," *Christianity Today*, 2010년 3월 12일. 이 주제를 더 자세히 고찰한 다음 책을 참조하라. J. I. Packer & Gary A. Parrett, *Grounded in the Gospel: Building Believers the Old-Fashioned Way* (Grand Rapids, MI: Baker Books, 2010) (《복음에 뿌리를 내려라》 생명의말씀사).
21. 그 행사에 내가 기여한 부분에 대해서는 다음 책을 참조하라. Alister McGrath, *Mere Discipleship: On Growing in Wisdom and Hope* (London: SPCK, 2018), pp. 112~120 (《지성의 제자도》 죠이북스).
22. J. I. Packer, *Weakness Is the Way: Life with Christ Our Strength* (Wheaton, IL: Crossway Books, 2013) (《약함이 길이다》 디모데). *Finishing Our Course with Joy: Guidance from God for Engaging with Our Aging* (Wheaton, IL: Crossway Books, 2014) (《아름다운 노년》 디모데).
23. Packer, *Weakness Is the Way*, pp. 89~90. 고린도후서 묵상집인 이 책에서 패커는 윌리엄스를 그냥 "빌"로 지칭한다.

| 추천 도서 |

패커 전기

Alister E. McGrath, *To Know and Serve God: A Biography of James I. Packer* (London: Hodder & Stoughton, 1998). 미국 판: *J. I. Packer: A Biography* (Grand Rapids, MI: Baker Books, 1998) (《제임스 패커의 생애》기독교문서선교회).

Leland Ryken, *J. I. Packer: An Evangelical Life* (Wheaton, IL: Crossway Books, 2015).

패커 연구

Timothy George 편집, *J. I. Packer and the Evangelical Future: The Impact of His Life and Thought* (Grand Rapids, MI: Baker Books, 2009).

Donald M. Lewis & Alister E. McGrath 편집, *Doing Theology for the People of God: Studies in Honor of J. I. Packer* (Downers Grove, IL: InterVarsity Press, 1996).

Donald J. Payne, *The Theology of the Christian Life in J. I. Packer's Thought: Theological Anthropology, Theological Method, and the Doctrine of Sanctification* (Eugene, OR: Wipf & Stock, 2006).

Roger Steer, *Guarding the Holy Fire: The Evangelicalism of John R.*

W. Stott, J. I. Packer, and Alister McGrath (Grand Rapids, MI: Baker Books, 1999).

C. Samuel Storms, *Packer on the Christian Life: Knowing God in Christ, Walking by the Spirit* (Wheaton, IL: Crossway Books, 2015).

J. I. 패커의 주요 작품

2008년까지의 패커의 작품을 전부 열거한 최고의 자료는 다음 책에 나와 있다. Timothy George 편집, *J. I. Packer and the Evangelical Future: The Impact of His Life and Thought* (Grand Rapids, MI: Baker Books, 2009), pp. 187~230. 그의 더 중요한 글만 대표적으로 수록한 다음 책을 참조하라. Alister E. McGrath 편집, *The J. I. Packer Collection* (Leicester: InterVarsity Press, 1999).

대표적으로 중요한 네 권의 주요 작품은 다음과 같다.

J. I. Packer, *Concise Theology: A Guide to Historic Christian Beliefs* (Wheaton, IL: Tyndale House, 1993) (《성경과 신학을 아는 지식》아가페문화사).

J. I. Packer, *"Fundamentalism" and the Word of God* (Grand Rapids, MI: Eerdmans, 1958) (《근본주의와 성경의 권위 & 자유주의》개혁주의출판사).

J. I. Packer, *Knowing God* (London: Hodder & Stoughton, 1973) (《하나님을 아는 지식》IVP).

J. I. Packer, *A Quest for Godliness: The Puritan Vision of the Christian Life* (Wheaton, IL: Crossway Books, 1990) (《청교도 사상》 기독교문서선교회).

| 찾아보기 |

ㄱ

감리교(Methodist Church) 94, 149~151, 191, 217, 234, 258

개성(individuality) 56, 178

개스크, 워드(Gasque, Ward) 240

개인주의(individualism) 126, 178, 255, 280, 261

검은 가운의 교회("lack Gown" churches) 253

고린도전서(1 Corinthians) 251

고백록(어거스틴, Confessions) 54

과거의 기독교 작가(Christian writers of the past), "청교도"도 보라

   교훈(learning from) 39~41, 86, 97, 98, 107, 122, 231, 251, 289

   신앙의 실험실(laboratory of faith) 55

   현대 독자를 위한 해석(interpreting for modern readers) 57~60, 86, 90, 103, 111, 126, 127, 236, 252, 256~259

   현대의 전제에 대한 도전(challenging modern assumptions) 54, 56

교리 위원회(Doctrine Commission) 149

교리교육(catechesis) 152, 287~290

교회론 논쟁(ecclesiology debate) 153~160

국교회(Anglicanism), "성공회"도 보라 85, 96, 145~147, 185, 193

그람시, 안토니오(Gramsci, Antonio) 172, 173

그레이엄, 빌리(Graham, Billy) 99, 100, 104, 105, 108, 144, 148

그리스도를 위한 고난(범브란트, Tortured for Christ) 287

그린, 마이클(Green, Michael) 166, 286
그림쇼, 윌리엄(Grimshaw, William) 42
그윈-토머스, 존(Gwyn-Thomas, John) 70
근본주의 신학(바, *Fundamentalism*) 228
근본주의(fundamentalism) 99~104, 153, 226, 228
근본주의와 성경의 권위& 자유주의(패커, *"Fundamentalism" and the Word of God*) 61, 99, 101, 102, 103, 125, 257, 286
근본주의의 위협(램지, *"The Menace of Fundamentalism"*) 100
기꺼이 거듭나는 삶(그레이엄, *How to be Born Again*) 104
기니스, 오스(Guinness, Os) 208, 209, 282
기독교 강요(칼뱅, *Institutes of the Christian Religion*) 214
기독교의 기본 진리(스토트, *Basic Christianity*) 101, 133
기독교의 기초 책 시리즈(호더& 스토튼, *Christian Foundations book series*) 206

ㄴ

나그네(travellers) 219, 220
나이넘, 데니스(Nineham, Dennis) 229
나이퀴스트, 짐(Nyquist, Jim) 208
내일의 신학대학 보고서(*Theological Colleges for Tomorrow report*) 185
너톨, 제프리(Nuttall, Geoffrey) 72, 76
노턴, 시드니(Norton, Sidney) 73
뉴 칼리지, 에든버러(New College, Edinburgh) 171, 274
뉴먼, 존 헨리(Newman, John Henry) 217

뉴하우스, 리처드 존(Neuhaus, Richard John) 280, 281

ㄷ

달튼 하우스, 브리스톨(Dalton House, Bristol) 95, 195, 197, 300
대학의 합병/폐교(merging/closing colleges) 185~187, 194~199, 243
더 처치맨(*The Churchman*) 230
더글러스, 제임스D.(Douglas, James D.) 120
더필드, 저비스E.(Duffield, Gervase E.) 151
데살로니가전서(1 Thessalonians) 250, 257
데이비스, J. 엘윈(Davies, J. Elwyn) 204~205
동성간의 연합(same-sex unions) 263
두 지평(티슬턴, *The Two Horizons*) 59
디 번슨 경, 버나드(De Bunsen, Sir Bernard) 186, 194
디모데후서(2 Timothy) 251

ㄹ

라일, J. C.(Ryle, J. C.) 160
라티머 하우스, 옥스퍼드(Latimer House, Oxford)
  Growing into Union(무르익는 연합) 191, 192, 205, 232
  Guidelines(지침서) 160
  네트워킹 시설(networking facility) 163
  라티머 하우스의 기원(origins) 133~135
  보수 복음주의(conservative evangelicalism) 144, 152, 162, 164
  성공회 성직자의 호평(valued by Anglican clergy) 160~163

신학적 기초(theological grounding) 132, 147
신학적 자원의 공급(theological resourcing) 143
실천 신학(practical theology) 171
연구회(Study Groups) 161
전국 복음주의 성공회 대회(1967년, National Evangelical Anglican Congress) 152, 160, 219, 233, 234,
패커의 비전(Packer's vision for) 77, 136, 181
패커의 활동/역할(Packer's activities/roles)
  강연 활동(speaking engagements) 150, 169
  교회론 논쟁(ecclesiology debate) 156~160
  다양한 소속 단체(various memberships) 149
  사서(Librarian) 135
  세인트 앤드루스 교회 사역(ministry at St Andrew's) 136
  소장(Warden) 171
  신에게 솔직히에 대한 비판(*critique of Honest to God*) 136~143
라티머, 휴(Latimer, Hugh) 135
램지, 마이클(Ramsey, Michael) 100
램지, 이언T.(Ramsey, Ian T.) 149
램프, 제프리(Lampe, Geoffrey) 229
랭스턴, 얼(Langston, Earl) 37
런던 기독학생연합(London Inter-Faculty Christian Union, LIFCU) 108
런던 칼리지 신학부(London College of Divinity) 196
런시, 로버트A. K.(Runcie, Robert A. K.) 195

레너드, 그레이엄(Leonard, Graham) 191
레온 모리스 강연(1990년, Leon Morris Lecture) 217
레이놀드, 존(Reynold, John) 43
로마서(Book of Romans) 88, 296
로빈슨, 존(Robinson, John) 137, 141
로빈슨, 해리 S. D.(Robinson, Harry S. D.) 245
로이드-존스, 마틴(Lloyd-Jones, Martyn) 69, 73, 75, 84, 144, 154~161, 190~193, 204, 205, 231
루이스, C. S.(Lewis, C. S.) 22, 25, 35, 36, 38, 39, 53~57, 90, 124, 205, 229, 263, 283
루터, 마르틴(Luther, Martin) 59, 69, 97, 127, 157, 256, 261
리덤, 에니드(Leathem, Enid) 75
리덤, 윌리엄(Leathem, William) 75~77, 79, 219, 253
리들리, 니콜라스(Ridley, Nicholas) 95, 135
리전트 칼리지, 밴쿠버(Regent College, Vancouver)
  J. I. 패커 신학 교수직("J. I. Packer Chair in Theology") 286
  공식 인가(accreditation) 270
  기독교학 석사 학위(Master of Christian Studies qualification) 240, 271
  기원과 초창기(origins and early days) 239~240
  브리티시컬럼비아 대학교와의 제휴(University of British Columbia affiliation) 240, 271
  신축 건물(new building) 270, 271
  아머딩 지도하의 변화(changes under Armerding) 270
  여름 학기(summer schools) 23, 119, 239, 245, 272, 274, 286,

    294
  여성 안수(ordination of women) 263
  은퇴 이후(post-retirement) 286
  패커가 교수직을 수락함(Packer accepts post at) 245
  패커가 교수직을 제의받음(Packer offered post at) 242~243
  패커의 90회 생일(Packer's 90th birthday) 290
  패커의 활동/역할(Packer's activities/roles)
    리전트 강의(lectures at Regent) 118, 226, 227
    리전트 대외(away from Regent) 274
    학생 목양(pastoral care of students)
    상우 유통 치 신학 석좌교수(Sangwoo Youtong Chee Professor of Theology) 210, 273, 286
    영성 세미나/강좌(spirituality seminars/classes) 272~274
  평신도 중심(focus on laity) 239, 240, 242
  평판과 성장(reputation and growth) 270
린젤, 해럴드(Lindsell, Harold) 226

ㅁ

마쉬, 존(Marsh, John) 76
만인 구원론(universalism) 275, 276
말씀의 성육신에 관하여(아타나시우스, *On the Incarnation*) 54
매스컬, E. L.(Mascall, E. L.) 142, 191
맥케이, 존(Mackay, John) 218, 219
머레이, 이언(Murray, Iain) 73
멀릿, 키트(Mullett, Kit), "패커, 키트"도 보라 75, 76, 272

모티어, 알렉(Motyer, Alec) 184, 188~190, 199, 200
민츠버그, 헨리(Mintzberg, Henry) 266

ㅂ

바르트, 칼(Barth, Karl) 68, 171
바울 사도(Paul, the apostle) 118, 251, 257
바이블 선교사 양성 대학, 브리스톨(Bible Missionary Training College, Bristol), "틴데일 홀, 브리스톨"도 보라 95
바이블 처치맨스 선교회(Bible Churchmen's Missionary Society, BCMS) 67, 75, 78, 94, 184, 187, 188
발코니 인간(balconeers) 218, 220
방언(speaking in tongues) 230
백스터, 리처드(Baxter, Richard) 72, 86, 103
버라버스, 스티븐(Barabas, Steven) 97
베넷, 데니스(Bennett, Dennis) 230
베이커, 존(Baker, John) 233
벡위스, 로저(Beckwith, Roger) 136, 149, 161
보수의 정신(커크, Conservative Mind) 265
보수주의(conservatism)
    소신과 과정(conviction and process) 251
    위대한 전통("Great Tradition") 251, 58, 59
    전통 대 전통주의(tradition vs. traditionalism) 254, 255, 256, 262
    전통과의 긍정적인 씨름(positive engagement with tradition) 254, 258, 259, 262

정의(defining) 254, 261
보수주의의 위안(패커, "The Comfort of Conservatism") 253
보크뮤엘, 클라우스(Bockmuehl, Klaus) 244
복음 전도란 무엇인가(패커, *Evangelism and the Sovereignty of God*) 186, 189, 286
복음과 성령 그룹("Gospel and Spirit" group) 234
복음주의(evangelicalism)
  IVF 포켓 북(*IVF Pocket Books*) 101
  개인주의 대 개성(individualism vs. individuality) 178
  라티머 하우스의 복음주의(at Latimer House) 143~152
  무르익는 연합에 대한 반응(responses to *Growing into Union*) 191, 192, 205
  변호(defence of) 100~103
  복음주의와 근본주의(and fundamentalism) 100, 102, 104, 226
  빌리 그레이엄 전도대회(Billy Graham crusades) 99, 144
  성경의 무오성 논쟁(biblical inerrancy debate) 126, 226, 227, 255
  세속주의의 위협(threat of secularism) 279, 281, 284
  영벌 논쟁(eternal punishment debate) 276, 277, 278
  자유주의(liberal) 144, 146, 148, 151, 154, 155, 159, 191, 279, 281, 284
  전국 복음주의 성공회 대회(National Evangelical Anglican Congresses) 152, 160, 219, 233, 234
  전통 대 전통주의(tradition vs. traditionalism) 262
  정통 교리 논쟁(doctrinal orthodoxy debate) 153

주류의 비판(mainstream opposition towards) 99~100
　　천주교와의 협력(collaboration with Catholicism) 279~286
　　청교도 학술대회(Puritan Studies Conference) 60, 69, 73, 76, 153, 154
　　청교도주의의 적절성(Puritanism's relevance) 84, 86, 87, 88, 90
　　카리스마 운동(charismatic movement) 230~233
　　펠라기우스주의(Pelagian approach) 97, 98, 106, 107
복음주의 독립 교단(Fellowship of Independent Evangelical Churches) 143, 153
복음주의자와 천주교인이 함께("Evangelicals and Catholics Together") 278, 281~283
본, 마이클(Baughen, Michael) 186
본회퍼, 디트리히(Bonhoeffer, Dietrich) 139
볼드윈, 조이스(Baldwin, Joyce) 198
불트만, 루돌프(Bultmann, Rudolf) 139, 140, 212
뷰캐넌, 콜린 O.(Buchanan, Colin O.) 151, 191
브라운, 콜린(Brown, Colin) 163, 185, 186, 188, 190
브로밀리, 제프리 W.(Bromiley, Geoffrey W.) 67, 74~79, 132
브론드, 엘리자베스(Braund, Elizabeth) 204, 205
브루스, F. F.(Bruce, F. F.) 120, 240
브리스톨 침례 대학(Bristol Baptist College) 94
비거, 나이젤(Biggar, Nigel) 271

ㅅ

사역자 양성(ministerial training), "라티머 하우스, 옥스퍼드," "오

크 힐 칼리지, 엔필드," 트리니티 칼리지, 브리스톨, "틴데일 홀, 브리스톨," "위클리프 홀, 옥스퍼드"도 보라 47, 64, 170

사이어, 제임스(Sire, James) 208

삼위일체(the Trinity) 178~180, 283

새뮤얼, 데이비드(Samuel, David) 192

성경(Bible)

   English Standard Version Study Bible(ESV 주석 성경) 120

   Living Bible(리빙 바이블) 207

   NIV Thematic Study Bible(NIV 주제별 주석 성경) 118

   권위(authority) 100, 102, 103, 104, 226, 264

   그리스도인의 삶의 길잡이(guide to Christian life) 47

   기독교 교리의 원천(source of Christian doctrine) 47

   무오성 논쟁(inerrancy debate) 237, 255

   새 성경 사전(*New Bible Dictionary*) 119

   성경에 대한 청교도 저작(Puritan writings on) 91, 127

   인간의 책임(human responsibility) 110, 111, 112

   주해, 종합, 적용(exegesis, synthesis, application) 121~128

   하나님의 주권(sovereignty of God) 106, 110, 112, 114

   성경 해석(interpreting) 126, 127, 236, 250, 252, 254, 256, 258, 259, 276, 278

성경과 신학을 아는 지식(패커, *Concise Theology*) 178

성공회(Church of England)

   "기독교의 믿음" 보고서(1976년, *Christian Believing report*) 229

   논쟁(debates)

      감리교와의 연합(union with Methodists) 150~151

교회론(ecclesiology) 153~160

　　　복음주의 대 성공회 고교회파(evangelicalism vs. Anglo-Catholicism) 191, 235

　　　복음주의(evangelicalism) 143~152, 161~163

　　　영벌(eternal punishment) 275~278

　　　정통 교리(doctrinal orthodoxy) 153

　　신앙 공동체(community of faith) 177~178

　　카리스마 운동(charismatic movement) 230~234

성공회 고교회파(Anglo-Catholics) 142, 191, 235, 279

성공회 복음주의 단체 운동(Anglican Evangelical Group Movement) 144

성령(Holy Spirit) 44, 72, 88, 98, 105, 109, 125, 178, 230~234, 256, 257

성령을 아는 지식(패커, *Keep in Step with the Spirit*) 286

세계교회협의회(World Council of Churches) 150

세속주의(secularism) 279, 281, 282, 284

세인트 마크스, 질링엄(St Mark's, Gillingham) 231

세인트 앤드루스, 옥스퍼드(St Andrew's, Oxford) 136, 239

세인트 엡스 교회, 옥스퍼드(St Ebbe's Church, Oxford) 45

세인트 존스 교회, 쇼네시, 브리티시컬럼비아(St John's Church, Shaughnessy, British Columbia) 245

세인트 존스 교회, 하본(St John's Church, Harborne) 75, 76, 219, 252

세인트 존스 칼리지, 노팅엄(St John's College, Nottingham), "런던 대학 신학부"도 보라 196

소스키스, 재닛 마틴(Soskice, Janet Martyn) 271
속죄(atonement) 229, 237, 238, 283
손웰, 제임스 헨리(Thornwell, James Henley) 87
순전한 기독교(루이스, *Mere Christianity*) 35, 229
슐라이어마허, F. D. E.(Schleiermacher, F. D. E.) 212
스코틀랜드 교회(Church of Scotland) 171
스크러튼, 로저(Scruton, Roger) 254, 265
스크루테이프의 편지(루이스, *The Screwtape Letters*) 35, 205
스태포드 라이트, J.(Stafford Wright, J.) 96, 309
스토트, 존 R. W.(Stott, John R. W.)
  Fundamentalism and Evangelicalism(근본주의와 복음주의) 100
  기독교의 기본 진리(*Basic Christianity*) 101, 133
  기독교의 기초 책 시리즈(*Christian Foundations* book series) 206
  두 지평(티슬턴, *The Two Horizons*) 59
  브리스톨 3개 신학대학(Bristol theological colleges) 199
  옥스퍼드 복음주의 연구 신탁(Oxford Evangelical Research Trust) 134
  올 소울즈, 랭엄 플레이스(All Souls, Langham Place) 59, 74, 133
  전국 복음주의 성공회 대회(National Evangelical Anglican Congress) 152, 160, 219, 233, 234
  카리스마 운동(charismatic movement) 233
스팁스, 앨런(Stibbs, Alan) 69, 74, 76
시미언, 찰스(Simeon, Charles) 160
신에게 솔직히(로빈슨, *Honest to God*) 136, 138, 140, 142, 143
신자 안에 내재하는 죄(오웬, "On Indwelling Sin") 43

신정론(theodicy) 220
신학(theology)
  공동체적 접근(corporate approach) 260~261
  교리교육(catechesis) 172, 287~290
  성경과의 맞물림(intertwined with Scripture) 117~128, 175~176
  실천(practical) 23, 44, 74, 104, 145, 174, 210, 211
  영성과의 맞물림(intertwined with spirituality) 89. 173~174, 209~213
  체험(experiential) 38, 39, 87, 174, 175, 176, 213, 221, 232
신학 교육의 개혁(에드워드 팔리, Theologia) 173
십스, 리처드(Sibbes, Richard) 91

ㅇ

아머딩, 칼 E.(Armerding, Carl E.) 240, 270, 315
아주사 거리 선교회, 로스앤젤레스(Azusa Street Mission, Los Angeles) 230
아퀴나스, 토마스(Aquinas, Thomas) 176, 213
안수의 감소(decline in ordinations) 194
알렉산드리아의 아타나시우스(Athanasius of Alexandria) 53, 54
앳킨슨, 베이즐(Atkinson, Basil) 277
앵커버그, 존(Ankerberg, John) 278
얼라인, 조셉(Alleine, Joseph) 42
에드워즈, 조나단(Edwards, Jonathan) 90, 91, 127, 261
에큐메니컬 운동(ecumenicism) 150, 155, 286, 291

여성 안수(ordination of women) 263

여성을 장로로 세우지 말자(패커, "Let's Stop Making Women Presbyters") 275

영벌의 교리(doctrine of eternal punishment) 279

영벌의 문제 강연(패커, "The Problem of Eternal Punishment" lecture) 277

예수 그리스도(Jesus Christ) 38, 72, 124, 139, 179, 275

옛날 책의 독서에 대하여(루이스, "On the Reading of Old Books") 90

오늘의 만인 구원론 문제(패커, "The Problem of Universalism Today") 275

오순절주의(Pentecostalism) 230

오어, 제임스(Orr, James) 179, 180

오웬, 존(Owen, John) 42~44, 48, 52, 53, 56~58, 60, 72, 86, 88, 89, 103, 124

오크 힐 칼리지, 엔필드(Oak Hill College, Enfield) 65, 66, 71, 74, 77, 96, 144

옥스퍼드 기독학생연합(Oxford Inter-Collegiate Christian Union) 40, 42

옥스퍼드 복음주의 연구 신탁(Oxford Evangelical Research Trust) 134

옥스퍼드의 순교자(Oxford Martyrs) 135

와이즈먼, D. J.(Wiseman, D. J.) 120

와이즈먼, 도널드(Wiseman, Donald) 45

와일즈, 모리스 F.(Wiles, Maurice F.) 228, 229

왓슨, 데이비드(Watson, David) 234, 237

우드, 모리스(Wood, Maurice) 45

워필드, 벤저민 B.(Warfield, Benjamin B.) 102, 103, 107

웨넘, 존(Wenham, John) 102, 103, 107

웨스트민스터 교회, 런던(Westminster Chapel, London), "청교도 학술대회"도 보라 69, 73, 75, 84, 108, 109, 144, 152, 154, 204

웨스트민스터 대회(Westminster Conference) 192

웨스트민스터 펠로십(Westminster Fellowship) 154~156, 231

웨슬리 대학, 브리스톨(Wesley College, Bristol) 94

웨슬리, 존(Wesley, John) 94, 217

웨일스 복음주의 운동(Evangelical Movement of Wales) 204

웰던, 존(Weldon, John) 278

위대한 전통("Great Tradition") 55, 58, 59, 251, 286

위클리프 홀, 옥스퍼드(Wycliffe Hall, Oxford) 10, 48, 64, 65, 70, 72, 73, 77, 95, 144, 194~197

윌리엄스, 데이비드 그윈(Williams, David Gwynn) 33, 37, 45, 291

윌킨슨, 레슬리(Wilkinson, Leslie) 65

윗필드, 조지(Whitefield, George) 32, 38~40, 160

이것이 교회다(콜슨, *The Body*) 280

인간의 책임(human responsibility) 110, 111, 112

인칠리, 로널드(Inchley, Ronald) 101, 102, 109, 206

잉글랜드, 에드워드(England, Edward) 204, 208

ㅈ

재세례파(Anabaptism) 157, 256, 257

전국 복음주의 성공회 대회(National Evangelical Anglican Congresses) 152, 160, 219, 233, 234
전국 복음주의자 회의(National Assembly of Evangelicals) 154
전도(evangelism) 105~112
전통(tradition), "과거의 기독교 작가"와 "보수주의"도 보라
전통주의(traditionalism) 192, 251, 254, 255, 256, 262, 264
정교회 그리스도인(Orthodox Christians) 285
정통 교리 논쟁(doctrinal orthodoxy debate) 153
제3의 종족(기니스, *The Dust of Death*) 208, 209
제임스 패커 기독교 기본진리(패커, *I Want to be a Christian*) 288
제임스 패커의 절대 진리(패커, *God has Spoken*) 207
존스턴, 레이먼드(Johnston, Raymond) 69, 73, 97
좁은 마음인가 좁은 길인가? 강연(패커, "Narrow Mind – or Narrow Way?" lecture) 99
죄 죽이기(오웬, "On the Mortification of Sin") 43, 88
죄인의 괴수에게 넘치는 은혜(번연, *Grace Abounding to the Chief of Sinners*) 91
진리의 깃발 신탁(Banner of Truth Trust) 73

ㅊ

차일드, R. L.(Child, R. L.) 76
청교도 관점의 복음 전파(패커, "The Puritan View of Preaching the Gospel") 188
청교도 사상(패커, *A Quest for Godliness*) 86, 90
청교도 전도(패커, "Puritan Evangelism") 186

청교도(Puritans), "과거의 기독교 작가"와 "청교도 학술대회"도 보라

   신학적 다양성(theological diversity) 72

   전도(evangelism) 106, 107, 108

   청교도주의의 정의(defining "Puritanism") 85~87

   체험/실험 신학(experiential/experimental theology) 87, 180

   평이한 문체(plain language) 217

   현대의 적절성(modern relevancy) 58, 80, 84, 85, 86, 145, 273

청교도의 이신칭의론(패커, "The Puritan Treatment of Justification by Faith") 73

침묵의 행성 밖에서(루이스, *Out of the Silent Planet*) 35

ㅋ

카리스마 운동(charismatic movement) 206, 230, 232, 233

칼뱅, 장(Calvin, John) 16, 39, 58, 61, 102, 103, 124, 127, 157, 174

캐리, 윌리엄(Carey, William) 112

컬럼, 잭(Cullum, Jack) 73

케이거, 존(Caiger, John) 192

케직의 성결 교훈(Keswick holiness teaching) 40, 97, 98, 107, 231, 289

코츠, 리처드 J.(Coates, Richard J.) 135

코퍼스 크리스티 칼리지, 옥스퍼드(Corpus Christi College, Oxford) 33, 36, 37, 64

콜린스, 존(Collins, John) 314

콜슨, 찰스(Colson, Charles) 280, 281

크랜머, 토머스(Cranmer, Thomas) 135, 146

크로우, 필립 A.(Crowe, Philip A.) 161

크리스채너티 투데이(Christianity Today) 120, 230, 264, 290, 295

클리프턴 신학대학, 브리스톨(Clifton Theological College, Bristol) 95, 184, 185, 189

클린턴, 빌(Clinton, Bill) 279

ㅌ

태스커, R. V. G.(Tasker, R. V. G.) 120

테일러, 에릭(Taylor, Eric) 35, 36, 37

토랜스, 토머스 F.(Torrance, Thomas F.) 171, 180

톰킨스, 올리버(Tomkins, Oliver) 197, 198

트리니티 칼리지, 브리스톨(Trinity College, Bristol) 198~200, 210, 242, 239, 272

티슬턴, 앤서니(Thiselton, Anthony) 59, 190, 236

틴데일 성경신학 강연(1973년, Tyndale Biblical Theology Lecture) 226

틴데일 하우스, 케임브리지(Tyndale House, Cambridge) 134, 226

틴데일 홀, 브리스톨(Tyndale Hall, Bristol)
  기독교 교리 지도 교수직의 공석(Tutor in Doctrine position open) 77, 78
  수여 학위(qualifications) 77
  역사(history) 78, 95
  전임 교원(full-time faculty) 96, 189

패커가 학장으로 지명됨(Packer appointed Principal) 166, 188,
패커의 활동/역할(Packer's activities/roles)
    IVF 참여(Inter-Varsity Fellowship involvement) 99, 81, 109
    개혁(reforms) 104, 105
    기독교 교리 지도 교수(Tutor in Christian Doctrine) 96, 104, 105, 118
    시간 강사(part-time lecturing) 79
    신학하는 법을 가르침(teaching how to theologise) 114
    집필(writing) 105~113
    학장(Principal) 188
  합병 계획(merger plans) 186
틴데일, 윌리엄(Tyndale, William) 95
틸러, 존(Tiller, John) 190
틸리히, 폴(Tillich, Paul) 139~141

ㅍ

파럼, 찰스 폭스(Parham, Charles Fox) 230
파운틴, 데이비드(Fountain, David) 192
파이퍼, 존(Piper, John) 90, 91
패커, 도로시 메리 해리스(Packer, Dorothy Mary Harris) 30
패커, 마거릿(Packer, Margaret) 30, 164
패커, 제임스 이넬(Packer, James Innell)
  강연(lectures)
    그리스도의 주재권("Lordship of Christ") 236
    북미 강연(North American tours) 201, 205, 226

영벌의 문제("The Problem of Eternal Punishment") 277
  좁은 마음인가 좁은 길인가?("Narrow Mind – or Narrow Way?") 99
  청교도 관점의 복음 전파("The Puritan View of Preaching the Gospel") 108
  틴데일 성경신학 강연(1973년, Tyndale Biblical Theology Lecture) 226
패커, 제임스 이넬 - 기사/평론(articles/essays)
  "국교회 신문"에 실린 39개조 관련 논문(Thirty-Nine Articles papers in Church of England Newspaper) 147
  "보수주의의 위안"("The Comfort of Conservatism") 253
  여성을 장로로 세우지 말자("Let's Stop Making Women Presbyters") 275
  오늘의 만인 구원론 문제("The Problem of Universalism Today") 275
  이같이 큰 구원(바라버스)에 대한 비평(review of So Great Salvation(Barabas)) 97
  청교도 전도("Puritan Evangelism") 106
  청교도의 이신칭의론("The Puritan Treatment of Justification by Faith") 73
소명(callings)
  사역자(minister) 45, 47, 67, 70, 78, 164
  신학 교육자(theological educator) 61, 66, 67, 68, 74, 77, 80, 145, 210
연보(life events)

1926년, 출생(birth) 30

1933~1937년, 내셔널 학교(National School) 30, 31, 32

1933년, 빵 배달차 사고(bread van accident) 30, 124

1937~1944년, 크립트 학교(Crypt School) 33~35

1937년, 타자기를 선물 받음(given typewriter) 32

1943년

1943년, 입대 부적격 판정(disqualified from military service) 34

1943년, 휴 올덤 장학금을 받음(wins Hugh Oldham Scholarship) 33

1944년

1944년, 그리스도께 헌신함(commitment to Christ) 35, 38

1944년, 성경의 권위를 믿음(belief in Scriptural authority) 39

1944년, 옥스퍼드 대학교 코퍼스 크리스티 칼리지 입학(starting at Corpus Christi, Oxford) 36

1944년, 코퍼스 크리스티 칼리지의 기독학생회 참석(attending Corpus Christi College Christian Union) 35~37

1945년

1945년, 안수를 받기로 함(decision to be ordained) 45~48

1945년, 오웬의 신학에 눈뜸(discovering Owen's theology) 43, 52

1948~1949년, 오크 힐 칼리지에서 가르침(teaching at Oak Hill College) 66~69

1948년, 학위 취득(achieving degree) 69

1949~1952년, 위클리프 홀에서 신학을 공부함(theological

studies at Wycliffe Hal) 70

1949년, 장학금과 보조금을 받음(awarded scholarship and grant) 71

1950년, 청교도 학술대회 창시(starting Puritan Studies Conference) 69, 73

1952년, 안수를 받고 부제가 됨(ordination and curacy) 75

1953년, 약혼(engagement) 76

1954~1955년, 틴데일 홀의 기독교 교리 지도 교수가 되고 하본에서 부제로 사역함(Tutor in Doctrine at Tyndale Hall and Curate in Harborne) 75

1954년

1954년, 결혼(wedding) 76

1954년, 박사 논문 제출(handing in doctoral thesis) 76

1954년, 옥스퍼드에서 철학박사 학위를 받음(awarded Oxford DPhil) 77

1955년

1955년, 브리스톨 이주(moving to Bristol) 80

1955년, 브리스톨에서 전임 강사가 됨(full-time lectureship in Bristol) 96

1961년, 라티머 하우스 소장으로 임명됨(appointed Warden of Latimer House) 136, 171, 309

1965년, 캘리포니아 주 풀러 신학대학원에서 강연함 (speaking at Fuller Theological Seminary, California) 150

1967년, 전국 복음주의 성공회 대회(National Evangelical Anglican Congress) 160, 219, 233

1969년, 틴데일 홀 학장으로 임명됨(appointed Principal of Tyndale Hall) 188, 190

1971년

1971년, 브리스톨 3개 신학대학의 합병(merger of Bristol theological colleges) 196~198

1971년, 트리니티 칼리지 부학장으로 임명됨(appointed Associate Principal of Trinity College) 199

1976년, 교리 위원회(Doctrine Commission) 228

1977년

1977년, 리전트 칼리지 교수직을 제의받음(offered post at Regent College) 242

1977년, 제2차 전국 복음주의 성공회 대회(Second National 1977년, Evangelical Anglican Congress) 234

1978년, 리전트 칼리지 교수직을 수락함(accepting post at Regent College) 245

1979년, 리전트 칼리지 교수로 부임함(taking up post at Regent College) 270

1989년, 상우 유통 치 신학 석좌교수로 임명됨(appointed Sangwoo Youtong Chee Professor of Theology) 210, 273

1990년, 레온 모리스 강연(Leon Morris Lecture) 277

1996년, 은퇴(retirement)/ 2002년, 청교도 도서 소장본을 기부함(donating Puritan book collection) 91, 286

2016년, 90회 생일(90th birthday) 290

영향(influences), "청교도"도 보라

루이스, C. S.(Lewis, C. S.) 25, 35

백스터, 리처드(Baxter, Richard) 72, 103

브로밀리, 제프리 W.(Bromiley, Geoffrey W.) 77, 78, 132

스팁스, 앨런(Stibbs, Alan) 69, 75, 76

오웬, 존(Owen, John) 42, 43. 44, 48, 52, 53, 56, 60

워필드, 벤저민 B.(Warfield, Benjamin B.) 103, 107

윌리엄스, 데이비드 그윈(Williams, David Gwyn) 33, 37, 45

윗필드, 조지(Whitefield, George) 32, 38, 39, 40

칼뱅, 장(Calvin, John) 58, 102, 103, 124, 209, 261

테일러, 에릭(Taylor, Eric) 35, 36, 37

저서(books)

All in Each Place(각각 제자리에) 151

British Theology in the Twentieth Century(20세기 영국 신학) 149

The Church of England and the Methodist Church(성공회와 감리교) 151

Theology of the Thirty-Nine Articles(39개조의 신학) 149

To Be a Christian(ACNA, 그리스도인이 되려면) 290

근본주의와 성경의 권위 & 자유주의(*"Fundamentalism" and the Word of God*) 61, 99, 101, 102, 103, 125, 206, 257

노예 의지론(루터)의 번역(translation of *The Bondage of the Will*(Luther)) 69, 97

복음 전도란 무엇인가(*Evangelism and the Sovereignty of God*) 106, 109, 206

성경과 신학을 아는 지식(*Concise Theology*) 178

성령을 아는 지식(*Keep in Step with the Spirit*) 206

제임스 패커 기독교 기본진리(*I Want to be a Christian*) 288
　　　제임스 패커의 절대 진리(*God has Spoken*) 207
　　　청교도 사상(*A Quest for Godliness*) 86, 90
　　　하나님을 아는 지식(*Knowing God*) 25, 58, 61, 89, 201, 207,
　　　　208, 209, 213, 215, 217, 220, 222, 226, 272
패커, 제임스 퍼시(Packer, James Percy) 30
패커, 키트(Packer, Kit), "멀릿, 키트"도 보라 75, 76, 79, 80, 245,
　　272, 294, 295
펠라기우스주의(Pelagianism) 106, 107
펠리칸, 야로슬라프(Pelikan, Jaroslav) 251, 252, 255
포슨, 존(Pawson, John) 42
플리머스 형제교회, 옥스퍼드(Plymouth Brethren Church, Oxford)
　　45
피, 고든(Fee, Gordon) 264
피녹, 클라크 H.(Pinnock, Clark H.) 240~242
피니, 찰스 G.(Finney, Charles G.) 106~108
피커드-케임브리지, C. 오웬(Pickard-Cambridge, C. Owen) 42
피터슨, 유진(Peterson, Eugene) 273, 274

ㅎ

하나님을 기뻐하라(파이퍼, *Desiring God*) 90
하나님을 안다는 것의 정의(defining "knowing God") 61, 174,
　　214, 221
하이데거, 마르틴(Heidegger, Martin) 59
하퍼, 마이클(Harper, Michael) 234

형벌 대속의 교리(doctrine of penal substitution) 237
호더 & 스토튼(Hodder & Stoughton) 206~208
회개하지 않은 자에게 보내는 경고(얼라인, *Alarm to the Unconverted*) 42
휴스턴, 제임스 M.(Houston, James M.) 45, 239~244, 270, 273, 274, 296
휴즈, 필립 E.(Hughes, Philip E.) 135, 230, 276, 277

39개조(Thirty-Nine Articles) 46, 47, 145, 146, 147, 148, 149, 237
A Preface to Christian Theology(맥케이, 기독교 신학 서설) 218
All in Each Place(패커, 각각 제자리에) 151
Battle for the Bible(린젤, 성경을 위한 싸움) 226
British Theology in the Twentieth Century(패커, 20세기 영국 신학) 149
Case and Cure of a Deserted Soule(시몬즈, 버려진 영혼의 사례와 치유) 91
Christian Initiation(벡위스, 기독교 입교 의식) 149
Church of England Newspaper(국교회 신문) 147
Conservatism(스크러튼, 보수주의) 250
Discovering Biblical Equality(피, 성경적 평등의 발견) 264
Evangelical Magazine(복음주의 매거진) 204
Evangelical Quarterly(복음주의 계간) 73, 97
Fellowship in the Gospel(뷰캐넌, 더필드, 패커, 복음 안의 교제) 151

Fundamentalism and Evangelicalism(스토트, 근본주의와 복음주의) 100

Fundamentalism and the Church of God(허버트, 근본주의와 하나님의 교회) 102

Growing into Union(레너드 외, 무르익는 연합) 191

IVF(Inter-Varsity Fellowship) 99, 101, 109, 119, 206

IVP(InterVarsity Press) 109

Kingdoms in Conflict(콜슨, 두 나라의 충돌) 280

Naked Public Square(뉴하우스, 벌거벗은 공론장) 280

Principles of Prayer Book Revision(벡위스, 기도서 개정 원리) 149

Ring of Truth(필립스, 진리의 울림) 207

So Great Salvation(버라버스, 이같이 큰 구원) 97

The Bondage of the Will(루터, 노예 의지론)(패커와 존스턴의 공역) 69

The Church of England and the Methodist Church(패커, 성공회와 감리교) 151

The Holy Spirit in Puritan Faith and Experience(너톨, 청교도 신앙과 체험으로 본 성령) 72

The Myth of God Incarnate(히크, 하나님 성육신의 신화) 228

The Remaking of Christian Doctrine(와일즈, 기독교 교리의 수정) 228

Theology of the Thirty-Nine Articles(패커, 39개조의 신학) 149

To Be a Christian(ACNA, 그리스도인이 되려면) 290

Works of Willam Perkins(윌리엄 퍼킨스 작품집) 91

Y Cylchgrawn Efengylaidd(복음주의 매거진) 204, 205